中国法学会后期资助项目文丛
BOOK SERIES FUNDED BY CHINA LAW SOCIETY

论民法教义体系与家庭法的对立与融合：现代家庭法的谱系生成

Confrontation and Integration between Civil Law Doctrines and Family Law: Forming the Genealogy of Modern Family Law

刘征峰◎著

法律出版社
LAW PRESS · CHINA

中国法学会后期资助项目文丛

出版说明

为进一步落实中央《关于加强中国特色新型智库建设的意见》，充分发挥中国法学会作为党和政府联系法学法律界桥梁和纽带的作用，着力实现中国法学会作为国家法治建设领域核心智库的发展目标，为专家学者开展法学研究和成果转化提供支持，不断丰富和发展中国特色社会主义法治理论体系，中国法学会特决定设立后期资助项目，对具有重要理论和实践价值的优秀法学研究成果予以后期资助，纳入“中国法学会后期资助项目文丛”出版。2015年中国法学会后期资助项目设立以来，累计立项60余项成果，已交付出版40余部。今后每年我们还将评选确定一定数量的后期资助项目并予以出版。

中国法学会

2018年7月

序

欣闻征峰博士受中国法学会资助，即将出版他的博士学位论文，衷心为他感到高兴。在此次民法典编纂中，家庭法完成了形式上的回归，成为民法典的一部分。然而，在编纂技术上，家庭法与合同法、侵权责任法、物权法等存在明显的区别，家庭法并不能根据法律后果的相似性进行提取公因式操作。承认家庭法的特殊性及其在民法典中的相对独立性已渐成通说。本书的主题即与此重要议题密切相关。无论是在大陆法系还是在普通法系，家庭法都已经发展成为一个独立的范畴，既反映在实定法上，也表现在学术研究上。征峰博士在此书中对范畴意义上家庭法的形成进行了细致的考察，从形而上和形而下两个层面探讨了家庭法的言说和论证模式，回答了家庭法与民法其他部分为何貌合神离这一关键性问题。当然，伴随着全球范围内工业化进程的推进以及人权观念的兴起，原本在各国法律继受过程中被特别排除的家庭法现在也呈现出了继受和融合的趋势。《联合国儿童权利公约》《消除对妇女一切形式歧视公约》等国际公约对各国家庭法的影响甚为深刻。家庭法内在体系与外在体系的关系与民法其他部分存在明显的差别，外在体系的融贯性在家庭法中影响甚微。受前述国际人权公约的影响，家庭法在全球范围内呈现出趋近的态势。两大法系对家庭法独立范畴的承认实际上为家庭法在实定法层面的融合、继受、趋近以及在学术研究层面的国际交流对话创造了基础。国际家庭法学会在其诞生之后的五十余年间，影响力渐增。欧洲家庭法学会所提出的家庭法统一设想也不再是一种纯粹的空想。

在本书后半部分，征峰博士提出了将家庭法融入债法的大胆设想，并以此为视角对在婚姻法和亲子关系法中如何融入债法的问题进行了微观层面的分析，具有一定的创新性。在人格平等的大前提下，债法提供了有益的解释框架。但正如其所言，这一融入仍然存在一些无法克服的障碍。无论是在立法还是在司法层面，债法对于家庭法的影响都与日俱增，但将家庭法整体融入债法是否妥当，仍有进一步探讨的余地。

征峰博士 2013 年跟随我攻读博士学位，期间曾作为联合培养博士到瑞典隆德大学学习，逐渐下定决心从事学术研究。本书是他三年博士学习研究的结晶，曾获中国政法大学优秀博士学位论文奖。他在博士毕业后到中南财经政法大学任教。近年来他笔耕不辍，在一些重要学术刊物上发表多篇论文，我欣喜地见证了他在此期间的进步与成长。期望他能潜心于学术研究，为婚姻家庭法学的发展不断贡献智识。

夏吟兰

2018 年春于北京蓟门桥

目　录

Contents

科学的概念建构不过是助产婆，不是产妇自己。

——奥地利法学家，社会学法学派创始人埃利希（Ehrlich）

绪　论

一、研究目的

人们似乎容易忽视这样一个事实：那些意图实现永垂不朽夙愿的民法典在我们这个时代里均面临种种困境。社会现实所引发的强大变革需求已经让我们的“法律科学”陷入一种悲观的氛围。一方面，受到近代以来自然科学伟大成就的影响，我们的法学家群体一直未能抛弃笛卡尔主义①的影响，意图建构科学化的法学体系。民法典和民法教义学正是此项庞大工程的里程碑。在德国，潘德克吞学派所领导的罗马法现代化工程成为法律科学化的典范。德国法学家普赫塔所创设的，被拉伦茨形象地比喻为“概念金字塔”的“概念法学”似乎印证了这样一种结论：法律的科学化是以自然科学为范本的。“这个金字塔由上而下，是从上位概念通过添加具体标识成为越来越特殊化的概念，如主观权利的概念又被分成人所固有的权

① 笛卡尔在《谈谈方法》一书中提出了引导理性在各门科学上寻找真理的方法的四条原则。其中第3条关于从简单到复杂的思考秩序原则为后来法律科学的发展特别是法典的产生提供了重要的思考工具。参见［法］笛卡尔:《谈谈方法》，王太庆译，商务印书馆2000年版，第16页。

利、对物的权利、对行为的权利、对人的权利。”[①]另一方面，这种尝试使得法（Recht）在《德国民法典》中成为了“那些建立并执行科学建构的法秩序的法学家所用来实现他们所采纳的目的的手段”。[②]伴随着价值多元社会时代的开启，法学家们所进行的技术性工作不得不经历频率越来越高的检视，以确保法学家们所建构的法秩序与当下社会的价值相契合。虽然法学家们极不愿意让法律陨落为社会或者政治的附庸，但是法律科学似乎难以阻挡法律的此种宿命。

20 世纪，大陆法系民法所经历的重大变革并非发生在被民法学家青睐的财产法领域。与此相反，无论是采用学说汇纂体系的德国、奥地利还是希腊，又或是采用法学阶梯模式的法国、西班牙或者意大利，民法的改革重心都毫无例外地放置到了家庭法领域。[③]这或许是一件极其容易让人忽视又同时令人惊讶的事实。以德国为例，仅在 1957 年至 2009 年，《德国民法典》中的家庭法部分就经历了 22 次重大修订。[④]很明显，家庭法的修订频率远远高于《德国民法典》的其他部分。这种高频度的修订亦使得法学家对于家庭法能否按照民法的方式进行科学化产生了怀疑。因为，从某种意义上来看，家庭法已经屈从于价值判断，而鲜有逻辑判断的生存余地。这种转变反映在规范层面表现为家庭法立法技术与民法渐行渐远。这很容易使人们陷入另外一种误区，即“概念”和“逻辑”虚无主义。人们只关注于法所服务的目的和价值，而忽视法秩序的内生结构。人们也很容易把 20 世纪前半叶的集权主义悲剧归结于实证主义，从而使实证主义背

---

① [德] 格尔德·克莱因海尔、扬·施罗德:《九百年来德意志及欧洲法学家》，许兰译，法律出版社 2005 年版，第 335 ~ 336 页。

② [美] 罗杰·伯科威茨:《科学的馈赠：现代法律是如何演变为实在法的？》，田夫、徐丽丽译，法律出版社 2011 年版，第 255 页。

③ 本书所探讨的家庭法，并不是指调整家庭关系的法律规范的总称，而是指被体系化的家庭法。对于这一问题，将在后文进行讨论。

④ [德] 迪特尔·施瓦布:《德国家庭法》，王葆莳译，法律出版社 2010 年版，第 4 ~ 7 页。

负起难以涤除的污名。在家庭法领域，对于目的和价值的关注要远远超过对于实现这些目的和价值的手段的关注。讨论保护儿童或者男女平权绝对是这个时代的流行话语，但是这样的讨论极易使我们的法学家特别是家庭法学家陷入前述的悲观情绪之中，丧失存在感。因为，法律科学毫无疑问是法学家安身立命的基础。

本书所要努力尝试的，恰好是我们目前所雪藏的问题——家庭法的科学化。我们的学者对于法律科学内涵的讨论热情一直处于旺盛状态。只要稍微回顾一下耶林在维也纳所发表的那场颇具影响力的就职演说——《法律是一门科学吗？》，就很容易印证法学家对于此问题的饱满热情。在家庭法领域，对于其科学化的讨论似乎陷入了一种难堪的境地。家庭法学家不可能使用一种教义的学说去阻挡社会或者政治的压力。这种态势就如德国法学家对于《一般平等待遇法》（*Allgemeines Gleichbehandlungsgesetz — AGG*）的反对那样，显得苍白无力。① 但是这并不表明家庭法不存在科学化的问题。马克斯·韦伯在《社会科学方法论》中提出：②

对有意义的人类行为的终极要素所做的任何有思想的探索，都首先是与目的和手段这两个范畴密切相关的。具体来说，我们希求某种东西，要么是由于它自己的价值，要么是把它看作服务于最终希求的手段。首先，手段对于给定目的的适当性问题，是绝对可以进行科学考察的。

本书所要探讨的正是作为实现给定目的之手段的家庭法的建构技术，准确地说，是分析民法教义体系对于当代家庭法谱系的适当性问题。目前家庭法领域的研究弥漫着一股吊诡的情绪，即用价值去证明手段的合

① 在德国，《一般平等待遇法》颁布的直接动因虽然来自于欧盟的指令，但是该法实际上扩大了指令的保护范围。学界对于《一般平等待遇法》的反对声不绝于耳，其焦点在于将不歧视的义务施加给私人是否恰当。See Joachim Wiemann, "Obligation to Contract and the German General Act on Equal Treatment", *German Law Journal* 11, 2010, p.1133.

②［德］马克斯·韦伯：《社会科学方法论》，李秋零、田薇译，中国人民大学出版社 1999 年版，第 3 页。

理性。亦即只要某项制度设计在目的上是正当的，那么它本身即具有合理性。例如，学者们在论证婚后所得共有制的合理性时，时常将重心放在了其目的之上。易言之，婚后所得共同制的目的是实现夫妻双方的实质平等。他们很难注意到这样一个事实，即实现夫妻双方实质平等目的之手段并非绝对指向婚后所得共同制。这实际上指向马克斯·韦伯所讨论的科学性考察的第二个方面——手段之间的权衡。我们必须要考虑“就预料中将出现的对其他价值的损害而言，达到希求目的的‘代价’是什么”。[①] 纯价值导向的研究使法律的技术性付之阙如。

虽然法应当服从社会目的之思想在现在社会已经渐成共识，但是法之科学性本身所具有的意义同样不应该被忽视。以概念和规则为对象的法律实证研究对于确保法秩序的稳定性是必要的，而法秩序的稳定性是法治国的一项基本特征。美国法学家博登海默认为，“先进的法律制度往往倾向于限制价值论推理（axiological reasoning）在司法过程中的适用范围”。[②] 把这一论断适用于我们的法学研究同样是恰当的。就家庭法而言，在其与私法之体系渐行渐远之际，我们有必要反思家庭法抛弃民法教义体系之代价，并由此重新审视民法教义体系对于家庭法之价值所在。

二、研究方法

（一）历史分析法

对于家庭法谱系之形成及嬗变的线性历史分析是本书的基础分析方法。本书接受历史法学派的观点，即当下的法秩序并不是立法者恣意妄为的结果，而是历史发展至今的顶点。这种社会达尔文主义的研究角度即使是在我们这个时代也丝毫不逊色于其他的法学研究方法。正如丹尼斯·劳

① ［德］马克斯·韦伯：《社会科学方法论》，李秋零、田薇译，中国人民大学出版社 1999 年版，第 3 页。
② ［美］E. 博登海默：《法理学：法律哲学与法律方法》，邓正来译，中国政法大学出版社 2004 年版，第 528 页。

埃德所评价的那样，“历史法学派至少抓住了一条重要的真理，即法律并非简单加诸社会的抽象规则体系，而是有机整合的社会组织的组成部分，深深根植于其古今社会成员的社会、经济习惯和态度之中”。[①]通过回顾历史，得出社会发展的一般性规律这种历史分析方法在亨利·梅因爵士的《古代法》那里取得了史无前例的成功。该书所得出的一般性结论——人类社会“从身份到契约的社会演进”[②]对法学的研究产生了重要影响。虽然《古代法》的许多论据在现在看来是不可靠甚至是错误的，但“他所应用的经验的、历史的和科学的观察方法……激发了法律领域的科学实验”。[③]毫无疑问，当下社会法律中的某些因素来源于历史。无论何种原因，法秩序的形成都受到路径依赖的影响。特别是在民法领域，“言必称罗马”的研究范式使得法律无法摆脱历史性。就历史研究方法对于本书的意义而言，主要表现在两个方面：一是通过对家庭法价值体系演进的分析，探讨这种价值体系演进对于家庭法建构方法的影响；二是通过对家庭法和财产法建构方法演进的分析，探讨家庭法建构方法的一般性规律。要探讨民法教义体系作为家庭法知识谱系的恰当性问题，对于历史的回溯是必要而基础的。恰如罗马五大法学家之一盖尤斯所言，“一个人不顾开端、切割掉历史原因并且无知地即刻就处理应予解释的论题的做法，就是极不合适的”。[④]

（二）概念分析法

鉴于本书之研究目的，概念分析对于本书而言不仅是无法避免的，而

---

① [美] 丹尼斯·劳埃德著，M. D. A. 弗里曼修订:《法理学》，许章润译，法律出版社 2007 年版，第 366 页。

② [英] 梅因:《古代法》，沈景一译，商务印书馆 1996 年版，第 96 页。

③ See Leopold Pospisil, *Anthropology of Law: A Comparative Theory*, New York, Harper & Row, 1971, p.150.

④ [美] 庞德:《法律史解释》，邓正来译，中国法制出版社 2002 年版，第 11 页。

且是要着力采纳的。对于概念法学和教义方法的指责即使是在我们这个时代仍然不绝于耳。想想德国法学家耶林在《法学的概念天国》中对概念法学及其追随者的戏谑——“在这里（概念天国）存在的自由纯粹的科学，法律的逻辑以及它们至高无上的权威，外加它们散发出来的所有辉煌。就它们的真正本性而言，它们与生活没有丝毫的联系”。[①] 但是，以概念和逻辑分析为基石的分析实证法学派抵御住了来自各方面的进攻，保持了自身在法学中的地位。通常认为，概念法学派在德国的代名词为潘德克吞法学，而在普通法系则指向分析实证法学。事实上，作为后者奠基人和领袖人物的约翰·奥斯丁恰好具有潘德克吞的教育背景。[②] 在家庭法领域，萨维尼对家庭法和财产法立法技术差别的区分对后世产生了深刻的影响。[③] 概念和逻辑从体系化的家庭法产生开始就处于一种劣后的状态。20 世纪，家庭法价值体系的剧变使得以概念和逻辑为基础的分析实证在家庭法研究中呈现出一种更加虚无的状态。本书并不意图通过概念和逻辑的分析建构“普罗克拉斯提斯之床”，[④] 将家庭法削足适履，强行塞入民法的教义体系中。本书对概念的分析将竭力避免理论家的冲动——如韦伯所言，“构思一个封闭的概念体系，在它里面，现实能够以某种意义上终极有效的划

① ［德］鲁道夫·冯·耶林：《法学的概念天国》，柯伟才、于庆生译，中国法制出版社 2009 年版，第 17 页。

② ［美］罗斯科·庞德：《法理学》（第 1 卷），余履雪译，法律出版社 2007 年版，第 45 页。

③ See Duncan Kennedy, “Savigny's Family/ Patrimony Distinction and its Place in the Global Genealogy of Classical Legal Thought”, *The American Journal of Comparative Law* 58, 2010, pp.811-841.

④ “普罗克拉斯提斯之床”，来源于希腊神话的比喻。传说在希腊雅典提修斯的时代，有一个奇怪的巨人夜盗叫普罗克拉斯提斯，他并不抢钱劫物，而是梦想能用他的铁床改变别人的身高。他有一长一短两张铁床，抓到高个子的绑在短床上，抓到短个子的绑在长床上。如果被劫人的身高比铁床短，普罗克拉斯提斯就强拉他的身体，使他的身体与床一样长；如果被劫人的身高比铁床长，普罗克拉斯提斯就斩去他身体长出的部分。如此一来被劫者都被修理得与铁床“相配”了，当然也被折磨得没了命，但普罗克拉斯提斯却总是纳闷为什么人总是那么脆弱。比喻使事物迁就人为的教条。

分而得到概括，并由此出发再演绎出来”。[①] 本书对于概念分析方法的使用只是为了论证民法中的概念谱系与家庭法价值体系之间的适当性问题。虽然我们经常陷入对概念的厌恶情绪之中，但是概念作为我们分析问题的工具，而不是目的，并不会从我们的法学研究中消失。事实上，以概念和逻辑分析为基础的规范法学成就了我们的法律科学。在拉伦茨看来，法教义学构成了狭义上的法律科学。[②] 职是之故，它又被称为“法学内的法学”。[③] 就家庭法而言，这种“法学内的法学”的分析方法表现在对于家庭法的分析应当限制在民法的秩序之中。亦即对家庭法律问题的探讨不应当超越民法教义学的边界。但实际上，现代家庭法的某些概念已经突破了民法的樊篱。最为明显的就是父母责任这一法社会学概念的入侵。值得一提的是，概念分析将为本书所提出的一项重要问题——家庭法向民法教义体系的回归可能性——提供基础。

（三）法社会学研究方法

如果说概念和逻辑分析反映了法教义学的特征，那么经验研究则代表了法社会学的基本取向。正如德国法学家托马斯·莱塞尔所归纳的那样，“当教义学仅限于法律概念的界定和系统化时，法社会学会要求法律适用中的目的论以及对社会现实的考虑”。“而这依赖于法社会学所采用的访谈、统计数据采集的方式以及其他经验研究技术。”[④] 在家庭法领域，法社会学研究方法俨然已经成为主流的研究进路。在坚持此方法的学者看来，家庭法改革应当依赖于并且受限于社会结构的变化。在家庭法领域，学者们热衷于讨论工业社会及后工业社会宏观及微观结构变化对

---

① [德] 马克斯·韦伯:《社会科学方法论》，李秋零、田薇译，中国人民大学出版社 1999 年版，第 27 页。

② [德] 卡尔·拉伦茨:《法学方法论》，陈爱娥译，商务印书馆 2003 年版，第 72 页。

③ 舒国滢:《从方法论看抽象法学理论的发展》，载《浙江社会科学》2004 年第 5 期。

④ [德] 托马斯·莱塞尔:《法社会学基本问题》，王亚飞译，法律出版社 2014 年版，第 126 页。

家庭法的影响。这些影响包含但不限于家庭形态的变化（核心家庭的产生）、家庭功能的变化（生产属性的脱离）以及家庭内部结构的变化（伴侣型家庭结构）。[①]在对夫妻财产制改革的讨论中，法社会学的方法总是处于中流砥柱的地位。对夫妻双方的一般性社会经济地位的变化的研究成为主张改革的主要依据。对于来源于萨维尼的意志理论或者康德关于权利的学说在家庭法研究中的地位已经日渐暗淡。社会学中的角色和功能主义理论似乎比形而上学更能为家庭法的改革提供充分的理由。正如美国学者亨利·H. 福斯特（Henry H. Foster）所言，"家庭法能反映变化的社会价值并感知人们的需求，在很大程度上依赖于行为科学的发展"。[②]

本书对法社会学方法的使用以及对这一方法本身的讨论旨在阐释这一研究进路与民法教义学之间的关系。当家庭的研究范式已经脱离民法的主观权利起点时，是否预示着民法教义体系在家庭法中的无意义呢？

（四）其他

本书并不拘泥于采用某种特定的研究方法，但以上三种研究方法为本书所主要采用的方法。事实上，本书的分析既包含价值分析，也包含逻辑分析，既包含形而上的分析，也包含形而下的分析。从另外一个角度来看，本书既包含了纵向的线性历史分析，也包含了横向的比较法分析。本书在研究方法上秉持法教义学和社科法学进路的非互斥性观点。按照莱塞尔的意见，法教义学和法社会学之间的"沟通和合作不仅是可能的，而且

---

① See Bernd Buchhofer and Klaus A. Ziegert, "Family Dynamics and Legal Change: Empirical Sociology in Search of a General Theory on the Effects of Law on Family Life", *Journal of Comparative Family Studies* 12, 1981, p.399.

② Henry H. Foster, "The Future of Family Law", *Annals of the American Academy of Political and Social Science: Progress in Family Law* 383, 1969, p.129.

是完全富有成果的”。[①]莱塞尔的此论断同样适用于其他社科法学研究方法。本书之基本旨趣亦建立在此论断之上。亦即在家庭法领域，民法的教义体系和源自于社科法学的智识并不处于完全对立和矛盾之中，二者存在交互的可能性。

三、研究对象

囿于民法教义体系的大陆法背景，本书所分析讨论的对象主要为大陆法系国家的家庭法体系，更为准确地说，是已经成熟的大陆法系国家家庭法体系。故而，本书的研究对象主要包含欧洲大陆国家的家庭法体系，尤其是以法国和德国为代表的两种不同模式。又囿于教义学的德国法族背景，本书分析的重心主要是德国法。欧洲家庭法学会（Commission on European Family Law，CEFL）在统一欧洲家庭法进程中所进行的基础性研究为本书提供了重要的素材，[②]其在夫妻关系和父母子女关系方面的示范规则构成本书的重要讨论基础。此外，对东亚地区受大陆法系传统影响的家庭法制度进行分析和研究亦构成本书的重要内容。这主要包括对我国台湾地区、韩国和日本家庭法体系的分析。为了增进本书的研究意义和本土应用价值，对我国家庭法体系历史、现状和改革方向的分析是本书的落脚点。此外，本书在讨论家庭法的世界主义等问题时，亦会涉猎普通法系之家庭法制度。对于作为规范的法律之研究是本书的重心，但却不是全部，本书亦会将现实中或者生活中的家庭法作为研究对象，探讨法之实际运行。

---

① [德] 托马斯·莱塞尔:《法社会学基本问题》，王亚飞译，法律出版社 2014 年版，第 124 页。

② 关于欧洲家庭法学会工作的介绍，参见Esin Örücü and Jane Mair, “Catering for Diverse Cultures through Harmonised Norms”, in Esin Örücü and Jane Mair, eds., *Juxtaposing Legal Systems and the Principles of European Family Law on Parental Responsibility*, Oxford, Intersentia, 2010, pp.3–16。

从时间跨度来看，本书在规范层面所讨论的对象主要包含自《法国民法典》诞生之后的家庭法体系，极少情况下会涉及对罗马法传统的讨论。本书对于学说的借鉴也主要是从古典时代的自然法（natural law of the classical era）开始的。[①] 自然法学说对于家庭法的体系的影响是本书讨论的起点。

四、文献综述

国内外学者对本书相关主题的研究，归纳起来主要有以下几个方面。

（一）对作为独立范畴的家庭法之诞生之考察

德国弗莱堡大学沃尔夫拉姆·米勒－费尔斯（Wolfram Müller-Freienfels）教授在《家庭法在欧洲大陆的诞生和英格兰对家庭法的移植》（*The Emergence of Droit de Famille and Familienrecht in Continental Europe and the Introduction of Family Law in England*）一文中对法国法上的 Droit de Famille，德国法上的 Familienrecht 以及英国法上的 Family Law 从历史的角度进行了详细的考察。他认为，“在大陆法系的西欧，现代意义上的家庭法是被当作法律特殊分支的技术性概念来理解的”。与此同时，“家庭法也意指处理婚姻法，亲子关系法和监护法的特殊法学研究领域”。回溯历史，“以普芬道夫为代表的法学家提出并发展了这一分类并形成了一并处理这三个主题的传统，但对这个问题进行系统化处理则应当归功于德国潘德克吞法学派”。在英国，家庭法的这一技术性术语的使用直到 20 世纪 60 年代才出现，它是一种概念移植的后果。与此相对，法国法至今仍然未

① 关于古典自然法时代的界定，参见［美］E. 博登海默：《法理学：法律哲学与法律方法》，邓正来译，中国政法大学出版社 2004 年版，第 39 ~ 40 页。

将家庭法作为民法的一部分进行体系化的处理。[①] 米勒－费尔斯教授的考察基本印证了这样一种观点，即家庭法作为一种体系化的概念主要是由普芬道夫、胡果、海瑟、萨维尼和普赫塔等人逐渐发展出来的。

美国哈佛大学教授庞德在《法律的分类》(*Classification of Law*)一文中指出，普芬道夫的《自然法与万民法》(*De Jure Naturae et Gentium*)所采纳的法律分类方法在自然法学派中具有一定的代表性。在普芬道夫的自然法体系中，家庭法成为了一项独立的法律分类。虽然普芬道夫认识到了家庭法的独立性，但是与后来的萨维尼［参见《当代罗马法体系》(*System des heutigen Römischen Rechts*)］、普赫塔［参见《〈法学阶梯〉教程》(*Cursus der Instituionen*，1841)］和温德沙伊德的体系［参见《学说汇纂教科书》(*Lehrbuch des Pandektenrechts*，1862)］相比，他没有将其作为民法的一部分进行系统化处理。

（二）对家庭法和财产法差异性的考察

只有将家庭法和财产法进行对比，才能凸显出家庭法的特质。通过对比，学者们归纳了"家庭法例外主义"这一现象。通说认为，德国法儒萨维尼是对此问题进行系统讨论的开山鼻祖。萨维尼在《当代罗马法体系》(第1卷)中对家庭法和财产法的区分进行了详细的论述。

学者们普遍认为，萨维尼对于家庭法和财产法对立体系的分析对后世产生了重要的影响。邓肯·肯尼迪(Duncan Kennedy)教授的《萨维尼对于财产法的区分及其在古典法律思想中的地位》(*Savigny's Family/Patrimony Distinction and its Place in the Global Genealogy of Classical Legal Thought*)和《法律和法律思维的两种全球化：从1850—1968年》(*Two*

① Wolfram Müller-Freienfels, "The Emergence of Droit de Famille and Familienrecht in Continental Europe and the Introduction of Family Law in England", *Journal of Family History* 28, 2003, pp.31-51.

Globalizations of Law & Legal Thought：*1850-1968*）两篇论文就萨维尼对家庭法和财产法的分类对后世的影响进行了详细的分析。

珍妮特·哈雷（Janet Halley）教授和克里·里蒂希（Kerry Rittich）教授的《比较家庭法的关键方向：家庭法边缘主义的谱系和现代研究》（*Critical Directions in Comparative Family Law*：*Genealogies and Contemporary Studies of Family Law Exceptionalism*）则以萨维尼对家庭法和财产法的分类为视角对家庭法例外主义进行了详细的考察。美利坚大学华盛顿法学院助理教授弗尔南达·G. 尼古拉（Fernanda G. Nicola）的《比较法中的家庭法边缘主义》（*Family Law Exceptionalism in Comparative Law*）一文则从财产法的继受与家庭法的非继受角度对家庭法例外主义进行了分析。在他们看来，比较法对于家庭法的排斥实际上反映了家庭法和财产法所存在的巨大差异。在梅迪库斯看来，这种差异表现为"法律艺术上的分裂"，即家庭法在一开始就采用了另外一种路径——"不是法律后果的相似性，而是生活事实的相似性"。[①]

（三）对家庭法与民法、民法总则关系的考察

对家庭法与民法总则关系之考察，必须要从家庭法进入私法这一现象谈起。德国法学家罗尔夫·克尼佩尔在《法律与历史：论〈德国民法典〉的形成与变迁》一书中对《德国民法典》家庭法部分的产生背景进行了系统的分析。他首先分析了家庭法进入纯粹私法状态之前的状况，援引了蒂堡、萨维尼、门格等人的观点来论证家庭法的私法化过程。他以1794年《普鲁斯普通邦法》为例，来说明家庭法在过去直到18世纪仍然被作为公法进行处理。此后，家庭的公法层面意识被大大削弱，家庭法纯粹私法的观点逐渐得到贯彻。但这种贯彻绝对不是要把家庭法放置于财产法的分析

① [德] 迪特尔·梅迪库斯:《德国民法总论》，邵建东译，法律出版社2001年第2版，第20～21页。

框架（尤其是债法）之中，因为这样的观点在当时是让人鄙夷的。[①]在家庭法进入纯粹民法的范畴之后，作为家庭法、继承法和财产法（物权法和债权法）所共同抽象出的民法总则是否具有普遍性成为一项学术研究的热点。在民法典中，财产法和家庭法采用了两种不同的立法原则，民法总则能否协调这种差异成为学者说热衷于探讨的问题。冉克平在《民法典总则的存废论：以民法典总则与亲属法的关系为视野》一文中指出，这种根本性的差异在总则中是难以愈合的，即民法总则编基本不适用于亲属法，其实际上是一个财产法总则。在承认家庭法进入民法的大背景下，有必要废除总则，而转向序编。[②]余延满的考察也印证了类似的观点，即《德国民法典》中的总则部分基本不适用于亲属法。[③]与此相关的问题争论是，家庭法是否应当回归民法。这一问题仍然是我国学界争论的一项焦点，形成了两派较为对立的观点（如巫若枝的《三十年来中国婚姻法“回归民法”的反思：兼论保持与发展婚姻法独立部门法传统》与雷春红的《婚姻家庭法的定位：“独立”抑或“回归”：与巫若枝博士商榷》二文）。不过，在当下的民法典编纂运动中，对这一问题的论争得以暂时平息。

（四）对家庭法研究方法的考察

学者们对于家庭法研究方法的反思是建立在前述财产法和家庭法存在根本性差异这一认识论基础之上的。家庭法被界定为与财产法相对立的平行体系，并且其自然伦理本质排斥了以财产法为基础的民法教义体系的贯彻。亦即家庭法始终是价值主导（而非逻辑主导）的。申言之，家庭法最

---

① ［德］罗尔夫·克尼佩尔：《法律与历史：论〈德国民法典〉的形成与变迁》，朱岩译，法律出版社2003年版，第102页。

② 冉克平：《民法典总则的存废论——以民法典总则与亲属法的关系为视野》，载《私法》2008年（总第15卷）。

③ 余延满：《亲属法原论》，法律出版社2007年版，第45～48页。

初是由自然法所主导的，后来则是由“自然权利的现代性表达”[①]——人权法和基本法——所主导的。家庭法的这一特性奠定了家庭法研究方法上的特殊性，家庭法转向了一种交叉学科的研究方法（用当下流行的词来说叫社科法学）。瑞典隆德大学法学院伊娃·赖斯泰特（Eva Ryrstedt）教授在《理解家庭法》（*Understanding Family Law*）一文中分析了家庭法采用交叉学科研究方法的不可避免性。美国宾夕法尼亚大学助理教授芭芭拉·A.巴伯（Barbara A. Babb）的《家庭法学的交叉学科方法：生态学和治疗学视角的应用》（*An Interdisciplinary Approach to Family Law Jurisprudence：Application of an Ecological and Therapeutic Perspective*）一文则对社会科学在家庭法中的应用进行了探讨。她指出，从19世纪开始，社会科学就已经在诸多方面对家庭法的发展产生了影响。20世纪，这种影响将进一步扩大。扩大社会科学在家庭法中的应用有助于认识家庭和个人，并强化家庭支持机构的作用。[②]

美国斯坦福大学法学院荣休教授威廉·J.古德（William J. Goode）的《家庭的长期演变：一种社会学评论》（*Family Changes over the Long Term：a Sociological Commentary*）一文以社会学方法为视角，对家庭和家庭法的长期演进进行了考察。他的此种研究进路大致代表了当下流行的社科法学研究方法，即把家庭法的变革放置在整个社会的大环境之中。学者们尤其喜欢考察社会经济变化对家庭法的影响。例如，有学者认为家庭法的世俗化、个人权利的兴起以及人权公约的普遍效力推动了家庭法的统一，如米勒－费尔斯教授在《论家庭法的统一》（*The Unification of Family Law*）中的论述。

① [美]约翰·菲尼斯:《自然法和自然权利》，董娇娇等译，中国政法大学出版社2005年版，第160页。

② See Barbara A. Babb, “An Interdisciplinary Approach to Family Law Jurisprudence: Application of an Ecological and Therapeutic Perspective”, *Indiana Law Journal* 72, 1997, pp.775-808.

伴随着家庭关系的法律化，[①] 家庭法与社会科学的联系不断增强。这种变化在家庭司法中尤为明显，专家调查报告（特别是在涉及儿童的案件中）的重要性被日益强化。法官的判断在相当大程度上受制于这些来源于社会学、教育学、心理学等方面的报告。法律实践的此种变化已经极大地影响了家庭法的研究。学者们在讨论接触权的问题时，通常会援引社会学上或者心理学上的论据，来论证儿童与父母双方保持稳定和连续的接触有利于儿童的健康成长。不过学界对于此种研究方法并非毫无反对之声。哥伦比亚洛斯安第斯大学教授伊莎贝尔・C. 贾米洛（Isabel C. Jarmillo）的《家庭法的社会学方法：以拉丁美洲代表性家庭法论文为分析对象》（*The Social Approach to Family Law: Conclusions from the Canonical Family Law Treatises of Latin America*）一文主要围绕拉丁美洲的典型论文，对家庭法中的社会学研究方法进行了反思。她归纳了此种方法的一些基本特征，如将家庭作为一种社会事实，或者将家庭关系视为一种相互依赖的互惠关系。[②] 因而，家庭在本质上应当被理解为享有特权的场所，其存在的目的是为了团结家庭成员。社会研究方法的另外一个基本假设是“存在可以反映或者增强家庭团结性的更好规则或者原则”。在总结家庭法社会学研究进路的基础上，贾米洛教授对社会学研究方法的缺陷进行了批判。社会学方法存在不确定性、易被人为操纵和具体化等方面的问题。她逐一反驳了社会学方法的三项观点。“首先，社会学研究方法对事实家庭平等保护的强调实际上是以异性夫妻为中心的。”这是“建立在损害其他以家庭形态生活的情感和经济联合体的基础之上的”。其次，“对权利和义务观念的坚持弱化了更好理解家庭成员间冲突的可能”。最后，“将社会福利法从家庭法中剥离会阻碍在亲子关系和婚姻关系中进行更为恰当的社会利益

---

① [德] 迪特尔・施瓦布：《德国家庭法》，王葆莳译，法律出版社 2010 年版，第 3 ~ 4 页。

② Isabel C. Jarmillo, “The Social Approach to Family Law: Conclusions from the Canonical Family Law Treatises of Latin America”, *The American Journal of Comparative Law* 58, 2010, p.856.

分配”。[①]

对家庭法研究方法的分析很难逃离国内学者在现阶段对于法教义学和社科法学的争论。过去的几年间，两派学者相继发表大量的论文来捍卫己方立场。社科法学代表性的论文如朱苏力教授的《中国法学研究格局流变》。批判社科法学的代表性论文如汤文平教授的《民法教义学与法学方法的系统观》。反观国内学者对于家庭法研究方法的讨论，则相形见绌。代表性的论文有许莉和毛亚敏的《婚姻法研究中的方法论问题》和曹诗权的《论婚姻家庭法研究方法的更新》。这一现象实际上说明了家庭法在研究方法上早已经偏离了民法教义学，而民法恰好是法学教义的传统阵地。

从以上综述分析中，我们不难看出，现有的研究是处于分散状态的，而缺乏一种宏观视角。这种宏观视角是指将家庭法与民法教义体系进行知识谱系上的考察。从目前国内学者的研究状况来看，家庭法学者和民法学者的研究实际上已经渐行渐远。家庭法对社会科学研究方法的过度依赖（如社会性别理论的全盘引入）是否会导致罗尔夫·施蒂尔纳教授在《德国民法学及方法论：对中国法学的一剂良药？》一文中所警告的那种灾难性后果值得学者们进行反思。作为规范科学的法学在家庭法中是否将面临被边缘化进而无处安身的命运呢？无论是家庭法学者还是民法学者都很少关注到“民法教义体系对于家庭法来说是否已经陷入一种无意义状态”这一关键问题。

① Isabel C. Jarmillo, “The Social Approach to Family Law: Conclusions from the Canonical Family Law Treatises of Latin America”, *The American Journal of Comparative Law* 58, 2010, p.865.

第一章　从人法到家庭法：对立世界的形成

第一节　作为民法之独立部分的家庭法的诞生

一、自然法时期法典中的家庭法

《拿破仑民法典》（Code civil des Français）既是自然法时代法典的完美代表作，也标志着一个新时代的开启。对于这部法典的荣耀，就如同拿破仑那般，无须赘述。该法典的智识基础深受著名法学家波蒂埃（Robert Joseph Pothier）的影响。他因而有幸能位列先贤祠，供后人瞻仰。从该法典的结构来看，完全承袭了他在《新编学说汇纂》（*Digests*）中的设想，即将民法典分为人法、财产法和财产的取得方式三部分。[①] 这种分类方法的灵感来源于罗马法的盖尤斯传统分类：人法（persone）、物法（res）和诉讼法（actiones）。[②] 这种分类与罗马法的个人主义传统存在一定的联系，没有给予个人团体性和社会性必要的关注。当然，也有学者认为这是人为的忽略。这种忽略来源于该部民法典的革命背景。德国法学家米勒－费尔

① Voir François Bourjon, Le droit commun de la France et la Coutume de Paris réduits en principes, Paris, Grangé, 1747.

② Gaius, I, §8.

斯考察认为，"《拿破仑民法典》是极力回避带有非革命因素的家庭关系，因而法典的文本中没有出现'家庭'一词"。[①] 理性和情感两方面的原因促使法典的起草者将有关家庭关系中的人身关系部分放置于"人法"部分，而将涉及家庭财产关系的部分置于"取得财产的各种方式"部分。[②] 虽然该部法典在家庭法规则特别是婚姻法规则方面出现了重大突破，[③] 但其在形式上和体系上仍然沿袭了罗马法的传统，而"罗马法学家对于家庭的特殊属性缺乏清晰的认识"。[④] 因而，在这部民法典的智识基础中，并没有出现对两种对立世界的体系化认识。家庭法没有以统一化、体系化的形态出现。很明显，这部法典并不存在像《德国民法典》那样的平行体系。未做系统和独立化处理的家庭法不可能形成自己的教义体系，法典的家庭法规则也在很大程度上受到了拿破仑本人的价值判断影响。[⑤]

事实上，虽然在过去200余年间《拿破仑民法典》所确立的诸多婚姻家庭规则发生了重大变化，特别是废除了以"父权家长制"为基础的诸多规则，但是该法典的基本结构没有发生根本性变化。"在'二战'后，法国议会曾成立一个委员会来起草新的民法结构。""该委员会将草案第一编确定为'人和家庭法'，力图将家庭法的所有内容收归其中，但这种改革

---

① Wolfram Müller-Freienfels, "The Emergence of Droit de Famille and Familienrecht in Continental Europe and the Introduction of Family Law in England", *Journal of Family History 28*, 2003, p.34.

②《拿破仑民法典》(《法国民法典》，李浩培、吴传颐、孙鸣岗译，商务印书馆1981年版。

③ 拿破仑对于婚姻家庭规则的起草表现出了特别的兴趣，婚姻家庭领域的许多规则都是在其影响下形成的，如对于婚姻的契约性界定以及对离婚自由的规定。法典在这些地方表现出了其"革命性"特征。

④ Ernst Rabel, Grundzüge des römischen Privatrechts, 2. Aufl., Tübingen 1955, S.5.

⑤［英］梅特兰等:《欧陆法律史概览》，屈文生等译，上海人民出版社2008年版，第227页。

建议遭到了议会的拒绝。”[①] 虽然法国民法典是自然法时代的杰作，但是其在形式上仍然沿用了罗马法的传统。与同为自然法代表作的《普鲁士一般邦法》（Allgemeines Landrecht für die Preußischen Staaten，ALR）和《奥地利民法典》（Allgemeines Bürgerliches Gesetzbuch，ABGB）相比，《拿破仑法典》“具有严谨而清晰的结构，清楚而犀利的语言表达”。[②] 但就家庭法规则的处理而言，它仍然未能形成科学的认识。财产法和家庭法处于一种混同的状态。但《拿破仑民法典》的此种安排并不能代表整个自然法学在处理家庭法问题上的观点。美国法学家罗斯科·庞德在《法律的分类》（*Classification of Law*）一文中对法律分类的问题进行了考察。在该文第 4 章第 6 节关于自然法学分类方法的考察中，庞德列举了普芬道夫在《自然法与万民法》（*De Jure Naturae et Gentium*）一书中的观点，“虽然不存在对于法律的正式分类，但是以下秩序是万民法较为理想的结构”：

1. 自我防卫和必然性（Self—defense and necessity）；2. 对于人格的保护（Protection of personality）；3. 善良义务（Duties of good faith）；4. 财产（包含继承法，Property：including Succession）；5. 债法（Obligations）；6. 家庭法（Family Law）。[③]

这里需要澄清的一个问题是，虽然普芬道夫的此种秩序描述与潘德克吞的体系之间存在较高程度的相似性，但这并不表明家庭法已取得潘德克吞体系下的相似地位。这种地位是指与技术化的财产法体系相对立的特殊状态。自然法的学说中并没有出现这种对立。在自然法的学说中，无论是

① Wolfram Müller-Freienfels, “The Emergence of Droit de Famille and Familienrecht in Continental Europe and the Introduction of Family Law in England”, *Journal of Family History* 28, 2003, pp.35-36.

② See Franz Wieacker, *A History of Private Law in Europe*, trans. by Tony Weir, with a foreword by Reinhard Zimmermann, Oxford, Clarendon Press, 1996, p.273.

③ Roscoe Pound, “Classification of Law”, *Harvard Law Review* 37, 1924, p.956.

财产法还是家庭法都源于“自然之理性”。在潘德克吞的体系中，只有家庭法才是“自然的反映”，而财产法则是“科学化的作品”。

虽然作为自然法代表作的《拿破仑民法典》没有将家庭法作为独立的类别进行处理，但是同为自然法时期代表作的《普鲁士一般邦法》却通过克里斯汀·沃尔夫（Christian Wolff）采纳了普芬道夫的前述意见。《普鲁士一般邦法》总体上分为两部分：第一部分为财产法；第二部分为团体法。第二部分又细分为“作为家庭基础的权利（家庭法、家庭财产法和家庭关系）”“国家不同阶层的权利”和“国家和公民以及他们彼此之间的权利和义务”。[①]这明显区分于另外一部自然法的代表作《奥地利民法典》。《奥地利民法典》采用了与《拿破仑民法典》类似的学说体系，将家庭法分置于人法和财产法之中。[②]

通过以上分析，我们不难发现，自然法时期的三部代表性法典对于家庭法的处理呈现出了两种不同的态度。一种是法学阶梯式的，即将家庭法分散在人法和财产法中。另一种则是普芬道夫式的，将家庭法作为独立部分进行讨论。不过需要指出的是，作为此种态度代表作的《普鲁士一般邦法》并不是一部严格意义上的私法典，而是公法和私法的混合体。家庭法作为独立部分进行处理并不完全是从私法的角度出发的，与此相反，它产生于“家庭—阶级—国家”这种公私法混合的叙事之中。更为重要的是由于《普鲁士一般邦法》相对于后来的潘德克吞代表作《德国民法典》在立法技术上的粗陋，它事实上没有形成家庭法的自然性和财产法技术性二者之间的对立。但绝不能否认《普鲁士一般邦法》对于“家庭法—财产法”对立体系形成的贡献。萨维尼关于“完整的个人”和“不完整的个人”的

① Franz Wieacker, *A History of Private Law in Europe*, trans. by Tony Weir, with a foreword by Reinhard Zimmermann, Oxford, Clarendon Press, 1996, p.264.

② Franz Wieacker, *A History of Private Law in Europe*, trans. by Tony Weir, with a foreword by Reinhard Zimmermann, Oxford, Clarendon Press, 1996, p.268.

分析框架很明显受到了《普鲁士一般邦法》的影响。

二、家庭法在潘德克吞体系中的独立性

正如德国学者迪特尔·施瓦布所言，“民法典（《德国民法典》）在技术上所达到的高度，尤其要归功于19世纪对罗马法的科学研究（学说汇纂法学）”。[①] 这样的评价是极为中肯的。潘德克吞法学为《德国民法典》提供了完整的智识基础。潘德克吞法学（Pandekten），又称学说汇纂法学，是指以《优士丁尼法典》中的《学说汇纂》（Digesta）为基础所创立的学说体系。这一体系以高度抽象化和技术化为特征。以此为基础，以《德国民法典》为基础的德国法族（又称潘德克吞法族）形成了与《拿破仑民法典》为基础的拉丁法族分庭抗礼的态势。对《德国民法典》的任何溢美之词在很大程度上都应该归功于作为其智识基础的潘德克吞法学派。

在体系上，潘德克吞法学派以五编制结构著称，分别为总则、债权、物权、亲属、继承。“这一体系最初由胡果（Hugo）和海瑟（Heise）明确提出，并由萨维尼所继承，进而成为十九世纪潘德克吞体系的权威。”“它可以回溯至达耶斯（Darjes）和内特布拉德（Nettelbladt），二人都是沃尔夫（Wolff）的学生，并且可以最终追溯至普芬道夫的自然法思想。”[②] 由此可见，潘德克吞体系在很大程度上吸收了自然法学派的体系结构之优点。特别是在处理家庭法在民法典中的布局时，潘德克吞体系深受普芬道夫“个人—集体”思维进路的影响。“沿着‘个人—夫妇—家庭—国家—国际

---

① [德] 迪特尔·施瓦布：《民法导论》，郑冲译，法律出版社2008年版，第19～20页。

② Franz Wieacker, *A History of Private Law in Europe*, trans. by Tony Weir, with a foreword by Reinhard Zimmermann, Oxford, Clarendon Press, 1996, p.296.

社会’的顺序递进”被认为是最符合自然理性之要求的。[①] 作为历史法学派创始人之一的胡果在自然法学派分类方法的基础上，在其于1789年编著的对现行法进行研究的教科书《当代罗马法学阶梯》（*Institutionen des heutigen römischen Rechts*）中提出了当代民法的体系结构：物权法、债权法、亲属法、继承法和诉讼法。他在《将自然法学作为一种实证法学的教科书》（*Lehrbuch des Nafurrechts alseiner Philosophie des postiven Rechts*）中将家庭法与财产法的区分誉为最为重要的一项法学教义。[②] 遗憾的是，他后来放弃了这一分类，而又复归法学阶梯体系。这一改变之理由在于“让读者从较为熟悉的既有基础成果所采用的结构出发更为重要”。[③] 但这种被胡果放弃的体系却被他的同事海瑟利用。海瑟在《一般民法体系大纲的潘德克吞学说》（*Grundriß Eines Systeme des Allgemeinen Civilrechts zum Behuf von Pandekten – Vorlesungen*）一书中确立了六编制的民法体系：总则—物权法—债务法—物的和人的权利法（家庭法）—继承法—恢复原状法。[④] 这一分类进而奠定了海瑟在历史法学派中的鼻祖地位。[⑤]

作为德意志最伟大法学家之一的萨维尼不仅继承了海瑟的此种分类体系，而且对家庭法和财产法的二分之理由进行了详尽的分析。这些分析集中于其不朽巨著《当代罗马法体系》（第1卷）（*System des heheutigen*

---

① [日]赤松秀岳:《十九世纪德国私法学的实像》，成文堂1995年版，第266页。转引自陈华彬:《潘德克吞体系的形成与发展》，载《私法》2004年第3期。

② Gustav Hugo, Lehrbuch des Nafurrechts alseiner Philosophie des postiven Rechts, Berlin 1819, S.31 ff.

③ See Wolfram Müller-Freienfels, “The Emergence of Droit de Famille and Familienrecht in Continental Europe and the Introduction of Family Law in England”, *Journal of Family History* 28, 2003, p.37.

④ Georg Arnold Heise, Grundriß Eines Systeme des Allgemeinen Civilrechts zum Behuf von Pandekten - Vorlesungen, Heidelberg 1807.

⑤ [日]原田庆吉:《日本民法典的历史的素描》，创文社1955年版，第3页注释1。转引自陈华彬:《潘德克吞体系的形成与发展》，载《私法》2004年第3期。

römischen Rechts）一书之中。萨维尼在该书中对家庭法和财产法差异的分析对后世民法体系的建构形成了重要影响。正如美国哈佛大学学者哈雷教授和加拿大多伦多大学里蒂希教授所言，“从 19 世纪开始，尤其是伴随着在萨维尼影响之下的德国法律学说在全世界的传播，家庭法逐渐以独立法律论题的面貌出现”。[①] 这种现象在比较法上被称为“家庭法例外主义”（Family Law Exceptionlism）。[②]

萨维尼对于家庭法独立性的论述是沿着笛卡尔式的“元叙事”路径展开的。这种“元叙事”的方式已经内含了潘德克吞法学派的精髓——抽象的概念金字塔，所以绝不能将萨维尼所代表的历史法学派和其学生普赫塔（Puchta）所代表的“概念法学派”进行人为的分裂。正如德国学者维亚克尔（Franz Wieacker）所言，“姑且不论历史法学派纲领的外观、其诸多法律史上的个别贡献，其大部分的心力还是放在建构性的民法学上”。[③]

萨维尼在《当代罗马法体系》（第 1 卷）第二篇讨论法律关系时，始终是围绕着家庭法和财产法的区分进行的。萨维尼在就法律关系的本质——个人意志独立支配的领域——进行开篇讨论时，即将婚姻视作“部分属于法领域”这一分类的典型。[④] 在萨维尼看来，既然法律关系的本质是“个人意志所可能作用的对象”，那么这种作用很自然地可以划分为两大类：对主体自身和对外部世界。对外部世界又可以很自然地区分为对不

① Janet Halley and Kerry Rittich, “Critical Directions in Comparative Family Law: Genealogies and Contemporary Studies of Family Law Exceptionalism”, *The American Journal of Comparative Law* 58, 2010, p.753.

② See Fernanda G. Nicola, “Family Law Exceptionalism in Comparative Law”, *The American Journal of Comparative Law* 58, 2010, pp.777-810.

③［德］弗朗茨·维亚克尔：《近代私法史：以德意志的发展为观察重点》（下册），陈爱娥、黄建辉译，上海三联书店 2006 年版，第 430 页。

④［德］萨维尼：《当代罗马法体系》（第 1 卷），朱虎译，中国法制出版社 2010 年版，第 259 页。

自由的自然和对他人。[①] 萨维尼否认了人对于自身的支配所产生的原权，而仅将取得权作为唯一的权利。[②] 就对于不自由的自然而言，意志所支配的特定部分空间被称为物，相应的权利被称为物上的权利，而所有权是其最为完整的形态。[③] 就我们意志对他人的支配而言，又可以细分为两种形态。一种形态表现为对他人特定行为的支配，这样的支配被称为债。[④] 另外一种形态则表现为将人视为物，从而进行支配，这种支配表现为对他人自由而非单个行为的控制，最为典型的就是罗马法上的奴隶制。萨维尼反对将此种支配纳入民法。[⑤] 萨维尼进而归纳了债和物上权利的相似本质，二者共同构成财产法。财产法的实质是"通过所有权和债这两种权利，权利人的力量向外扩展超出其本质的自然界限"。[⑥]

萨维尼紧接着讨论了人与其他人关系的第二种形式。在这种形式中，人不是无差别的抽象独立个体，相反，它是所有人类有机整体中的一员。人在此整体中是不完整的，其与整体之间的相互联系需要通过特定的个人来实现。[⑦] 亦即不完整的个人需要特定的人来完善自我。这种完善首先表现为婚姻。其次，表现为对短暂生命的完善，这种完善表现为"繁衍"。[⑧] "由此相关的法律关系'婚姻、父权和亲属'被称为家庭，相应的法律制度被称为家庭法。"[⑨]

萨维尼进一步论述了家庭关系和同样处于人与人关系之下的债之关系

---

①［德］萨维尼:《当代罗马法体系》(第1卷)，朱虎译，中国法制出版社2010年版，第260页。

②［德］萨维尼:《当代罗马法体系》(第1卷)，朱虎译，中国法制出版社2010年版，第261～262页。

③［德］萨维尼:《当代罗马法体系》(第1卷)，朱虎译，中国法制出版社2010年版，第262页。

④［德］萨维尼:《当代罗马法体系》(第1卷)，朱虎译，中国法制出版社2010年版，第263页。

⑤［德］萨维尼:《当代罗马法体系》(第1卷)，朱虎译，中国法制出版社2010年版，第263页。

⑥［德］萨维尼:《当代罗马法体系》(第1卷)，朱虎译，中国法制出版社2010年版，第263页。

⑦［德］萨维尼:《当代罗马法体系》(第1卷)，朱虎译，中国法制出版社2010年版，第263～264页。

⑧［德］萨维尼:《当代罗马法体系》(第1卷)，朱虎译，中国法制出版社2010年版，第264页。

⑨［德］萨维尼:《当代罗马法体系》(第1卷)，朱虎译，中国法制出版社2010年版，第265页。

的区分，驳斥了将家庭视为债或者所有权的观点。就家庭关系与债之关系的区分而言，萨维尼认为，这种区分首先表现在调整对象上的差别。“债之对象为个人的具体行为，而家庭关系的对象是整体的人”，准确地说是处于人类整体关联中的不完整个人。① 从性质上来看，家庭关系具有必然性和持续性，而债之关系具有任意性和暂时性。② 萨维尼进一步分析道，债与所有权更为相似，因而二者均属于完整的个人权力在外部世界的扩展，而家庭关系更加接近原权，只有一部分属于法领域。③ 与三种类型对象相对应的法的领域分别被称为家庭法、物法和债法。④

事实上，萨维尼对于家庭法的此种认识并非首创。与萨维尼处于同一时代的德国哲学家黑格尔在《法哲学原理》（*Gurndlinien der Philosophie des Rechts*）一书提出了类似的洞见。黑格尔认为，“在家庭中，人们的情绪就是意识到自己是在这种统一中，即在自在自为地存在的实质中的个体性，从而使自己在其中不是一个独立的人，而成为一个成员”。“个人根据家庭统一体所享有的权利，首先是他在这一统一体中的生活，只有在家庭开始解体，而原来的家庭成员在情绪上和实际上开始成为独立的人的时候，才以权利（作为特定单一性的抽象环节）的形式出现。”⑤ 有学者据此推断，黑格尔是反对家庭法进入民法的。⑥ 此种意见，实际上与萨维尼的观点不谋而合，亦即家庭关系不应当全部归属于法的领域。只不过萨维尼将这种讨论放置在了与债法和物法的体系对比之中，从而彰显了其观点的

---

①［德］萨维尼:《当代罗马法体系》（第1卷），朱虎译，中国法制出版社2010年版，第265页。

②［德］萨维尼:《当代罗马法体系》（第1卷），朱虎译，中国法制出版社2010年版，第266页。

③［德］萨维尼:《当代罗马法体系》（第1卷），朱虎译，中国法制出版社2010年版，第266页。

④［德］萨维尼:《当代罗马法体系》（第1卷），朱虎译，中国法制出版社2010年版，第266页。

⑤［德］黑格尔:《法哲学原理》，范扬、张企泰译，商务印书馆1961年版，第175～176页。

⑥ 冉克平:《民法典总则的存废论——以民法典总则与亲属法的关系为视野》，载《私法》2008年（总第15卷）。需要说明的是，冉克平博士在该文中援引黑格尔的观点并不准确。黑格尔在此处并没有直接表明“家庭法不应该包含在民法之中”，冉博士对黑格尔观点的引述应当为其个人见解。

特殊价值。需要注意的是，萨维尼和黑格尔在对家庭法某些方面的讨论上存在完全对立的观点。萨维尼驳斥了黑格尔将“罗马法视为一种无情的专制”的观点，认为将家庭关系视为一种完全的支配是对罗马法现实状况的一种误解。[①] 萨维尼在详细分析罗马家父权和自由婚制度后，认为，“一人对于另外一人意志的局部服从并非家庭关系的法律特征，因此并非此种法律关系的真正内容”。[②] 家庭关系的真正本质是“个人在此种关系中所占据的地位，是处于被严格确定下来的生活形式中的配偶、家父和家子”。[③] 这种关系是“独立于个人意志的，其根据是大的自然关联”，因而它更多地从属于道德领域，而较少地从属于法的领域。[④] 家庭内部的法请求只是作为一种例外而存在的（如给付生活费之债），在更为普遍的情况下，如果我们将家庭关系视为法律关系，“则此关系是一个个人同所有其他人之间的关系”。[⑤]

此外，萨维尼还对自然的家庭关系和人为的家庭关系进行了探讨，用以表明财产关系和家庭关系的另一项特征差别：家庭法是一种自然制度，人为制度是极小的例外，而财产法完全属于法的领域，是一种人为的制度。[⑥] 萨维尼在分析了罗马法上五种人为扩张的家庭法制度——夫权、奴役权、庇主权、受役状态、监护和保佐——之后，认为当代法中只有监护作为人为扩张的制度得以保留，其他制度均已经消亡。[⑦] 这进一步印证了这样一种判断，即家庭法在总体上是自然—伦理的。

萨维尼的此种论述奠定了潘德克吞体系下家庭法独立地位的理论基础。《德国民法典》在体系上接受了家庭法的独立地位。深受德国法学理

① [德] 萨维尼:《当代罗马法体系》(第 1 卷)，朱虎译，中国法制出版社 2010 年版，第 271 页。
② [德] 萨维尼:《当代罗马法体系》(第 1 卷)，朱虎译，中国法制出版社 2010 年版，第 269 ~ 270 页。
③ [德] 萨维尼:《当代罗马法体系》(第 1 卷)，朱虎译，中国法制出版社 2010 年版，第 270 页。
④ [德] 萨维尼:《当代罗马法体系》(第 1 卷)，朱虎译，中国法制出版社 2010 年版，第 270 页。
⑤ [德] 萨维尼:《当代罗马法体系》(第 1 卷)，朱虎译，中国法制出版社 2010 年版，第 274 ~ 275 页。
⑥ 朱虎:《法律关系与私法体系》，中国法制出版社 2010 年版，第 145 页。
⑦ [德] 萨维尼:《当代罗马法体系》(第 1 卷)，朱虎译，中国法制出版社 2010 年版，第 276 ~ 283 页。

论影响的《瑞士民法典》《希腊民法典》《土耳其民法典》以及远东的《日本民法典》《中华民国民法典》均沿袭了这一传统。值得注意的是，20世纪后期的新《荷兰民法典》中，与家庭法相关的规则被置于法典第一编"人法和家庭法"中。这种处理似乎容易给人造成一种误解，即《荷兰民法典》继承了《拿破仑民法典》的处理方式。但事实并非如此，在《拿破仑民法典》中被放置于"取得财产各种方法"一章的夫妻财产制度在《荷兰民法典》中被统一置于"人法和家庭法"一编进行处理。[①] 准确地说，该编的标题为"自然人法和家庭法"，有关于法人的内容被单独放置于《荷兰民法典》第二编。这种处理方式与《意大利民法典》存在高度的相似之处。但是《意大利民法典》"人和家庭法"中包含了法人的内容。[②] 无论是《意大利民法典》还是《荷兰民法典》都不能归属于德国法族，但是其在家庭法独立性问题上的处理却明显受到了起源于德国的前述学说的影响。

第二节　家庭法和财产法的两种对立体系

一、法律的科学化理想：吾辈哥白尼主义者

文艺复兴以来，自然科学的伟大成就对于法学家群体而言带有致命的诱惑性。美国法学家戴维·鲁本在《法律现代性》一书开篇即以"吾辈哥白尼主义者"来界定法律的现代性。[③] 事实上，法学家群体早已经习惯于将我们所从事的事业命名为与自然科学比肩的"法律科学"。囿于本书的

① [荷兰] 亚瑟·S. 哈特坎普:《荷兰民法典的修改：1947—1992》，汤欣译，谢立新校，载《外国法译评》1998 年第 1 期。

② 费安玲、丁玫译:《意大利民法典》，中国政法大学出版社 1997 年版。

③ [美] 戴维·鲁本:《法律现代性》，苏亦工译，中国政法大学出版社 2004 年版，第 1 页。

讨论重点，不可能就此根本性问题进行宏大的叙事，而只是想就本书所阐述的科学范畴——“被称为法学的科学语言的教义学”①——进行介绍从而为后文的讨论做相应的铺垫。在阿图尔·考夫曼和温弗里德·哈斯默尔主编的《当代法哲学和法律理论导论》一书中，作者对法学的科学性进行了一种回溯性考察。作者将法学的科学性考察回溯到了亚里士多德那里。在亚里士多德眼里，“‘科学概念’（epistene，scientia）在本质上也是客体的预设性和不可变性”。②“只要法学从先定秩序，即不可改变的法律原则之理念出发，它便能满足此科学概念。”③“倘若法学研究的是随历史变迁的法律秩序，那它就只能被理解为技艺（techne，ars）或实践智慧（phronesis，prudential）。”④这很容易让人联想到这样一句谚语——“法律是有关于善良和公正的艺术”（ars boni et aequi）。现在的学者们在讨论法律的相关问题时，事实上更愿意使用“技术性”而非“科学性”来描述与价值判断相对立的范畴。不过从另外一种角度来看，如果不想把人文科学的其他领域排除在科学的范畴之外，那么“就须把客观事物不可变这一亚里士多德式的标准，代替作为科学的界限，而当作科学的分类准则来运用”。⑤从这一角度来看，自然科学是“关涉对象的一般规律之学科”，而概念科学是“单一描述之学科”。⑥法学作为概念科学，毫无疑问属于科学的范畴。

---

①［德］鲁道夫·冯·耶林：《法学是一门科学吗？》，奥科·贝伦茨编，李君韬译，法律出版社 2010 年版，第 2 页。

②［德］阿图尔·考夫曼、温弗里德·哈斯默尔主编：《当代法哲学和法律理论导论》，郑永流译，法律出版社 2013 年版，第 448 页。

③［德］阿图尔·考夫曼、温弗里德·哈斯默尔主编：《当代法哲学和法律理论导论》，郑永流译，法律出版社 2013 年版，第 448 ~ 449 页。

④［德］阿图尔·考夫曼、温弗里德·哈斯默尔主编：《当代法哲学和法律理论导论》，郑永流译，法律出版社 2013 年版，第 449 页。

⑤［德］阿图尔·考夫曼、温弗里德·哈斯默尔主编：《当代法哲学和法律理论导论》，郑永流译，法律出版社 2013 年版，第 449 页。

⑥［德］阿图尔·考夫曼、温弗里德·哈斯默尔主编：《当代法哲学和法律理论导论》，郑永流译，法律出版社 2013 年版，第 449 页。

德国法学家莱茵荷德·齐佩利乌斯在讨论法学思维时，首先讨论了“概念—体系”思维。这种思维模式又被称为概念法学。齐佩利乌斯教授将概念法学“从一般的前提出发——不管是人类学的前提或规范性的前提——推导出对于具体法律问题的解决方案”的特征追溯至以沃尔夫为代表的自然法学派。[①] 这种特征在法国法学家多玛那里更为突出。多玛沿用了普芬道夫的从义务来演绎整个法律秩序的进路，进而推演出整个民法的自然秩序。[②] 在后来的概念法学派那里，这种演绎体系的出发点更多地变为了“主观权利”，而非自然法学派惯用的义务概念。整个民法体系可以最终化约为“主观权利”这个最终抽象。在概念法学派那里，通过逻辑和语言，整个民法体系得以演绎完成。齐佩利乌斯将这种科学体系的特征描述为“富于生产性”。[③] 充满几何学美观的谱系思想得以产生。这种思想被认为可以追溯至莱布尼茨——一位享誉世界的哲学家和数学家。[④] 莱布尼茨的法典构想共包含四个部分:《自然法要义》(*Elementa Iuris Naturalis*)、《市民法要义》(*Elementa Iuris Civilis hodiemi*)、《法律的核心》(*Nucleum Legum*)和《法律大全》(*Corpus Iuris*)。[⑤] 在《市民法要义》这一部分，莱布尼茨设想确定一份目录，这份目录将包含“所有主要规则和所有法律概念，这两者一结合就能适用于所有可能的案件，同时只需动一下指头，就可以(通过追溯它们之间的关系)同时发现所有的诉、抗辩、答复，等

---

① [德]莱茵荷德·齐佩利乌斯:《法哲学》(第6版)，金振豹译，北京大学出版社2013年版，第288页。

② See Jean Domat, *Civil Law in Its Natural Order*, trans. by William Strehen, Boston, Charles C. and James Brown, 1850.

③ [德]莱茵荷德·齐佩利乌斯:《法哲学》(第6版)，金振豹译，北京大学出版社2013年版，第293页。

④ See M.H. Hoeflich, “Law & Geometry: Legal Science from Leibiz to Langdell”, *The American Journal of Legal History* 30, 1986, pp.95-121.

⑤ [美]罗杰·伯科威茨:《科学的馈赠：现代法律是如何演变为实在法的?》，田夫、徐丽丽译，法律出版社2011年版，第47～50页。

等”。[①] 莱布尼茨计划将他的目录建立在四个基本要素之上——“主体、客体、诉讼和概念”。[②] 这种构想实际上已经包含了现代法典“提取公因式”进而寻找法律基本要素的雏形。在提取基本要素设想的基础上，莱布尼茨计划将这些要素进行排列组合，以求建立媲美数学的完美法律体系。根据《科学的馈赠：现代法律是如何演变为实在法的？》一书作者伯科威茨的考察，莱布尼茨在《论组合艺术》（*Ars Combinatori*）一书中完美展示了其通过纯数学方法建构法律体系的抱负——“由一系列第一原则或法律要素综合演绎出所有的法律规则”。[③] 虽然莱布尼茨在后来对此种数学性方法进行了修正，从一个“数学结构”转向了“建筑学结构”，[④] 但是体系化和科学化的思想始终是他作为法学家的标签。他的《法体系》一书被伯科威茨誉为“现代技术性法典这一系列的第一步”。“法典的技术就是在形式上建构一个融贯体系的技术，在这个体系中，不仅每条法律原理彼此协调，而且整个体系也代表着一种对法（ius）的充分而完整的表述。”[⑤]

沃尔夫被认为是在大陆法系采用和发扬莱布尼茨几何学范式的第一人。作为莱布尼茨学生的沃尔夫“在《万民法的科学方法》（*Jus gentium Methoda Scientifica Pertractatum*）和《万民法和自然法教科书》

① Leibniz, Letter to Emperor Leopold, Aug. 1671, in Gottfried Wilhelm Leibniz, Allgemeiner Politischer und Historischer Briefwechsel, in Sämlliche Schriften und Briefe, ed., Leibniz-Archiv Hannover, Darmstadt 1923, S.60. 转引自［美］罗杰·伯科威茨：《科学的馈赠：现代法律是如何演变为实在法的？》，田夫、徐丽丽译，法律出版社 2011 年版，第 48 ~ 49 页。

② ［美］罗杰·伯科威茨：《科学的馈赠：现代法律是如何演变为实在法的？》，田夫、徐丽丽译，法律出版社 2011 年版，第 49 页。

③ ［美］罗杰·伯科威茨：《科学的馈赠：现代法律是如何演变为实在法的？》，田夫、徐丽丽译，法律出版社 2011 年版，第 57 页。

④ ［美］罗杰·伯科威茨：《科学的馈赠：现代法律是如何演变为实在法的？》，田夫、徐丽丽译，法律出版社 2011 年版，第 90 页。

⑤ ［美］罗杰·伯科威茨：《科学的馈赠：现代法律是如何演变为实在法的？》，田夫、徐丽丽译，法律出版社 2011 年版，第 99 页。

（*Institutiones Juris Naturae et Gentium*）中全面引进了莱布尼茨的几何学和算术的演绎范式”。[①] 事实上，不仅自然法学派深受莱布尼茨思想的影响，在其之后的以萨维尼为代表的历史法学派和以普赫塔、蒂堡和温德沙伊德为代表的潘德克吞法学派均受到了莱布尼茨思想的影响。据 M. H. Hoeflich 教授的考察，莱布尼茨的几何学范式为历史法学派和潘德克吞法学派提供了哲学上和智识上的基础。[②] 在他看来，萨维尼不过是“比自然法学派多迈出了一步，即将这种几何学范式融入到一种历史的视角之中，而不再诉诸于一种先验的原则”。[③] 至于潘德克吞法学派，更是将这种思想发挥到了极致。从潘德克吞法学派缔造者普赫塔的《学说汇纂教科书》中的描述可见一斑：

科学的任务在于认识法律规则之间的体系关联，认识它们之间的互为条件和相互衍生，这样我们可以将个别法律规则向上追溯其谱系直至其原则，也可以由原则向下演绎出最具体的分支。通过这样的方式，隐藏在民族精神中的法律规则可以进入我们的意识并被发掘出来。因而，法律规则不是从民族之成员的直接确信及其行动中产生的，也不出现在立法者的格言中，相反，法律规则一直都是作为科学演绎的产物而被我们认识。[④]

正如日本学者久保正幡所归纳的那样，无论是法国民法典还是德国民

---

① M.H. Hoeflich, “Law & Geometry: Legal Science from Leibiz to Langdell”, *The American Journal of Legal History* 30, 1986, p.103.

② M.H. Hoeflich, “Law & Geometry: Legal Science from Leibiz to Langdell”, *The American Journal of Legal History* 30, 1986, pp.104-105.

③ M.H. Hoeflich, “Law & Geometry: Legal Science from Leibiz to Langdell”, *The American Journal of Legal History* 30, 1986, p.107.

④ Georg Friedrich Puchta, Lehrbuch der Pandekten, Leipzig 1838, S.13, 22. 译文同时参考了金振豹在《法哲学》一书中的译文（参见［德］莱茵荷德·齐佩利乌斯:《法哲学》(第6版)，金振豹译，北京大学出版社2013年版，第289页）和吴从周在《概念法学、利益法学与价值法学：探索一部民法方法论的演变史》一书中的译文（参见吴从周:《概念法学、利益法学与价值法学：探索一部民法方法论的演变史》，中国法制出版社2011年版，第35～36页）。

法典都“有着源于接受近代自然法论中公理论体系法学的影响”。[①] 这种影响与其说是科学，不如说是一种技术。这样的技术以“谱系”为特质，以体系和抽象为基本路径。它是纯粹民法科学——民法教义学产生的前提。

本书接受拉德布鲁赫对法律科学的定义，即从广义上来看，法律科学是指“以法律作为研究对象的科学”。[②] 狭义上的法律科学（原本的法律科学）是指规范意义上的法律科学，即“实质法律规则之客观意义上的科学”。[③] 按照拉德布鲁赫的总结，这种法律科学具有以下三个方面的特征：“以实证法律规则为研究对象；其涉及的是法律规则，而不是法律生活，是法律规范，而不是法律事实；是法律之客观意义上的科学，而不是法律之主观意义上的科学”。[④] 这样作为纯粹法律科学的法教义学（Rechetdogmatik）与法律的社会理论就能区别开来。“这种纯粹的法律科学工作可以分为三个阶段：解释、结构和体系。”[⑤] 体系作为一种高级阶段的工作，代表了纯粹法律科学的终极目标。

那么这样的科学能被冠以“科学”的名称吗？这正是耶林在《法学是一门科学吗？》一文中的一个重要疑问。[⑥] 按照耶林的总结，教义学对于法律科学的意义在于“将所有我们借着对法律之认识与掌握，而获致之暂时性的高点与终点，汇集于经验与事实，并且给予实际使用之目的安排这些素材，进行科学式的铺陈”。笔者看来，法学的科学化本质是一种技术化，

---

① ［日］久保正幡：《法典編纂史の基本的諸問題——近代》，創文社 1963 年，第 6 页及以下。转引自［日］星野英一：《现代民法基本问题》，李诚予、岳林译，上海三联书店 2015 年版，第 31 页。

② ［德］古斯塔夫·拉德布鲁赫：《法哲学》，王朴译，法律出版社 2013 年版，第 127 页。

③ ［德］古斯塔夫·拉德布鲁赫：《法哲学》，王朴译，法律出版社 2013 年版，第 127 页。

④ ［德］古斯塔夫·拉德布鲁赫：《法哲学》，王朴译，法律出版社 2013 年版，第 127 ~ 128 页。

⑤ ［德］古斯塔夫·拉德布鲁赫：《法哲学》，王朴译，法律出版社 2013 年版，第 128 页。

⑥ ［德］鲁道夫·冯·耶林：《法学是一门科学吗？》，奥科·贝伦茨编，李君韬译，法律出版社 2010 年版，第 44 页。

这种技术化是将法律素材进行加工，以逻辑和体系上的完美为理想。正如萨维尼所言，“技术地说，我们将法律与民族的一般存在间的这种联系称为‘政治因素’，而将法律的独特的科学性的存在称为‘技术因素’”。[①]它同时隐含了这样一种假设，某项法律规则的合理性从法律体系中就可以获得权威或者证成。只有在极为特殊的情况下才求助于法律之外的依据（通过法律原则进行转介）。这种极端实证主义的假设招来了社科法学的攻击。

法律科学的理想本质上是一种技术，并不能由此否认其存在的价值。星野英一先生认为，不是科学的话（这里指的是按照自然科学标准来确定的科学）就没有价值的观点，是值得怀疑的。[②]又如英国法学家丹尼斯·罗伊德所言，“完全摒弃‘法律原则可以用系统而合理的分析加以发展’的观念，无异于把婴儿连同洗澡水一同泼掉——矫枉过正”。[③]人们惯于批评，而疏于建构。真实的情况是那些试图批判此种科学概念的人却往往在进行系统建构时不自觉地依赖于这种纯粹的法律科学，而无法另辟蹊径。

二、民法的技术化构造：实证主义、法典体系与民法的科学化

民法的科学化即民法的抽象化和体系化。法典运动是民法科学化的表现形式。“法典化是法律本质转变为科学之产物的必然结果，通过法律系统性提供理由，法典化推动了法律由道德实体向技术性目标的转化。”[④]职是之故，民法典必然是实证法的结晶。正如德国法学家温德沙伊德所言，“伦理方面、政治方面与国民经济方面的斟酌不是法学家的事情”。[⑤]法学

---

①［德］萨维尼：《论立法与法学的当代使命》，许章润译，中国法制出版社 2001 年版，第 10 页。

②［日］星野英一：《现代民法基本问题》，李诚予、岳林译，上海三联书店 2015 年版，第 252 ~ 253 页。

③［英］丹尼斯・罗伊德：《法律的理念》，张茂柏译，新星出版社 2005 年版，第 239 页。

④［美］罗杰・伯科威茨：《科学的馈赠：现代法律是如何演变为实在法的？》，田夫、徐丽丽译，法律出版社 2011 年版，第 14 页。

⑤［德］霍尔斯特・海因里希・雅科布斯：《十九世纪德国民法科学与立法》，王娜译，米健校，法律出版社 2003 年版，第 6 页。

家力图通过解释的方式发现民法典中存在的冲突、矛盾以及疏漏，而无须求助于法典之外的原因。此亦称为法学之发现。例如，在王泽鉴先生所翻译的德国法学家汉斯·多勒（Hans Dölle）的《法学上之发现》一文中，举例说明了斯托布（Staub）对于积极侵害债权理论之发现实为填补民法漏洞之所需。[①] 民法典本身提供法典的智识和权威。从法典中生产新的法律规则，则是民法教义学之重要任务。因而从本质上来说，民法是一种人为的制度，而非自然的制度。这极大地回应了前文萨维尼对此问题的讨论。民法的技术化，本质上是财产法的技术化。通过法律后果的相似性人为醇化出整个法律的概念和逻辑体系。财产法的此种技术化特征使得财产法体系能维持相当大程度的稳定性。这也是《德国民法典》在颁行后一百余年间仅进行了个别调整和修改的重要原因。正如拉德布鲁赫所言，"《德国民法典》中的财产法如同一个顽固的自由主义堡垒一样，抵御着社会法思想的冲击，并迫使它在城外安营扎寨"。[②]

民法的技术化（准确地说是财产法的技术化）的素材来源于成熟法律体系的罗马法。民法的技术化本质上是对传统罗马法素材的现代性加工。套用萨维尼的书名，即"当代罗马法体系"。用温德沙伊德的话来描述或许更为恰当——"我们不想，也不能缺少罗马法的内容，而是将罗马法重铸为一种法，它不再是外国法，而是我们的法，使罗马法在它自己的基础上超越自己"。[③] 总体而言，它继承了罗马法的个人主义传统，只是在极个别的地方"渗入了几滴社会主义的油"。[④] 我们所说的《德国民法典》的社

---

① ［德］汉斯·多勒：《法学上之发现》。转引自王泽鉴：《民法学说与判例研究》（第 4 卷），中国政法大学出版社 2003 年版，第 19 页。

② ［德］拉德布鲁赫：《法学导论》，米健译，法律出版社 2012 年版，第 79 ~ 80 页。

③ ［德］格尔德·克莱因海尔、扬·施罗德：《九百年来德意志及欧洲法学家》，许兰译，法律出版社 2005 年版，第 452 页。

④ Otto v. Gierke, Die soziale Aufgabe des Privatrechts, Berlin 1889, S. 13.

会基础——“市民的，罗马个人主义的”，① 只不过仅仅局限于财产法领域而已。这是一个极其容易被人忽视的事实。从主体的角度来看，《德国民法典》的技术化是对人的高度抽象，“它不知道农场主、手工业者、工厂主、企业主、工人和雇员，所知道的唯法律主体而已，即只知道‘人格人’——完全自由的人”。② 他“扎根于启蒙时代、尽可能自由平等、既是理性的、同时又是利己的抽象个人，是市民感觉和商人感觉混合在一起的经济人”。③ 不过这些被抽象的无处安身的人格在家庭法中却是另外一种面貌。家庭法保持了基于身份的权利义务安排。“在这里，自然人不再作为统一的面貌出现，他们被赋予不同的身份”。④ 与此相对，财产法对主体、客体和法律行为的抽象，最终将法典导向了实证主义的巅峰。在《德国民法典》中，财产法抛弃了先验的基础，而以一种“纯技术性对象这样一种新形式出现”。⑤ 它逐渐摆脱了伦理根基的束缚，开启了“实证主义的法典化”的新时代。⑥

财产法中的抽象原则是民法此种人为的技术化之典型。抽象原则意指“原因行为和抽象行为在法律上相分离”。⑦ 这种分离对于常人来讲，通常难以理解。但抽象原则无疑代表了《德国民法典》的立法特征。它并不

---

① [德] 拉德布鲁赫：《法学导论》，米健译，法律出版社 2012 年版，第 78 页。

② [德] 拉德布鲁赫：《法学导论》，米健译，法律出版社 2012 年版，第 78 页。

③ Boehmer, Einführung in das Bürgerliche Recht, 2. Aufl., 1965, S.83. 转引自 [日] 星野英一：《私法中的人：以民法财产法为中心》，载 [日] 星野英一：《现代民法基本问题》，段匡等译，上海三联书店 2012 年版，第 67 页。

④ 刘征峰：《论性别平等的民法进路：以民法中人的形象为视角》，载《澳门法学》2014 年第 3 期。

⑤ [美] 罗杰·伯科威茨：《科学的馈赠：现代法律是如何演变为实在法的？》，田夫、徐丽丽译，法律出版社 2011 年版，第 228 页。

⑥ Jakobs, Wissenschaft und Gesetzgebung im Burgerlichen Recht, 135. 转引自 [美] 罗杰·伯科威茨：《科学的馈赠：现代法律是如何演变为实在法的？》，田夫、徐丽丽译，法律出版社 2011 年版，第 254 页。

⑦ [德] 汉斯·布洛克斯 (Hans Brox)、沃尔夫·迪特里希·瓦尔克 (Wolf-Dietrich Walker)：《德国民法总论》(第 33 版)，张艳译，中国人民大学出版社 2012 年版，第 84 页。

追求法国民法典在“人民易于理解”方面的优势。与此相反，它是“法学家的法”，其不仅在语言上而且在理论体系上表现出高度的抽象性。正如施瓦布所言，“《德国民法典》在追求抽象性上十分成功，学法之人如果不能在它精妙绝伦的法律制度和法律规范的智力游戏中感觉到乐趣，就不是一个好的法学家”。[①] 财产法的去伦理价值化和抽象化不仅使得财产法长期处于私法的核心地位，而且催生了财产法的世界主义（cosmopolitan）。易言之，在财产法的范畴（特别是债法）内，“市民法在观念上与国际私法重叠”。[②] 从另外一个角度来看，民法的科学化使得法律继受成为可能。这样就不难解释“远东的日本民法典（1898）、暹罗王国（今泰国）民法典（1924—1925）和中华民国民法典，除了家庭法和继承法以外，主要是根据德国法起草”的现象。[③]

在探讨民法的科学化问题时，我们不应当忽视“家庭世界和财产世界的内在差异”。德国法学家罗尔夫·克尼佩尔认为，“合同法与财产法规制客观的、客观化的、商品与货币关系的世界”。[④] 因而，其技术化和客观化似乎是不可避免的宿命。民法的技术化不过是韦伯所言的“合法合理性”统治的现代性洪流中的一种现象。民法实证主义所导向的技术性统治反映出资本主义的普遍化价值理想。这种理想是以个人主义为模型的，并以货币化为表征。

综上，民法的技术化实际上是财产法的技术化，并建立在“孤立的、抽象的、自治的、个人的人类图像”之基础上。伴随着个人主义思潮在家庭中的蔓延，家庭法以财产法的形式落入技术化的统治似乎是不可避免的。

---

① [德] 迪特尔·施瓦布：《民法导论》，郑冲译，法律出版社 2008 年版，第 31 页。

② Duncan Kennedy, “Two Globalizations of Law & Legal Thought: 1850-1968”, *Suffolk University Law Review* 36, 2003, p.646.

③ [美] 艾伦·沃森：《民法法系的演变及形成》，李静冰、姚新华译，中国法制出版社 2005 年版，第 179 页。

④ [德] 罗尔夫·克尼佩尔：《法律与历史：论〈德国民法典〉的形成与变迁》，朱岩译，法律出版社 2003 年版，第 105 页。

三、去技术化构造的家庭法：本土化、伦理化和非科学化

（一）家庭法例外主义

在民法的技术化过程中，家庭法始终是以一种独善其身的姿态存在的。这种现象不仅存在于《德国民法典》中，而且伴随着萨维尼的学说和《德国民法典》在全世界范围内的传播影响了整个世界。美国哈佛大学邓肯·肯尼迪教授在《萨维尼对于财产法的区分及其在古典法律思想中的地位》一文中对萨维尼分类方法的后世影响进行了分析。在肯尼迪教授看来，萨维尼将私法区分为家庭法和财产法相互关联的有机组成部分，对于后世法律学说的体系化具有重要意义。[①] 萨维尼的这种分类始终是围绕自然和谐与个人主义、道德和法律、必要性和任意性的对比展开的。[②] 这种对比对于恰当理解古典法律思维具有重要的意义。这种古典法律思维以“形式主义”“逻辑演绎”和“概念法学”著称。[③] 肯尼迪教授在另外一篇论文《法律和法律思维的两种全球化：从1850—1968年》中的研究与《萨维尼对于财产法的区分及其在古典法律思想中的地位》一文形成遥相呼应的关系。肯尼迪教授在后一篇论文中指出，“在自萨维尼以降的古典法律思维中，家庭法被认为是大众的、政治化的、宗教化的、与文化相关的并且具备特殊性的法律部门，从而具有显著的民族性”。[④]

---

① Duncan Kennedy, “Savigny’s Family/ Patrimony Distinction and its Place in the Global Genealogy of Classical Legal Thought”, *The American Journal of Comparative Law* 58, 2010, pp.811-841.

② Duncan Kennedy, “Savigny’s Family/ Patrimony Distinction and its Place in the Global Genealogy of Classical Legal Thought”, *The American Journal of Comparative Law* 58, 2010, p.830.

③ Duncan Kennedy, “Savigny’s Family/ Patrimony Distinction and its Place in the Global Genealogy of Classical Legal Thought”, *The American Journal of Comparative Law* 58, 2010, p.831.

④ Duncan Kennedy, “Two Globalizations of Law & Legal Thought: 1850-1968”, *Suffolk University Law Review* 36, 2003, p.646.

哈佛大学哈雷教授和加拿大多伦多大学里蒂希教授在《比较家庭法的关键方向：家庭法例外主义的谱系和现代研究》中对此问题进行了更深一步的分析。他们从比较法的视角对萨维尼模型（Savignian Pattern）在全球范围内的影响特别是对殖民地的影响进行了考察。① 他们认为，在萨维尼关于家庭和合同的二分之中，合同法规则在全球范围内是普遍有效的，而家庭法规则充斥了本土必然性，因为它们反映了人民的精神。② 但是他们认为，"萨维尼分类包含了一种矛盾：一方面，家庭法是特殊的，因为它反映了某一民族的精神；另外一方面，它又是普遍的，因为它对于所有文明社会而言都是根本的"。③ 易言之，我们一方面认可家庭法是受自然理性支配的，另外一方面又认为它是本土的。这种矛盾恰似人类普遍理性与风俗、道德和宗教教义之间的矛盾。家庭法的民族性使得家庭法从诞生开始就徘徊在比较法研究的边缘。家庭法例外主义不仅承认家庭法在不同国族之间的巨大差异，而且为其提供了正当化基础。美国学者尼古拉在《比较法中的家庭法例外主义》一文中从财产法的统一性和家庭非统一性的角度对家庭法例外主义进行了详尽的考察。④ 他特别援引了日本学者磯野藤子（Fujiko Isono）对日本家庭法的历史性考察。"在 1873 年，日本政府指定了一位法国法学家博瓦索纳德（Gustave Boissonade）协助起草日本民

---

① Janet Halley and Kerry Rittich, "Critical Directions in Comparative Family Law: Genealogies and Contemporary Studies of Family Law Exceptionalism", *The American Journal of Comparative Law* 58, 2010, pp.753-754.

② Janet Halley and Kerry Rittich, "Critical Directions in Comparative Family Law: Genealogies and Contemporary Studies of Family Law Exceptionalism", *The American Journal of Comparative Law* 58, 2010, p.771.

③ Janet Halley and Kerry Rittich, "Critical Directions in Comparative Family Law: Genealogies and Contemporary Studies of Family Law Exceptionalism", *The American Journal of Comparative Law* 58, 2010, p.774.

④ Fernanda G. Nicola, "Family Law Exceptionalism in Comparative Law", *The American Journal of Comparative Law* 58, 2010, pp.777-810.

法典，但是并不打算将家庭法纳入委托的范围。”[①] 这种现象事实上造成了民法的一种分裂，即财产法是理性法的产物，而家庭法则是民族精神的产物。同时，这种现象也造成了人的形象在民法中的分裂。我们通常所描述的民法中的人的形象只限于财产法，而没有扩张至家庭法。家庭法始终处于民法的边缘状态。日本法学家星野英一先生在《私法中的人》一文中对民法中人的形象进行了精致的考察，不过考察的范围仅仅局限于财产法。正如星野英一先生所言，“虽然财产法和亲属关系都包含在民法中，但是亲属法和财产法的性格相当不同”。[②] 事实上，人们在褒扬梅因爵士从“身份到契约”[③] 的历史进步论断后，很容易产生这样的误解——整个法律都转向了个人主义。德国法学家拉德布鲁赫在《法律上的人》一文中对此种误解进行了警示。他指出，“法律在其一切部门中均将目标定向于个人主义的、理智主义的人之（形象）类型，只有在法律制度的冷僻一角，渗透着义务、承载着义务的权利这一古老的父权（家长）制思想作为一个有限的此存（Dasein）还在苟延残喘：例如在家庭法中”。[④] 不仅是普通人，即使是法学家群体也很容易遗忘处于法律制度冷僻一角的家庭法。当然这种遗忘具有两个层面的含义：第一个层面是一种有意识的遗忘，因为家庭法缺乏技术性建构，从而缺乏讨论的价值；第二个层面是一种无意识的遗忘，在无意识

---

① See Fujiko Isono, “The Evolution of Modern Family Law in Japan”, *International Journal of Law and the Family* 2, 1988, p.186. 关于日本家庭法体系背景，see also Tomiyuki Ogawa, “An Overview of the Japanese Family Law System: Focusing on A Historical Survey”, 広島県大学共同リポジトリ，载 http://harp.lib.hiroshima-u.ac.jp/hue/file/3821/20090217075339/kenkyu1992150206.pdf, October 29, 2015。

② [日] 星野英一：《私法中的人：以民法财产法为中心》，载 [日] 星野英一：《现代民法基本问题》，李诚予、岳林译，上海三联书店 2015 年版，第 66 页。

③ [英] 梅因：《古代法》，沈景一译，商务印书馆 1996 年版，第 96 页。

④ [德] 拉德布鲁赫：《法律上的人》，载 [德] 古斯塔夫・拉德布鲁赫：《法律智慧警句集》，舒国滢译，中国法制出版社 2009 年版，第 147 页。

中将民法等同于财产法。[①] 有意识的遗忘或者无意识的遗忘共同促成了家庭法在学术研究领域的边缘化。正如我国学者张作华所分析的那样，我国学界对于身份法研究的轻视态度，既有来自身份法本身的原因（如身份法所背负的历史包袱），也有来自外部的原因（如苏联法制继受之惯性）。[②]

在笔者看来，家庭法例外主义的终极动因还是在于家庭法在法律科学化运动中一致处于边缘化状态。家庭领域被认为仅仅是作为伦理实体的家庭生活之涵摄，是一种自然的制度。意大利学者玛利亚·罗萨莉亚·马雷拉（Maria Rosaria Marella）在归纳鲁道夫·塞科（Rodolfo Sacco）和艾伦·沃森（Alan Waston）观点的基础上，对家庭法和财产法的边缘 / 中心主义进行了总结，如表 1 所示：[③]

表 1

核心私法	家庭法
技术性和法律科学、普遍性	政治动因、本地化
连续性（隐型范畴，cryptotypes）	非连续性
历史方法 / 结构主义	功能主义
与社会学无关	社会学
权威（Prestige）	良法（Better Law）

玛利亚·罗萨莉亚·马雷拉教授认为，“家庭法的政治特性以及它和道德、宗教信仰的牵连导致了法律技术在家庭法中的缺位”。[④] 与此相对，“法

① 国内部分学者在以民法为题的讨论中，通常将情景设定在财产法中，但却未能在副标题中予以限制。例如谢鸿飞的《现代民法中的“人”》（载《北大法律评论》2000 年第 3 卷第 2 辑）实际上主要讨论的是财产法中的人的形象。梁慧星先生的《从近代民法到现代民法：二十世纪民法回顾》（载《中外法学》1997 年第 2 期）所讨论的实际上也是财产法的演进。此类现象，不一而足。

② 张作华：《认真对待民法中的身份：我国身份法研究之反思》，载《法律科学》2012 年第 4 期。

③ Maria Rosaria Marella, “Critical Family Law”, *Journal of Gender, Social Policy & The Law* 19, 2011, p.726.

④ Maria Rosaria Marella, “Critical Family Law”, *Journal of Gender, Social Policy & The Law* 19, 2011, pp.716-727.

律技术使得市场领域成为法律科学的支配场所”。[①]“政治动机，道德观点和传统习俗对家庭法显而易见的影响使得家庭法不可避免的本地化。”[②]“而这种本地主义无疑使得家庭法与债法及其万民法雄心处于平行状态。”[③]从玛利亚·罗萨莉亚·马雷拉教授的分析来看，家庭法的边缘主义似乎是家庭法不可避免的宿命。因为家庭法在科学化层面存在天然的短板。准确地说，家庭法是由价值主导的体系而非逻辑主导的体系，其价值主导性最初来源于自然法中的伦理秩序。

（二）自然伦理秩序的决定性：无历史的理性抑或是历史的偏见？

“法律科学主张法律必须被证成。”[④]在财产法中，法律规范的权威来源于法律教义学所提供的证成。亦即财产法的合理性通常来源于教义。与此相反，家庭法的价值主导性决定了其权威不可能来自教义。事实上，价值主导性本身规定了家庭法的非教义性。家庭法的权威来源于“存在”。换言之，我们无须证成家庭法的合理性，因为它在诞生之初就被仅仅界定为对自然生活秩序的单纯映射。因而，它不可能成为民法中“不受时间、情形和地点左右的一种单纯的法律数学”。[⑤]在民法科学化运动中的那些法学家对于家庭法的论述无一避免地落入自然伦理秩序的窠臼，而无论他们归属于自然法学派、历史法学派抑或潘德克吞法学派。亦即无论民法是否达

---

① Maria Rosaria Marella, “Critical Family Law”, *Journal of Gender, Social Policy & The Law* 19, 2011, p.726.

② Maria Rosaria Marella, “Critical Family Law”, *Journal of Gender, Social Policy & The Law* 19, 2011, p.727.

③ Maria Rosaria Marella, “Critical Family Law”, *Journal of Gender, Social Policy & The Law* 19, 2011, p.727.

④［美］罗杰·伯科威茨：《科学的馈赠：现代法律是如何演变为实在法的？》，田夫、徐丽丽译，法律出版社 2011 年版，第 11 页。

⑤ 蒂堡语，参见［德］格尔德·克莱因海尔、扬·施罗德：《九百年来德意志及欧洲法学家》，许兰译，法律出版社 2005 年版，第 429 页。

到实证主义的巅峰，在家庭法中起决定性作用的始终是“自然的理性”而非“技艺的理性”。[①]在对于家庭法的形成产生过重要影响的普芬道夫眼里，“夫妇义务、亲子义务和主仆义务（此时主仆关系仍然保留在家庭法的范畴内）均产生于女人自然服从于男人的父系家庭小型联合体”。[②]在德国法学家费希特看来，作为家庭基础的“婚姻绝不像国家那样仅仅是一种法律的结合，而是一种自然和道德的结合”。[③]无论是普芬道夫还是费希特对家庭的自然法论述都充斥了让人鄙夷的罗马法影子——父权制和女性的屈从地位。费希特对女性屈从地位的描述——“未婚妇女受父母支配，已婚妇女受男人支配”，[④]与盖尤斯在《法学阶梯》中的论述——“女性即便达到了成熟年龄，由于其心灵的轻浮，仍应受到监护”，[⑤]如出一辙。在亲子关系领域，费希特认为，“孩子在和父母的关系中根本就没有独立的自由，孩子不可能摆脱父母，而且为了公正地对待父母，他们也不可能有自己的意志”。[⑥]在他看来，“父母有权无限制地支配自己的孩子”。[⑦]古典自然法学派中充斥着类似的观点，在此无需赘述。

正如庞德所指出的，古典自然法学派的问题在于“将作为一套实在的权威律令体系的法律与某个法学家对法律应当是怎样的观点混淆在一起，而他的观点来自于当时的社会和法律制度并受到其先见或偏见或多或少的影响”，“因而这种方法终归不能长久”。[⑧]哈雷教授和里蒂希教授在分析萨

---

① 有关法律理性来自自然或者技艺的讨论，参见［英］托马斯·霍布斯：《哲学家与英格兰法律家的对话》，姚中秋译，上海三联书店2006年版，第4页。

②［德］塞缪尔·普芬道夫：《人和公民的自然法义务》，鞠成伟译，商务印书馆2010年版，第21页。

③［德］费希特：《自然法权基础》，谢地坤、程志民译，梁志学校，商务印书馆2003年版，第302页。

④［德］费希特：《自然法权基础》，谢地坤、程志民译，梁志学校，商务印书馆2003年版，第317页。

⑤［古罗马］盖尤斯：《法学阶梯》，黄风译，中国政法大学出版社1996年版，第56页。

⑥［德］费希特：《自然法权基础》，谢地坤、程志民译，梁志学校，商务印书馆2003年版，第365页。

⑦［德］费希特：《自然法权基础》，谢地坤、程志民译，梁志学校，商务印书馆2003年版，第366页。

⑧［美］罗斯科·庞德：《法理学》（第1卷），余履雪译，法律出版社2007年版，第36页。

维尼观点后所发现的那种矛盾恰好是古典自然法学派的此种内在缺陷所导致的。一方面，家庭法来源于自然理性，而所谓的自然理性却又是受本地化的风俗、宗教和道德所支配的。支配家庭法的自然法在这种意义上不可能是永恒法。这种缺陷实际上埋下家庭法在后来动荡不安的伏笔。正如比利时学者哈里·威勒肯斯（Harry Willekens）和德国学者柯尔斯顿·沙伊韦（Kirsten Scheiwe）所言，“当代家庭法给人这样一种印象——过去几百年间处于相当稳定状态的家庭法在资本主义，个人主义和道德多元主义的合力之下突然崩溃”。①

准确地说，所谓支配家庭关系的自然秩序不过是为风俗、宗教或者道德观念披上了神圣的面纱。它阻碍了技术化的法律对于神圣家庭生活的入侵。德国法学家格尔克·贝塞勒在与罗马法学家的论争中将家庭法作为例证，来说明民众在法律方面仍然具有创造力。在他看来，民众法“更为重要、更有价值，因为它是从大众生活的自然基础中发展起来的，视野更开阔”，而“罗马法的继受则是德意志民族的不幸”。② 家庭法实际上是民法科学化运动之后民众法的保留地。它确实如贝塞勒所言，是从大众生活的自然基础中发展起来的。法学家在对家庭法进行讨论时不得不借用自然理性和自然秩序的外衣。这不过是为了保持自然法融贯性的一种妥协。以法国法学家多玛为例，多玛从人类“互爱”的元概念中推导出人类的两类义务：第一类义务是“基于婚姻、生育等自然联系产生夫妻之间、父母子女之间的义务，以及他血亲或姻亲之间的义务”；第二类义务为人身处社会

① Harry Willekens and Kirsten Scheiwe, “Introduction: The Deep Roots, Stirring Present, and Uncertain Future of Family Law”, *Journal of Family History* 28, 2003, p.5.

② [美] 罗杰·伯科威茨：《科学的馈赠：现代法律是如何演变为实在法的？》，田夫、徐丽丽译，法律出版社 2011 年版，第 56 页。

交往所产生的义务，又细分为自愿的和非自愿的义务。[①] 将家庭法放置于自然秩序之下进行讨论是自然法不可避免的路径。

在萨维尼看来，“家庭法包含了三种不可分离的统一形态，即自然的形态、道德的形态以及法的形态，家庭关系只有部分具有法的性质，并且这种性质处于较为不重要的状态”。[②] 在萨维尼眼里，家庭关系的质料均来自于自然关系（超越了自然法），而自然关系是普遍存在的。事实上，承认自然关系并不表明等同于承认家庭关系中存在以普遍永恒法形式存在的自然法。如果我们将自然伦理秩序作为一种先验的概念，那么主张某种自然伦理秩序的法学家所受的处于变动之中的风俗、道德、伦理和宗教观念等偏见本身即可否定这种先验性。现代主义或是从哲学理性出发，或是从实证经验出发。从表象上来看，在家庭法诞生之初，其权威性来源于形而上的自然法，而非形而下的经验，但其实质却为历史性的偏见。正如美国德州农工大学政治学教授凯利·J. 奈德曼（Cary J. Nederman）在为邓特列夫《自然法：法律哲学导论》一书所撰写的序言中所指出的那样，“当这些自然法原则在过去被提出时，它们根本不具有特别的普遍性倾向，恰恰相反，毋宁说它们是偶然的，经常和对各种形式的压迫和从属的正当化有关（比如说，所谓女性、人种或种族、社会经济阶级以及如此等所具有的‘自然’的次等地位）”。[③] “换句话说，自然法的诉求往往将特定的历史信念和偏见普遍化。”[④] 至少在家庭法领域，家庭法在后来的发展印证了奈德曼教授的此种洞见。在家庭法领域，萨维尼所言“法律不是来自于自然理

① Jean Domat, *Civil Law in Its Natural Order*, trans. by William Strehen, Boston, Charles C. and James Brown, 1850, pp.11, 17-18. 译文转引自朱晓喆:《近代欧陆民法思想史：十六至十九世纪》，清华大学出版社 2010 年版，第 139 ~ 140 页。

② [德] 萨维尼:《当代罗马法体系》(第 1 卷)，朱虎译，中国法制出版社 2010 年版，第 268 页。

③ [意] 登特列夫:《自然法：法律哲学导论》，李日章等译，新星出版社 2008 年版，第 9 页。

④ [意] 登特列夫:《自然法：法律哲学导论》，李日章等译，新星出版社 2008 年版，第 9 页。

性，而是经由持续的民族精神力量的产物”的观点似乎更有说服力。[①] 在家庭法中，“那种绝对的、一般性的且超历史的”[②] 自然法实际上是建立在那个时代的历史偏见之上的。

就《德国民法典》而言，那个时代的历史偏见建立在这样的家庭图景之上——家长制以及男女之间的不平等。这样的图景被烙上了伦理性和自然状态的印记。正如德国法学家克尼佩尔所言，“对妻子法律行为能力的限制直到 1900 年仍然被认为是自然的”。[③] 法典所塑造的“德意志家父”和“德意志家母”形象完全不同于财产法中那种抽象和孤立的形象。“德意志家父”和“德意志家母”的内容是由当时的家庭伦理所规定的。在耶林看来，“家庭伦理将私法中那些抽象自由进行了收缩”。[④] 家庭不再是个人意志和私人自治的场所，相反家庭是伦理的实体。耶林进一步指出，“家庭的暴力阻止法律的进入”。[⑤] 更为准确地说，家庭伦理排斥了法律实证主义的技术性入侵。在《德国民法典》的背景中，这种家庭的伦理被描述为：[⑥]

作为一夫一妻制的善良家父，他能够在理性的自由、抽象、抑制欲望中私人自治地生活：自我节俭、在抽象财产中知足常乐、诚信为本，并将纵情享受定义为谨小慎微、光明正大的、有所克制的愉悦。作为一夫一妻

---

① ［德］萨维尼：《论我们时代的立法与法学之任务》（1814）。转引自［德］考夫曼：《法律哲学》，刘幸义译，法律出版社 2004 年版，第 35 页。

②［德］考夫曼：《法律哲学》，刘幸义译，法律出版社 2004 年版，第 33 页。

③［德］罗尔夫·克尼佩尔：《法律与历史：论〈德国民法典〉的形成与变迁》，朱岩译，法律出版社 2003 年版，第 103 页。

④ 耶林语，参见［德］罗尔夫·克尼佩尔：《法律与历史：论〈德国民法典〉的形成与变迁》，朱岩译，法律出版社 2003 年版，第 106 页。

⑤［德］罗尔夫·克尼佩尔：《法律与历史：论〈德国民法典〉的形成与变迁》，朱岩译，法律出版社 2003 年版，第 105 页。

⑥［德］罗尔夫·克尼佩尔：《法律与历史：论〈德国民法典〉的形成与变迁》，朱岩译，法律出版社 2003 年版，第 107 ~ 108 页。

制的善良家母，其主要的职业涉及“家政内务”。[①] 善良家母将其欲望的能力升华为对丈夫之爱，（对子女的）母爱，（家母所生育的）子女作为“家母热忱献身于丈夫”的结果。[②] 家母设法令其女儿能够怀有母爱，儿子享有私人自治，就此家母终身由其子女赡养。

这种理念进入了《德国民法典》第一草案的说明书中，“夫妻间的财产关系和人身关系、父母子女关系首先是伦理的自然，其符合生活的自然关系，但是他们同样具有一个法律的层面”。[③] 这样，伦理、生活和法律实现了统一，法律的技术化所隐含的个人主义前提在此无处安身。不过，所谓的伦理、生活和法律都无法摆脱处于那个时点的人们的观念以及由此形成的偏见。这印证了德国学者奈杰尔·福斯特（Nigel Foster）和萨蒂什·苏莱（Satish Sule）的观点——“正是作为理念前提的人们对于家庭关系的理念发生的重大变化导致了德国民法典第五编的大幅修改”。[④]

虽然自然法学家意图从各种角度解释这种伦理秩序的合理性（例如，费希特将欲求作为演绎的出发点，而普芬道夫则从上帝的安排出发对家庭的自然秩序进行讨论），但这些论证始终无法摆脱“先验”的本质，它们

---

① 帝国民法典第一草案说明书，第 4 卷，第 107 页。转引自［德］罗尔夫·克尼佩尔：《法律与历史：论〈德国民法典〉的形成与变迁》，朱岩译，法律出版社 2003 年版，第 107 页。

② 恩格斯语，转引自［德］罗尔夫·克尼佩尔：《法律与历史：论〈德国民法典〉的形成与变迁》，朱岩译，法律出版社 2003 年版，第 107 页。恩格斯的此种描述与费希特在《自然法权基础》一书中的论述如出一辙。费希特认为，“只有女人处于对一个男人的爱而把自己当成满足男人的工具，她获得自己的全部尊严……而这种尊严的根据在于，正如她生存着那样，她完全应该是她的男人的，而且完全应该是毫无保留地委身于他，迷恋于他……她把她的财产和全部权利都交给他，并和他共同培育孩子……她已经不再过个人的生活，她的生活变成了她的男人的生活的一部分”。参见［德］费希特：《自然法权基础》，谢地坤、程志民译，梁志学校，商务印书馆 2003 年版，第 310 ~ 311 页。

③ 帝国民法典第一草案说明书，第 4 卷，第 104 页，第 715 页。转引自［德］罗尔夫·克尼佩尔：《法律与历史：论〈德国民法典〉的形成与变迁》，朱岩译，法律出版社 2003 年版，第 103、108 页。

④ Nigel Foster and Satish Sule, *German Legal Systems and Laws*, Oxford, Oxford University Press, 2010, p.516.

只不过为“那个时代资产阶级的保守性和宗法观念”[①]披上了一层对抗法律实证主义运动的铠甲。正如马克斯·韦伯所分析的那样，“这种法的超法律基础支柱的崩解带有不可避免性”。[②]因为这样的家庭伦理从本质上来说，是专制的权威。在法国哲学家雅克·马里旦的《自然法：理论与实践的反思》一书开篇即对自然法之基础——禀赋知识进行了讨论。在他看来，“禀赋知识（Knowledge Through Connaturality）是一种产生于理智，但是又不是通过概念性联系和证明而得到的知识”。[③]禀赋知识的概念实际上表明了自然法的专制性。在韦伯所称的“近代主智主义一般性的怀疑精神”[④]的冲击下，“在历史主义和法实证主义的批判下”，[⑤]专制的伦理丧失信用是不可避免的，绝不能产生这样的误解——伦理的专制只针对处于家长制权利之下的妇女或者子女。与此相反，伦理的专制针对所有的家庭成员。借用查士丁尼皇帝对于正义之界定来描述这种伦理的专制再合适不过。查士丁尼认为，“正义是给予每个人他应得的部分的这种坚定和恒久的愿望”。[⑥]所谓伦理的专制，不过是“人人各得其所，各安其为”的正义观念在家庭领域中的细化。斗胆违抗这种伦理专制的人，即使其是家父，按照密尔的描述，“将丧失其财产并待在疯人院中”。[⑦]

---

① [德] 罗伯特·霍恩、海因·科茨、汉斯·G. 莱塞:《德国民商法导论》，楚建译，谢怀栻校，中国大百科全书出版社 1996 年版，第 208 页。

② [德] 马克斯·韦伯:《法律社会学：非正当性支配》，康乐、简惠美译，广西师范大学出版社 2010 年版，第 314 页。

③ [法] 雅克·马里旦:《自然法：理论与实践的反思》，[加拿大] 威廉·斯威特编，鞠成伟译，中国法制出版社 2009 年版，第 1 页。

④ [德] 马克斯·韦伯:《法律社会学：非正当性支配》，康乐、简惠美译，广西师范大学出版社 2010 年版，第 314 页。

⑤ [德] 马克斯·韦伯:《法律社会学：非正当性支配》，康乐、简惠美译，广西师范大学出版社 2010 年版，第 331 页。

⑥ [古罗马] 查士丁尼:《法学总论：法学阶梯》，张企泰译，商务印书馆 1989 年版，第 1 页。

⑦ [德] 拉德布鲁赫:《法学导论》，米健译，法律出版社 2012 年版，第 110 页。

这种伦理的专制在深受儒家影响的远东地区更为明显。以日本为例，在其法制现代化进程中争议最大的不是财产法（虽然物权规则的引入也遭受到了一定的阻力），而是家庭法。① 在草案起草之初，“反对派就认为草案应当按照适合于我们值得赞赏的道德水准来进行修改，即使这些道德水准与世界完全不同”。② 作为反对派代表的东京帝国大学宪法学教授的穗积八束（HOZUMI Yatsuka）教授，坚持认为，“如果我们想保持一个充满爱国和忠孝（chu and ko）精神的社会的良好秩序，除了依赖于对祖先的神圣祭祀外，别无他法”。“整个宗族（Iye）都处于宗族首领所确立的规则和指令之下，他对于宗族成员的权威是无限的。”“如果民法典（这里指的是 1890 年的民法典草案），这种宗族制度所包含的忠孝精神将消亡，并将宗族之下的人伦关系降格为赤裸裸的权利义务关系。” ③ 由于反对声音十分强烈，《明治民法典》不得不在现代法律和与其并不相适应的宗法制（Iye）之间形成妥协。④ 直到“二战”后，在占领军的压力下，日本以宪法的形式废除了宗法制，用现代的核心家庭理念替代了宗法制的伦理观念。⑤

（三）小结

从以上分析中，我们不难看出，家庭法在进入私法并且形成民法的独立构成部分后形成了与财产法相对立的体系。这种对立体系建立在两个相

① Fujiko Isono, “The Evolution of Modern Family Law in Japan”, *International Journal of Law and the Family* 2, 1988, p.186.

② Fujiko Isono, “The Evolution of Modern Family Law in Japan”, *International Journal of Law and the Family* 2, 1988, p.186.

③ Fujiko Isono, “The Evolution of Modern Family Law in Japan”, *International Journal of Law and the Family* 2, 1988, p.187.

④ Fujiko Isono, “The Evolution of Modern Family Law in Japan”, *International Journal of Law and the Family* 2, 1988, p.189.

⑤ Fujiko Isono, “The Evolution of Modern Family Law in Japan”, *International Journal of Law and the Family* 2, 1988, pp.198-199.

互对立世界的理念基础之上。在民法的科学化过程中，家庭成功地抵制了法律实证主义的入侵，但同时也导致了家庭法和家庭法学的边缘化命运。在民法科学（教义科学）日臻成熟的背景下，民法（财产法）的权威性逐渐转向了外部体系（抽象概念式体系），从而切断了与自然法的传统联系。与此相对，家庭法的权威性并不来自于这种外部体系，而是自然伦理秩序。这种自然伦理秩序在形式上是先验的，在实质上确是特定时空条件下的偏见。家庭法实际上只是借用了被技术化的财产法中的某些概念，而这种借用仅仅是权宜之计，受价值而非技术主导的家庭法将面临不可避免的动荡。

第二章　对立世界的持续：家庭法价值中心主义对民法教义体系的排斥

第一节　从形而上到形而上：家庭法效力来源的非实证性

一、作为家庭法效力来源的自然伦理秩序的崩溃

如前文所述，家庭法的权威来源并不在于法律科学本身，而在于形而上的自然伦理秩序，这与民法的科学化形成了强烈的反差。正如伯科维茨所言，"一旦法律通过对其确定性的科学来重申其正当权威，法律技术就压倒了法律的道德性"。[①] 这里的法律的道德性应当是广义的，泛指作为"法律的理由和基础，即与所有的真理观和正义观的本质联系"。[②] 庞德在其《法律与道德》一书开篇即援引了英国法学家威廉・布莱克斯通的观

---

① [美] 罗杰・伯科威茨:《科学的馈赠：现代法律是如何演变为实在法的？》，田夫、徐丽丽译，法律出版社 2011 年版，第 10 页。

② [美] 罗杰・伯科威茨:《科学的馈赠：现代法律是如何演变为实在法的？》，田夫、徐丽丽译，法律出版社 2011 年版，第 84 页。

点，即将“道德规范和自然法一视同仁”，作为实证法永恒和终局的效力来源。[①] 从家庭法的角度来看，同样不存在这种区分。这也就造成了前述自然法既是普遍的，同时又是本土化的奇特现象。

当人们带着普遍的怀疑主义精神去质疑作为家庭法效力来源的自然法时，自然法的绝对性和永恒性就迈入了尼采所言的“偶像的黄昏”状态。在尼采看来，“根本没有什么道德事实”。[②] 尼采批判了那种通过虚构的叙述方式，而这种叙述方式恰恰是自然法学学说的一项基本特征。无论是霍布斯的“每个人反对每个人的战争”[③] 还是洛克的“人们受理性支配生活在一起，不存在拥有对它们进行裁判的权力的人世间的共同尊长，他们正是处在自然状态中”，[④] 抑或是罗尔斯对“无知之幕”[⑤] 的假设，都无法逃避这种虚构人类原初状态的路径。在家庭法中，这种原初状态在洛克的描述中极为形象。洛克将更大力量律——“任何社会都为其内在更大的力量所统治”应用于对家庭的分析。[⑥] 他论证了丈夫对于家庭的支配权的来源——“因为男子更为能干和强健”。[⑦] 与洛克直率的表述相比，在其他自然法学

---

① [美] 罗斯科·庞德:《法律与道德》，陈林林译，中国政法大学出版社 2003 年版，第 1 ~ 2 页。布莱克斯通在《英国法释义》一书中对自然法和道德规范的描述是这样的，“由于神法中的道德规范确实与自然法中的此类规定系出同源，因此二者的约束力本质上也具有相同的效力，并且都具有永恒性”。参见 [英] 威廉·布莱克生斯通:《英国法释义》，游云庭、缪苗译，上海人民出版社 2006 年版，第 54 页。

② [德] 尼采:《偶像的黄昏：或怎样用锤子从事哲学》，李超杰译，商务印书馆 2012 年版，第 51 页。

③ [英] 霍布斯:《利维坦》，黎思复、黎亭弼译，杨昌裕校，商务印书馆 1996 年版，第 131 页。

④ [英] 洛克:《政府论》(下篇)，叶启芳、瞿菊农译，商务印书馆 1964 年版，第 12 页。洛克对于自然状态的描述建立在反对霍布斯假设的基础上。

⑤ [美] 约翰·罗尔斯:《正义论》，何怀宏、何包钢、廖申白译，中国社会科学出版社 1988 年版，第 131 页。

⑥ [美] 列奥·斯特莱斯、约瑟夫·克罗波西主编:《政治哲学史》(第 3 版)，李洪润等译，法律出版社 2009 年版，第 499 页。

⑦ [美] 约翰·罗尔斯:《正义论》，何怀宏、何包钢、廖申白译，中国社会科学出版社 1988 年版，第 50 页。

家那里，诸如丈夫对于家庭权的支配的权威性论证往往是更为模糊的，如上帝的恣意或者理性的要求。

这样，学者对于家庭法的讨论在很长一段时间内一直未能实现韦伯所言的“祛魅”（disenchantment）过程。① 现实的变化，特别是家庭结构（核心家庭）的崛起、男女双方社会经济地位的变化、对儿童权利的重新认识，都不可避免地会给迷恋于传统的家庭法施加层层的改革压力。平等和权利是20世纪家庭法改革的主线。平等既包含夫妻双方的平等，也包含非婚生子女和婚生子女的平等。从权利的角度来看，20世纪被认为是儿童权利的世纪，② 儿童不再被视为父母权利的支配客体。正如詹姆斯·皮特·海默斯·麦凯（James Peter Hymers Mackay）男爵在1988年向英国上议院介绍《儿童法案》时所回顾的那样，“儿童被视为父母私产的时代已经一去不复返”。③ 不过家庭伦理专制绝不会轻易地妥协。这点从德国和我国台湾地区“家庭法”改革的缓慢进程中可以得到印证。正如德国法学家迪特尔·施瓦布所言，“德国家庭法的改革从一开始就充满犹豫和保守，导致德国宪法法院不得不多次介入，敦促立法者实现宪法之规定”。④ 就夫妻关

① See Max Weber, *Max Weber's Complete Writings on Academic and Political Vocations*, edited and with an introduction by John Dreijmanis, trans. by Gordon C. Wells., U.S., Algora Publishing, 2007, p.35.

② Ellen Key, Das Jahrhundert des Kindes, erschienen 1900 in schwedischer Sprache, erste deutsche übersetzung 1902. 转引自［德］迪特尔·施瓦布：《20世纪德国婚姻家庭法改革综述》，王葆莳译，载《家事法研究》2012年卷，社会学科文献出版社2012年版，第375页。

③ HL Deb 06 December 1988 vol 502 cc487-540. 类似的表述出现在欧洲委员会议会1979年有关于儿童宪章的第874号提案中。该提案的一般性原则部分第a款规定："儿童不再应当被视为父母的财产，而是应当被承认为有自己权利和需求的独立个人。" See Recommendation 874（1979）of the Parliamentary Assembly of the Council of Europe on a European Charter on the Rights of the Child.

④［德］迪特尔·施瓦布：《20世纪德国婚姻家庭法改革综述》，王葆莳译，载《家事法研究》（2012年卷），社会科学文献出版社2012年版，第360页。

系而言，虽然《德国基本法》设定了改革期限——所有与男女平等原则相抵触的规定必须在 1953 年 3 月 31 日之前进行修改，[①] 但是联邦政府提交的民法典修正案遭到了教会为代表的保守势力的强烈反对，他们认为这会破坏自然的婚姻秩序（Natürliche Eheordnung）。[②] 保守势力的强烈反对最终导致草案的流产，进而产生了在 1953 年 3 月 31 日至 1957 年 6 月 18 日［《民法领域的男女平权法》（Gleichberechtigungsgesetz）通过］期间法律的真空怪象——家庭法中的部分条款因与《德国基本法》第 3 条相冲突而无效却又无新的法律及时替补。法院在此期间发挥了重要的作用，通过解释基本法来确立相关的规则。比如，法院判例在此期间实际上将分别财产制作为法定夫妻财产制。与德国相比，我国台湾地区“家庭法”的彻底改革则是在 21 世纪才完成。伦理的专制如此顽强，是因为它披上了自然的外衣，进而造成了一种神圣不可侵犯的假象。

然而这种崩溃的趋势是不可避免的。按照韦伯的说法，“超凡魅力的权威天生就是不稳定的”。[③] 韦伯这里对于超凡魅力这一概念的使用是为了论证与官僚制相反的领袖体制的特征。不过这一概念同样可以用来描述家庭法在很长一段时期内所依赖的自然法理论。如前文所述，自然法理论不可避免地受制于偏见。自然法的神圣特性所施加的超凡魅力权威注定是不稳定的。价值多元和自由主义注定会成为一切神圣和权威的掘墓人，并将历史推向后现代主义。

一方面，资本主义社会的持续发展，为家庭法所依赖的自然伦理秩序

---

① 参见《德国基本法》第 117 条第 1 款。

② Vgl. Ingrid Langer, Die Mohrinnen hatten ihre Schuldigkeit getan...Staatlich-moralische Aufrüstung der Familien, in: Dieter Bänsch (Hrsg.), Die fünjziger Jahre. Beiträge zu Politik und Kultur, Tübingen 1985, S.115.

③［德］马克斯·韦伯:《经济与社会》（第 2 卷，下册），阎克文译，上海人民出版社 2010 年版，第 1264 页。

的崩溃创造了条件。这是因为自然伦理秩序所预设的那种家庭制的家庭模型，已经不适合当下社会的发展。正如克尼佩尔所指出的那样，“如此经常被修修补补的、被定义为伦理规范的自然关系的纽带现在已经断裂，而该纽带的存在部分——家庭成员生存的相互依赖和家长制决定的、法律加以保障的强权和暴力关系——业已解体”。① 那种将家父视为家庭创造经济来源，而家母负责家政内务的理念模型很明显是脱离工业化时代的需求的。工业化所带来的高速人口流动使得传统的延展性家庭（extended family）中的家长制在事实上已经被架空。虽然如英国学者索尼娅·哈里斯—肖特（Sonia Harris-Short）和乔安娜·迈尔斯（Joana Miles）所言，“现在支配西方的家庭形式主要是核心家庭（nuclear family），而延展家庭在亚洲和非洲更为普遍”，② 但亚洲家庭法的实证变迁却同样印证了工业化对于家庭法结构的普遍影响。在日本，宗族制的家庭结构事实上已经无法维系。一个显著的事实是，夫妻双方远离宗族（家）居住的现象日益普遍，那种宗族的家长制结构已经不能有效发挥其功能。日本学者磯野藤子在《现在日本家庭法的演进》一文中对此种现象进行分析时指出，“当结婚后的夫妻不再居住在家（宗族）的传统居住地时，传统媒人（go—betweens）在家族之间所发挥的作用必然会削弱”。③ 国家的法律机构（法院）介入家庭关系是工业社会不可避免的结果。从数据上来看，“早在 1980 年前后，日本的核心家庭比例就达到了 64.3%，而日本的平均家庭人口数仅为 3.33

① [德] 罗尔夫·克尼佩尔：《法律与历史：论〈德国民法典〉的形成与变迁》，朱岩译，法律出版社 2003 年版，第 118 页。

② Sonia Harris-Short and Joana Miles, *Family Law: Text, Cases, and Materials*, Oxford, Oxford University Press, 2011, p.20.

③ Fujiko Isono, “The Evolution of Modern Family Law in Japan”, *International Journal of Law and the Family* 2, 1988, p.197.

人”。[①] 当作为自然伦理秩序载体的延展型家庭结构本身已经解体时，自然伦理专制本身也面临解体的命运。

另外一方面，自然法的现代性表达——宪法中的基本权利和人权公约中的人权对家庭伦理专制予以致命的一击。无论是德国、日本还是我国台湾地区，家庭法在规范意义上的改革动力均直接来源于宪法。例如，宪法确立了男女平等的原则，宪法要求保护儿童的利益。正如我妻荣先生所言，“新宪法要求亲属法必须立足于个人尊严和两性的真正平等”，[②] 亲属法毫无疑问必须贯彻宪法的此项要求。违宪审查机制（无论违宪审查是由专门设计的宪法法院进行，如德国，还是由普通法院进行，如日本）为宪法在男女平等、婚生与非婚生子女的平等、保护儿童权利等方面的要求在家庭法中的实现创造了条件。这样，宪法不仅仅是具有宣示作用的文本，而且能对家庭法的改革产生实际的影响。德国家庭法的改革历程完全印证了这样的结论。在德国近半个世界的家庭法平等性改革中，德国宪法法院多次通过判决的方式推动民法典亲属编的修改。例如，1953 年在立法机构未能按照基本法的要求颁布民法修正案的情况下，联邦宪法法院在一起案件中推翻了法兰克福高等法院的意见，认为法官在此案中填补与基本法相违背的家庭法规则并不违反分权原则，也没有损害法律的稳定性。[③] 此后宪法法院多次在判决中裁定民法亲属法的相关规则必须进行修改。例如，1957 年 7 月 29 日，宪法法院宣布《德国民法典》中父亲对子女的单方决定和代理权违反《德国基本法》的规定而无效。[④] 又如，在 1991 年的另外一个判决中，联邦宪法法院宣布《德国民法典》第 1355 条中有关婚姻姓

① Beillevaire, La famille japonaise: hier et aujourd'hui, Sciences sociales du Japon contemporain, no special, mars, 49-71, 1985.

② [日] 我妻荣、有泉亨：《日本民法・亲属法》，夏玉芝译，工商出版社 1996 年版，第 56 页。

③ BVerfGE 3, 225-247.

④ BGBl. 1959 I S.633.

氏的规定违反《德国基本法》的规定而无效。①

人权公约被认为是自然法的现代性表达，它所代表的普遍化价值观对于瓦解家庭的伦理专制产生了重大作用。在国际层面，联合国框架之下的人权公约如《消除对妇女一切形式歧视公约》（The Convention on the Elimination of All Forms of Discrimination against Women）、《儿童权利公约》（Convention on the Rights of the Child）、《世界人权宣言》（Universal Declaration of Human Rights），都涉及了家庭。这些人权公约的最基本精神反映在要求实现男女平等和保护儿童的利益。特别是《儿童权利公约》成为了世界上缔约国最多的国际公约。② 保护儿童利益已经成为几乎不具有争议的普遍化价值观。虽然，联合国框架下的上述国际公约并不具备强制机关的执行，但是在"缔约国应当遵守国际法义务"已经成为一项普遍的国际准则的情况下，一国违反国际公约的行为可能会遭受严重的谴责，并进而影响其国际声誉。事实上，绝大多数缔约国积极从各个方面进行改革，以确保男女平等和保护儿童利益目标的实现。这其中最为重要的步骤就是改革国内家庭法中与男女平等和保护儿童利益原则不相符合的规定。

在区域层面，《欧洲人权公约》（European Convention on Human Rights）对于缔约国国内家庭法的改革产生了重要影响。数量甚多的与家庭相关的案件涌入作为《欧洲人权公约》常设机构的欧洲人权法院（European Court of Human Rights）。与前述联合国框架下的人权公约不同，《欧洲人权公约》

---

① BVerfGE 84，9-25.

② 截至 2014 年 9 月，联合国所有的 194 个成员国均签署了《联合国儿童权利公约》。索马里和美国虽然签署了该公约，但尚未完成国内立法机关的批准生效程序。See "Status of Convention on the Rights of the Child"，https://treaties.un.org/pages/viewdetails.aspx?src=treaty&mtdsg_no=iv-11&chapter=4&lang=en#EndDec，January 2，2014.

设定了一定的机制以确保欧洲人权法院的判决得到执行。[①]1998 年欧洲人权法院审理程序改革后，公民可以直接向欧洲人权法院进行起诉，这实际上为更多与家庭相关的案件进入欧洲人权法院创造了便利。正如德国学者里克斯所言，“欧洲人权法院已经在家庭法领域发挥着协调发动机的作用”。[②] 欧洲人权法院的判决所涉及的范围几乎囊括了传统家庭法所涉及的所有领域。当然，考虑到欧洲人权法院的性质，其重心仍然是家庭法中的人身关系。以 Zaunegger v. Germany 案为例，[③] 该案较好地反映了宪法法院和欧洲人权法院对家庭法改革之影响。该案先后历经德国科隆地方法院、上诉法院、德国联邦宪法法院和欧洲人权法院。欧洲人权法院在该案中否决了德国联邦宪法法院的观点，认为立法者当然赋予非婚生子女母亲优先权利是不妥的。德国联邦宪法法院在其后的另外一起案件中改变了立场，并援引了欧洲人权法院在该案中的观点作为论据，认为《德国民法典》中有关于非婚生子女母亲优先权利推定的规定违反《德国基本法》第 6.2 条的规定。[④] 该案事实上彻底否决了旧法伦理专制理念中对于父亲和母亲身份分配的假设，而彻底贯彻了男女平等伴侣型家庭的现代理念。

由此可见，家庭法的伦理专制的崩溃在规范上是人权公约和宪法二者共同作用的结果，这种共同作用又肇始于社会思潮的变化，而社会思潮的变化又深受社会经济条件变化的影响。作为社会机制的家庭的功能和结构的变化在根本上是由社会的工业化所引导的。当然，这并不表明本书赞同经济决定论的立场，而只是表明无论是欧洲人权法院还是德国联邦宪法法院在解释与家庭相关的人权公约条款或者宪法条款时都会将社会经济条

---

① See Article 46 of European Convention on Human Rights.

② [德] 妮娜·德特洛夫：《21 世纪的亲子关系法：法律比较与未来展望》，樊丽君译，载《比较法研究》2011 年第 6 期。

③ See Zaunegger v. Germany, no. 22028/04, §58, 3 December 2009.

④ BVerfG, Beschluss des Ersten Senats vom 21. Juli 2010-1 BvR 420/09-Rn.(1-78).

件的变化作为解释的重要依据。换言之，它们对于相关权利的解释是动态的，是随着社会经济条件的变化而变化的，而这点与自然法学派所追求的终局性和永恒性存在巨大的差别。

二、基本权利和人权作为家庭法新权威来源的形而上

在旧有的家庭自然伦理秩序全面崩溃之后，家庭法并没有转向民法，以科学的权威替代形而上的自然法，而是转向了人权和基本权利。这样家庭法的权威从一种形而上转向了另外一种形而上，不过这种转换是具有颠覆性的。人权和基本权利站在旧有家庭自然伦理的对立面，试图通过一种形而上反对另外一种形而上。但从形式上来看，这种斗争表现为权利与义务之间的斗争。在古典自然法学家那里，无论是普芬道夫还是多玛，均将义务作为体系论证的出发点。人权和基本权利则是从孤立的个人出发对其享有的基本自由范畴进行界定。① 正如德国哲学家、社会学家哈贝马斯所言，“人权具有两面性，它既是道德范畴，又是法律范畴……但是，作为法律规范，人权保护的只是特定法律共同体中的单个成员”。② 虽然宪法和人权公约也保护家庭（如《德国基本法》第6条、《欧洲人权公约》第8条），但是这种意义上的家庭权利绝不是德国民法典中“那种超个人主义的机体之下的家庭权利”。③ 相反，它们都是从个人的角度并且是从受益者

---

① 现代人权不仅包含消极自由这一层面的含义，而且包含了积极自由的含义。对两种自由的讨论，参见［英］以赛亚·伯林：《自由论》，胡传胜译，译林出版社2003年版。例如，《欧洲人权公约》第8条不仅要求国家不得侵害家庭生活，而且要求国家积极保护家庭生活。See e.g. Glaser v. the United Kingdom, no. 32346/96, § 63, 19 September 2000.

②［德］哈贝马斯：《论人权的合法性》，载［德］哈贝马斯：《后民族结构》，曹卫东译，上海人民出版社2002年版，第135页。

③［德］拉德布鲁赫：《法学导论》，米健、朱林译，中国大百科全书出版社1997年版，第68页。

的角度[①]出发来理解家庭的。因而，这种内在的根本性视角对立是人们将基本权利和人权作为反抗旧有家庭法所塑造的伦理秩序（特别是女权主义法学理论）的武器的根本原因。

值得注意的是，依赖于个人主义的人权和基本权利并不是经验科学的成果。相反，它们同自然法一样，都是形而上的。对于人权的认识可以分为两种截然相反的观点，一类观点意图证明人权的普遍化性，而另外一类观点意图表明人权不过是西方的意识形态。[②]但无论作何种理解，人权都无法摆脱自然法那种"禀赋"的知识的痕迹。法国民法典的起草者波塔利斯宣称，"当法官等不到任何明确和众所周知的规则之指引，但遇到的是一个全新的事实时，他只能回到自然法的原则"。[③]在家庭法中，现在的情况是人权和基本权利替代了自然法原则在家庭法中的地位，并提供了一种客观的价值秩序（Wertenscheidung）。例如，德国联邦宪法法院通过解释《德国基本法》第6条发展出了家庭法的一系列基本原则（Struktuprinzipien）："一夫一妻原则、婚姻自由原则、规定结婚障碍时的谦抑原则、婚姻在原则上不得解除、离婚和分居后，夫妻在抚养、供养和财产划分等方面的平等原则"。[④]这些基本原则所奠定的价值秩序很明显不是，也不可能来源于民法教义体系内部，相反它们塑造着民法（通过直接或者间接的方式）。[⑤]只要人们塑造价值体系，无论是基本权利还是人权，

① [美]约翰·菲尼斯:《自然法和自然权利》，董娇娇等译，中国政法大学出版社2005年版，第165页。

② [德]哈贝马斯:《论人权的合法性》，载[德]哈贝马斯:《后民族结构》，曹卫东译，上海人民出版社2002年版，第133～150页。

③ 波塔利斯语，转引自徐国栋:《罗马法与现代民法》(第2卷)，中国法制出版社2001年版，第291页。

④ [德]迪特尔·施瓦布:《德国家庭法》，王葆莳译，法律出版社2010年版，第9页。

⑤ 在德国背景下，对宪法直接效力和间接效力的讨论参见[德]克劳斯·威尔海姆·卡纳里斯:《基本权利与私法》，曾韬、曹昱晨译，载《比较法研究》2015年第1期。

都无法摆脱与自然法的某种联系。[①] 正如学者陈林林所言，“自然法和人权融合了自然法的超然性和实证法的确定性，因而在理论和实证层面都具备优势”。[②] 当然人们试图为人权和基本权利的超然性寻找基础的尝试一直都未止步，他们或诉求于“共同善”“民主”或者“商谈”。但到目前为止，人权或者基本权利仍然未能摆脱形而上的色彩。因而，依赖于此种人权和基本权利的家庭法不可能迈向前文所言的实证科学。

第二节　家庭法范畴内人权和基本权利对民法教义体系的排斥

一、人权和基本权利对于民法教义体系的蚕食

人权和基本权利基本上是以瓦解民法教义体系的身份自居的。他们通过塑造民法内在的体系的方式瓦解民法的外在体系。实际上人权和基本权利对于民法内在体系的塑造不仅影响了家庭法，而且影响了财产法。以德国为例，深受《德国基本法》第 3 条和欧盟指令影响的《一般平等待遇法》被认为是严重威胁了财产法所依仗的私法自治精神。《一般平等待遇法》的颁行实际上颠覆了很多学者的传统观念，即宪法所直接约束的只能是国家。德国学说中存在宪法效力的直接效力和间接效力两派观点。前者以德国联邦劳动法院首席大法官汉斯·尼佩代（Hans Nipperdey）为代表。

① See Jean Porter, “From Natural Law to Human Rights: Or, Why Rights Talk Matters”, *Journal of Law and Religion* 14, 2000, p.77.

② 陈林林：《从自然法到自然权利：历史视野中的西方人权》，载《浙江大学学报》（人文社会科学版）2003 年第 2 期。

德国联邦宪法法院在吕特（Lüth）案①中接受了这种意见，认为，“首先，宪法上的基本权利不仅仅是个人用于防御国家的工具，而且产生了客观价值体系。基本权利所形成的客观价值体系，作为宪法的价值选择对所有子法均具有约束力。无论是立法、行政还是私法行为都应当受这种客观价值体系的指引和约束。故而，作为‘客观价值体系’渊源的基本权利当然对民法具有效力。没有民法规则可以与之相抵触。对民法规则的解释也同样必须遵循基本权利所确立的精神。宪法基本权利对民法的渗透是通过民法的一般条款实现的”。②这里所谓的一般条款，主要是指《德国民法典》第138条（背俗和暴利）和第826条（故意背俗的侵害）。间接效力说则认为仅将国家特别是国家的立法机关和司法机关作为基本权利的义务主体，而将私法主体排除在外。③《一般平等待遇法》的通过似乎为这样的争论画上了句号。因为它明确地“表达了歧视在私法中的非法性，并确立了私法层面的相应救济”。④立法的出台实际上表明了通过“适当地解释《德国

① BVerfGE 7，198. 案件事实概括如下：案件发生在一名叫 Erich Lüth 的汉堡出版当局官员与一名叫 Veit Harlan 的反犹电影导演之间。Lüth 先生对 Harlan 先生在纳粹统治间就担任电影导演的事实很敏感。他以私人身份力劝电影发行商、影院和公众抵制 Harlan 的新电影“Unsterbliche Geliebte”。后者依据《德国民法典》第826条和第1004条第（1）款向汉堡地区法院申请了禁止前者抵制其电影的禁令。该地区法院向 Lüth 发出了禁令。后，Lüth 向联邦宪法法院提起了宪法诉讼，认为地区法院的裁定侵害了《德国基本法》第5条第（1）款授予他的言论自由权。联邦宪法法院推翻了汉堡地区法院的裁定。*See* Anna Lytvynyuk，*Fundamental Rights Operation in Private Law: A Comparative Study of Legal Solutions*，Hamburg，Verlag Dr. Kovac，2010，pp.12-13.

② Anna Lytvynyuk，*Fundamental Rights Operation in Private Law: A Comparative Study of Legal Solutions*，Hamburg，Verlag Dr. Kovac，2010，pp.12-13.

③ ［德］克劳斯·威尔海姆·卡纳里斯：《基本权利与私法》，曾韬、曹昱晨译，载《比较法研究》2015年第1期。

④ Nicola Wenzel，“The German Legislation on the Prevention of Discrimination in the Private Sector”，in Russel A. Miller and Peer C. Zumbansen，eds.，*Comparative Law as Transnational Law: A Decade of the German Law Journal*，Oxford，Oxford University Press，2011，p.253.

民法典》来达到欧盟的要求并实现基本法第三条”[①] 的呼吁遭遇到了滑铁卢式的失败。学者意图通过民法一般条款的解释来维护私法教义体系的尝试以失败而告终。如果我们承认弗卢梅的观点——“如果一个法律行为上的规定因为无视基本权利的价值而违反了善良风俗，那么法律行为依据《民法典》第 138 条无效，在此之外，基本权利的直接效力在法律行为的学说里没有空间”[②]——的正确性，那么现行的《一般平等待遇法》无疑是对此种观点的离经叛道。在德国学者克劳斯—威尔海姆·卡纳里斯看来，承认“基本权利的直接效力必然会导致合适性、必要性和比例原则适用于法律行为，并通过广泛的内容控制架空私法自治”。[③] 单凭架空法律行为和私法自治这两项，传统民法的教义学体系的支柱就已经被严重蚕食。

很明显，人权和基本权利在民法中的出现是带有敌意的，它威胁了传统民法教义体系所依赖的基础。传统民法试图通过民法一般条款来实现一种妥协，但是人们已经不满足于这种尝试。《一般平等待遇法》在经历诸多争议后的颁行实际上标志着一个新时代的开启。与民法教义体系对于人权和基本权利的入侵所持抗拒和不愉悦的态度相比，家庭法对于人权和基本权利则持一种欢迎态度。因为在家庭法所依赖的自然伦理秩序解体之后，人权和基本权利作为新的价值体系来源塑造了家庭法。家庭法并没有向科学化的民法回归，而是诉诸价值体系。

---

① See e.g. Eduard Picker, “Anti-discrimination as a Program of Private Law?”, *German Law Journal* 4, 2003, p.783.

② Flume, Allg. Teil des Bürg. Rechts, 3. Aufl., 1979, S.342. 转引自［德］克劳斯·威尔海姆·卡纳里斯:《基本权利与私法》，曾韬、曹昱晨译，载《比较法研究》2015 年第 1 期。

③［德］克劳斯·威尔海姆·卡纳里斯:《基本权利与私法》，曾韬、曹昱晨译，载《比较法研究》2015 年第 1 期。

二、“人权和基本权利”下的家庭法思维框架

（一）重叠共识与中立程序

在价值多元的时代，家庭法已经不可能再诉求于受某种偏见影响的自然法理论，而只能诉求于“重叠共识”。美国政治哲学家罗尔斯在20世纪80年代为了回应社群主义者对《正义论》的批评，在《政治自由主义》一书中提出了重叠共识的概念。重叠共识概念产生的背景是理性多元论的事实。这种理性多元的事实构成现代社会的基本特征。学者们习惯套用市场的概念去描述这种理性多元的事实构成，如“道德的市场”和“言论的市场”。传统自由主义学者认为，只有存在多元理性竞争的自由环境，才能接近真理。正如约翰·密尔在《论自由》中所言，“在人类智力的现有状态下，只有通过意见分歧才能使真理的各个方面得到公平竞赛的机会”。[①]承认分歧并不代表不存在共识。在罗尔斯看来，宪法共识就是这种重叠共识的一种表现形式。在很大意义上，人权公约中的人权和宪法中的基本权利都是这种重叠共识的表现形式。当然，也有学者斥责人权概念的虚伪性。英国学者拉兹即认为，“毫无疑问，人权不过是充斥着空洞伪善的修辞而已”。[②]无论对于人权概念持赞成或者否认的态度，有一点是确定的，人权概念的影响力日益扩大，它既是少数群体反抗多数人暴政的工具，也是女权主义斗争的利器。它当之无愧是这个时代的时髦话语。[③]人们将家庭法寄托于人权或者基本权利的一项后果是，家庭法全面转向个人主义和

---

① [英]约翰·密尔:《论自由》，许宝骙译，商务印书馆1959年版，第56页。

② Joseph Raz, “Human Rights Without Foundations”, in Samantha Besson and John Tasioulas, eds., *The Philosophy of International Law*, Oxford, Oxford University Press, 2010, p.321.

③ John Tasioulas, “The Moral Reality of Human Rights”, in Thomas Pogge, ed., *Freedom from Poverty as a Human Right: Who Owes, What to the Very Poor?*, New York, Oxford University Press, 2007, p.75.

世俗化。以离婚法为例，传统基督教观念主导下的过错离婚机制被无过错机制替代。在这种背景下，家庭法迈向了一种道德中立的立场，即偏向于中立的程序，而逐渐减少强制性的实体规定（与家庭法最初的公法形态大相径庭）。在这种立场下，家庭成员可以自行通过平等协商的方式选择家庭生活的方式。这种变化实际上是“罗尔斯和哈贝马斯等人提出了程序主义理论的解决路径”① 在家庭法中的具体化。特别是在离婚法中，立法者所预设的司法机构的角色已经发生了重大变化。它们的重心不再是对夫妻双方的道德是非过错进行评判，而是转向了一种中立的支持程序（supportive neutrality）。②

（二）家庭法融入主观权利世界

基本权利和人权既要求国家不应预设家庭的标准生活形态，也要求国家在特定的情况下积极干涉家庭，以保护个人的基本权利和人权。禁止家庭暴力、婚内强奸和虐待儿童都是国家介入传统私人领域的极好例证。无论是儿童还是妇女，家庭暴力再也不能够阻止人权和基本权利对于他们的保护。“家庭的隐私再也不被认为是正当化社会对于殴打妻子和虐待儿童视而不见的理由。”③ 人权和基本权利所提供的保护所针对的对象是无差别的，这与财产法中那种抽象的人存在高度契合之处。与此相对应，“建立在古典法律思维背景之上的不干涉原则认为基于平等利他主义的家庭空间将被司法介入破坏，因为私法的介入意味着不得不使用与市场法中相互冲

① 童世骏：《关于“重叠共识”的“重叠共识”》，载《中国社会科学》2008 年第 6 期。

② See David L. Chambers, “The ‘Legalization’ of the Family: Toward a Policy of Supportive Neutrality”, *University Michigan Journal of Law Reform* 18, 1985, pp.805-828.

③ Frances E. Olsen, “The Myth of State Intervention in the Family”, *University Michigan Journal of Law Reform* 18, 1985, p.835.

突的利己主义精神紧密联系的法律工具”。[①] 如德国法学家施瓦布所言，伴随着“良心平等原则的贯彻和对子女权利的重视，传统的以父为主导的家庭结构日趋瓦解，代之以平等伴侣型的家庭结构，而妇女和子女权利的提高，又导致家庭成员之间的纠纷更多的以法律争议的形式出现，并提交到法院。所以妇女和子女的解放，在一定程度上以家庭关系的法律化为前提”。[②] 这样，整个家庭在规范层面也被迫进入由“主观权利”所构成的世界。德国学者哈贝马斯指出，“现代法律秩序主要是由主观权利构成”。[③] 无独有偶，英国学者迈克尔·弗里曼（Michael Freeman）在讨论儿童权利的重要性时，总结了权利这一术语所具备的优势：“权利的概念中包含了对主体有权为某种行为的尊重；权利使得主体的道德行动（exercise agency）成为可能；权利是主体为了获得承认而进行斗争的工具；权利使得压力集团、游说集团、群众运动的直接或者间接的行动合法，特别是对于那些处于不利地位或者边缘化的群体来说；权利还提供了理性讨论的框架”。[④] 家庭法融入主观权利世界表现为对那种“人人各得其所”（suum cuique tribuere）的自然秩序的脱离，即对身份法特性的背离。我妻荣先生即认为，“如果把现今的夫妻、父母子女和亲属关系仍然称作‘身份关系’，是不确切的”。[⑤] 对家庭法融入主观权利世界这一命题的考察不能脱离从“身份到契约”这一大的历史运动进程，以及人权与公民权在反对专制和保卫

---

① Duncan Kennedy, “Three Globalizations of Law and Legal Thought: 1850-2000”, in David M. Trubek and Alvaro Santos, eds., *The New Law and Economic Development: A Critical Appraisal*, Cambridge, Cambridge University Press, 2006, p.34.

②［德］迪特尔·施瓦布:《德国家庭法》，王葆莳译，法律出版社 2010 年版，第 3 ~ 4 页。

③［德］哈贝马斯:《论人权的合法性》，载［德］哈贝马斯:《后民族结构》，曹卫东译，上海人民出版社 2002 年版，第 133 页。

④ See Michael Freeman, “Why It Remains Important to Take Children’s Right Seriously”, *International Journal of Children’s Right* 15, 2007, p.5.

⑤［日］我妻荣、有泉亨:《日本民法·亲属法》，夏玉芝译，工商出版社 1996 年版，第 2 ~ 3 页。

个人自由的历史事件中的地位。[①]正如法国学者G. 迈克利兹－努阿罗斯（G. Michaelides-Nouaros）所言，“主观权利是旨在保护个人对抗国家专制主义侵犯的民主和自由理念运动的产物”。[②]妇女和儿童（实际上也包括家父）从专制伦理的束缚之下解放的过程实际上是用主观权利反抗旧有秩序的过程。人权和基本权利将神圣的家庭法伦理秩序瓦解，并将主观权利的思想注入家庭法。

（三）比例原则和利益平衡

如果真如克劳斯－威尔海姆·卡纳里斯所言，“基本权利的直接适用会导致合适性、比例性和必要性等原则的适用”，那么这恰好从反面表达出以基本权利和人权为基础的思维模式之特征。适当性、比例性和必要性原则是此种思维模式的基础性分析手段。比例原则原是滥觞于宪法和行政法的一项基本原则。它的基本内涵在于确定目的和手段之间的一种均衡状态。在宪法和行政法中，它主要是用于判断以保护公共利益为目的而侵犯个人权利和利益的公法行为的合理性问题。[③]依德国学说，“比例原则包含适当性原则（Geeignetheit）、必要性原则（Erforderlichkeit）、狭义比例原则（Verhältnismäßigkeit im engeren Sinne）”。[④]弗卢梅对于“基本权利架空法律行为”的警告的依据来源于这样一种担忧，私人的行为不应当受比例

① [法]雅克·盖斯旦、吉勒·古博、缪黑埃·法布赫·马南:《法国民法总论》，陈鹏、张丽娟等译，法律出版社2004年版，第126页。

② G. Michaelides-Nouaros, L'évolution récente de la notion de droit subjectif, RTDciv. 1966, p.216. 转引自[法]雅克·盖斯旦、吉勒·古博、缪黑埃·法布赫·马南:《法国民法总论》，陈鹏、张丽娟等译，法律出版社2004年版，第126页。

③ 范剑虹:《欧盟与德国的比例原则：内涵、渊源、适用与在中国的借鉴》，载《浙江大学学报》(人文社会科学版)2000年第5期。

④ Eberhard Grabitz, Der Grundsatz der Verhältnismäßigkeit in der Rechtsprechung des Bundesverfassungsgerichts, AöR 98 (1973), S.570. 转引自刘权:《目的正当性与比例原则的重构》，载《中国法学》2014年第4期。

原则的制约。德国法学家梅迪库斯将私法的特定性界定为“占据主导地位的通常是那些自由的（freie）、不需要说明理由的决定”。① 比例原则的适用无疑将破坏私法的此项特性。

与传统民法（财产法）对比例原则所持的敌对态度不同，家庭法对比例原则的适用则持一种积极开放的态度。特别是作为最为宽松形式比例原则的“利益平衡”原则② 在家庭法中产生了重要影响。欧洲人权法院在与家庭相关的案件中对于利益平衡原则的广泛适用对各成员国产生了重要影响。欧洲人权法院一再重申，成员国政府（广义政府，含立法、司法及行政分支）在处理家庭相关的问题时，利益平衡是一项基本原则。③ 在家庭法中，利益平衡原则的适用表明家庭成员的主观权利不是绝对的，必须同时考虑其他家庭成员的权利和利益，也必须考虑社会利益和公共利益。违反利益平衡原则，则表明国家疏于保护主观权利或者对主观权利存在过度保护。虽然人权和基本权利一方面推动了家庭融入主观权利世界，但另一方面又引入利益平衡机制以遏制极端个人主义的权利滥用现象，特别是保护在家庭中处于弱势的儿童的利益。

然而比例原则和利益平衡原则所导向的裁判中心主义恰好是传统民法教义体系所反对的。传统民法教义体系对于法官是持一种谨慎乃至于不信任的态度的。正如德国法学家温弗里德·哈斯默尔所言，“法律教义学不仅作为法律的具体化来理解，而且从它这方面根据法律的含义和法律的内容，建构自己（变化）的标准；它至少事实上实现了对法官的约束，则归

---

①［德］迪特尔·梅迪库斯:《德国民法总论》，邵建东译，法律出版社 2001 年第 2 版，第 7 页。

② Shazia Choudhry and Jonathan Herring, *European Human Rights and Family Law*, Oxford, Hart Publishing, 2010, p.33.

③ See e.g. Scozzari and Giunta v. Italy [GC], nos. 39221/98 and 41963/98, § 169, ECHR 2000-VIII, and P., C. and S. v. the United Kingdom, no. 56547/00, § 117, ECHR 2002-VI.

功于它的稳定性和区别化功能”。[①] 比例原则和利益平衡原则更加关注个案的正义，而并不意图建立起确定的规则体系。总体而言，比例原则和利益平衡原则是司法衡平的工具，因而它们并不具备“教义学”所秉持的那种法的安定性和可预期性。

相较于大陆法系，受人权和基本权利影响的利益平衡方法在普通法系家庭法的立法和司法中更具影响力。以英国为例，无论是夫妻财产关系还是亲子关系实际上都导向了一种裁判中心主义。就夫妻财产制而言，其成文法并没有规定法定夫妻财产制，而是赋予法院在婚姻消解时调整夫妻双方财产的权利。[②] 与此相对，在大陆法系（如德国和我国台湾地区），法官只有在严格适用法定夫妻财产制会产生极端不公平的情况下才能“弃规则而使用原则”。[③] 很明显，比例原则和利益平衡是一种原则性的思维，而传统民法教义学则追求一种“规则思维”，二者之间发生冲突不可避免。

---

① ［德］阿图尔·考夫曼、温弗里德·哈斯默尔主编：《当代法哲学和法律理论导论》，郑永流译，法律出版社 2013 年版，第 285 页。

② 这里主要是指英格兰和威尔士，北爱尔兰和苏格兰在夫妻财产制度上享有自治立法权。19 世纪末，苏格兰的夫妻财产制从共同所有制转向了严格的分别财产制。正如苏格兰法院院长在 Millar v. Millar（1940 SC 56）一案中所言，法院在处理夫妻间的财产问题时，应该按照陌生人之间的规则进行。但由于严格适用这一规则可能会产生极端的不公平，法院随后在一些方面（特别是在处理夫妻住房问题时）适当缓和了该规则的严苛性。1985 年苏格兰家庭法（Scots Family Law Act 1985）确认了长期以来的司法实践，确立了婚姻关系不影响夫妻财产的一般性规则，但有限的例外以防止极端的不公平。*See* Katharina Boele-Woelki, Bente Braat and Ian Curry-Sumner, eds., *European Family Law in Action. Volume IV: Property Relations between Spouses*, Cambridge, Intersentia Publishing Ltd., 2009, pp.73-74. 北爱尔兰在夫妻财产制度上与英格兰、威尔士、苏格兰、爱尔兰相似。亦即，婚姻不会自动改变夫妻双方的财产权利。但是这一原则因立法赋予法院公平分配夫妻财产的权力而发生了改变。*See* Buckley, L. A., “Matrimonial Property and Irish Law: a Case for Community”, *Northern Ireland Legal Quarterly* 53, 2002, p.39.

③ 参见《德国民法典》第 1381 条，我国台湾地区“民法”第 1030 条之 1。

三、小结

在传统家庭伦理专制崩塌之后，家庭法维持了价值中心主义的根本特征。传统家庭伦理专制的崩溃并没有使家庭法选择回归技术化的民法。只不过主导家庭法的价值体系从自然伦理秩序转换为了基本权利和人权所确立的客观价值秩序。基本权利和人权思维模式对家庭法产生了三方面的影响：首先，对价值多元主义的承认导致了程序正义论在家庭法中的应用；其次，主观权利思维改变了传统家庭法以义务为视角的体系建构模式，使其融入了主观权利世界；最后，关注个案正义的比例原则和利益平衡原则为家庭法的立法和司法提供了新的进路。深受基本权利和人权影响的家庭法继续保持了其价值上的“神圣性”，进而与以“庸俗的”“无历史的”“无性别的”“无时间的商品世界”① 为基础的财产法划清了界限。

---

① [德]罗尔夫·克尼佩尔：《法律与历史：论〈德国民法典〉的形成与变迁》，朱岩译，法律出版社2003年版，第111页。

第三章 家庭法的形而下：社会科学进路对于民法教义体系的排斥

第一节 家庭法的经验主义转向：对规则合理性的论证

一、形而上的沉思与形而下的经验

在美国学者约翰·杜威看来，“理智的方法”或者“科学的方法”与“沉思的方法”存在根本性的区别。他把前者定义为“伟大而日益发展的观察、实验和方式推理诸方法的简称”。[①]这一方法被认为起源于英国著名哲学家弗朗西斯·培根。在杜威看来，“培根所代表的理智的方法与非培根式的方法的区别在于，它依赖于能动的实验，以区别于被动的沉思”。杜威批判了沉思的方法，认为“科学的原理和规律并不存在于自然的表面，它们是隐蔽的，因而必须运用能动而周全的探索方法将其从自然中揭

① John Dewey, *Reconstruction in Philosophy*, New York, Henry Holt, 1920, reprinted with new introduction, New York, Mentor Books, 1950, p.46. 转引自［美］列奥·斯特莱斯、约瑟夫·克罗波西主编:《政治哲学史》(第3版)，李洪润等译，法律出版社2009年版，第851页。也有学者将其译为“观察、实验和反省”，参见［美］约翰·杜威:《哲学的改造》，许崇清译，商务印书馆1989年版，第25页。

示出来”。[①] 与此相对，“沉思”方法难以摆脱“对各种观念彼此间逻辑关系的贫乏思考，而且这些思考脱离了人的活动的实际”。[②] 杜威对于沉思方法的诘难很容易使我们联想起耶林在《法学的概念天国》中对概念法学的诘难。无论学者对传统民法教义学所作的诸多澄清之论据如何充分，它实际上始终无法摆脱概念法学思想的影响，并且这种影响是内在的。民法教义学是从内在的角度（即舒国滢教授所言的内在体系）进行分析、解释和建构。它所依赖的方法主要是杜威所说的沉思。民法教义学的主要观点表现为法是自然理性的产物。

民法教义所标榜的科学，并不是杜威所言意义上的科学，而是沉思的结果。它从一开始就是意图建立起媲美数学之体系。在德国学者斯皮罗斯·西米斯（Spiros Simits）看来，“法教义学发展出了一种社会数学（soziale Mathematik）式的演绎推理方式”。[③] 传统民法教义学的此项特征恰好成为后来利益法学派所攻击的目标。利益法学派的集大成者德国法学家海克（Heck，另译为黑克）在其代表性论文《什么是我们所对抗的概念法学》（*Was ist diejenige bEgriffsjurisprudenz die wir bekämpfen*）中批判概念法学使用了颠倒的方法（inversionsmethode）。[④] 的确，如海克所批评的那样，法教义学离不开逻辑演绎的基本框架。这样的推理方式可能产生一种极端——正如耶林在《法学的概念天国》中所描绘的那样——

---

① ［美］约翰·杜威：《哲学的改造》，许崇清译，商务印书馆 1989 年版，第 25 页。

② John Dewey, *The Public and Its Problems*, Chicago, Gateway Books, 1946, p.9. 转引自［美］列奥·斯特莱斯、约瑟夫·克罗波西主编：《政治哲学史》（第 3 版），李洪润等译，法律出版社 2009 年版，第 848 ~ 849 页。

③ Spiros Simitis, Die Bedeutng von System und Dogmatik-dargestellt an rechtsgeschaeftlichen Probelmen des Massenverkehrs, AcP 172 (1972), S.132. 转引自周升乾：《法教义学研究：一个历史与方法的视角》，中国政法大学 2011 年博士学位论文，第 53 页。

④ Phillip Heck, Was ist diejenige Begriffsjurisprudenz, die wir bekämpfen?, DJZ 1909, S. 1457 ff.

"解剖病理学概念室"（Anatomisch—pathologisches Bergriffskabinett）。[①] 如果演绎出的概念不是服务于实践，而是将实践扭曲以适应逻辑演绎出的概念，那么这样的概念和以此为基础的法律体系都是畸形的。正如英国法学家丹尼斯·罗伊德所言，"概念是出色的仆役，但未必是好的主人"。[②]

从法学研究的视角来看，以沉思、数学和逻辑为基调的传统民法教义学很容易陷入一种"书斋里"的研究模式，因为作为纯粹的理性——一种以模仿数学为方法的体系——是不需要建立在经验性论证的基础上的。对于法律规则的合理性解释，可以从体系内获得，而无须借助体系外因素的支撑。正如德国法学家阿尔弗里德·比勒斯巴赫所指出的那样，"在至今只是介绍规范科学和应用法学的教义学的有关学说中，尚缺乏经验之成分"。[③] 与此相对，如果我们认可法学建立在杜威所言的"科学的方法"的基础之上，那么法学必然是"后果导向的"，因而其是形而下的、经验主义的，而非形而上的、逻辑形式导向的。经验主义导向之上的法学将法学放置在一种更为宽泛的背景下进行理解，通常而言这个更为宽泛的背景为社会。正如英国伦敦大学教授罗杰·科特雷尔（Roger Cotterrel）所言，"对于法律理念的社会解释并不是接近法律的个别而特殊的方式"。"它并不是仅仅作为与其他理解方式相并列的方式而存在的"。[④] 与此相反，"法社会学在这种特殊意义上这样一项事业和抱负——它意在拓宽将法律视作一种

① ［德］鲁道夫·冯·耶林：《法学的概念天国》，柯伟才、于庆生译，中国法制出版社 2009 年版，第 27 页。

② ［英］丹尼斯·罗伊德：《法律的理念》，张茂柏译，新星出版社 2005 年版，第 240 页。

③ ［德］阿尔弗里德·比勒斯巴赫：《法学与社会科学》，载［德］阿图尔·考夫曼、温弗里德·哈斯默尔主编：《当代法哲学和法律理论导论》，郑永流译，法律出版社 2013 年版，第 465 页。

④ Roger Cotterrel, "Why Must Legal Ideas Be Interpreted Sociologically?", *Journal of Law and Society* 25, 1998, p.187.

社会现象而进行的理解”。[①] 之所以要将法学放入社会的宏观背景之中，而不是单纯满足于体系内的自我循环，实乃因为“法律目的的实现不是数学和逻辑的事务，而是针对社会与政治实践的行为”。[②] “人们很容易怀疑那种不具备任何实践意义的表达到底是不是法学的表达。”[③]

将法律视为一种社会现象，并将其置于社会中进行分析，最初是由以马克斯·韦伯所代表的法社会学家所推动的。作为法社会学的鼻祖之一，韦伯对于法律的研究开创了一种让人耳目一新的研究进路。按照美国耶鲁大学法学院教授安东尼·T. 克朗曼（Anthony T. Kronman）对韦伯类型学的解释，法律研究有三种不同的路径：

首先，从法律研究的内部视角使用法律自身的术语研究法律（注意区分拉伦茨所言的内部体系，笔者注）[④]；其次，超越法律的内在视角，即采用法律的道德视角或哲学视角，基于道德准则从规范角度探求法律的终极正当性，并批判现存的法律状况与道德准则不相符的程度（在庞德那里，这被称为哲理法学派，笔者注[⑤]）；再次，法律的外在视角，即从由理论推进的法律实证研究出发探析现有法律体系的特点；最后，一种路径需要在一个学科领域的框架内进行，因而我们就能够根据从事法律研究的各社会科学的相关维度（历史的、文化的、政治的、经济的或者社会的）来对它

① Roger Cotterrel, “Why Must Legal Ideas Be Interpreted Sociologically?”, *Journal of Law and Society* 25, 1998, p.187.

②［德］魏德士：《法理学》，丁晓春、吴越译，法律出版社 2005 年版，第 130 页。

③ Philipp Heck, Begriffsbildung und Interessenjurisprudenz, Tübingen 1932, S.16 ff.; Karl Larenz, Methodenlehre der Rechtswissenschaft, 6. Aufl., Berlin u.a. 1991, S.239 ff. 转引自［德］魏德士：《法理学》，丁晓春、吴越译，法律出版社 2005 年版，第 130 页。

④［德］卡尔·拉伦茨：《法学方法论》，陈爱娥译，商务印书馆 2003 年版，第 348 页。

⑤［美］罗斯科·庞德：《法理学》（第 1 卷），余履雪译，法律出版社 2007 年版，第 69 页。

们进行区分。[①]

本书所言的民法科学——教义学体系，毫无疑问应当归属于第一种路径。从先验论出发的自然法学派大致属于第二种路径。第三种路径则是以形而下的经验观察为基础的社会科学路径（在我国学界的激烈争论中，通常将其称为社科法学派）。[②]“社会科学在许多领域，提供给法律者一个新的和琳琅满目的工具箱。”[③]如德国法学家魏德士所言，“如果法学家接受社会事实，他就必须接受经验性的社会科学（民主经济、政治学、社会学、社会心理学、民意测验）的研究”。[④]其他社会学科为法学提供了经验性的论据，当然在其他社会科学的学者看来，他们所身处的学科对于法律的意义已经不再是单纯地服务于法律和法学，相反他们形成了自身的研究视角和体系。诸如“法社会学”（Sociology of Law as Sociology）还是“社会法学”（Sociological Jurisprudence）的论争即是典型。[⑤]经验性的社会科学既提供了“超越法律”（波斯纳语）[⑥]的契机，也使得法学面临一种危险的情势——沦落为其他社会科学的附庸。法律将演变为一种单纯的政策，而法学将从规范科学降格为一种“纯政策学”。另外一个严重的问题在于，“经验性的科学，如社会学，感兴趣的首先是通常的行为或多数人的行为”，[⑦]进而

① See Anthony T. Kronman, *Max Weber*, Stanford, Stanford University Press, 1983, pp.8-14. 转引自［美］马修·戴弗雷姆:《法社会学讲义》，郭星华、邢朝国、梁坤等译，北京大学出版社 2010 年版，第 4 ~ 5 页。

② 苏力:《中国法学研究的格局流变》，载《法商研究》2014 年第 5 期。

③［德］阿尔弗里德·比勒斯巴赫:《法学与社会科学》，载［德］阿图尔·考夫曼、温弗里德·哈斯默尔主编:《当代法哲学和法律理论导论》，郑永流译，法律出版社 2013 年版，第 465 页。

④［德］魏德士:《法理学》，丁晓春、吴越译，法律出版社 2005 年版，第 133 页。

⑤ See Stefan Machura, "German Sociology of Law", *The American Sociologist* 32, 2000, pp.41-43.

⑥ 在波斯纳看来，实用主义使得法律学术更略为接近社会科学，促使司法游戏更略为接近科学的游戏，从而实现对“法律的超越”。［美］理查德·波斯纳:《超越法律》，苏力译，北京大学出版社 2016 年版，第 346 页。

⑦［德］魏德士:《法理学》，丁晓春、吴越译，法律出版社 2005 年版，第 134 ~ 135 页。

可能忽视应然和实然的区分。在魏德士看来，“当为不是从存在中得出来的”。[①] 因而，有必要区分经验性的社会科学和规范意义上的法学。

在此，我们有必要讨论一下英国法学家杰弗里·塞缪尔在《认识论与比较法：来自科学与社会科学的贡献》一文中所提出的观点。他援引了法国学者雷拉·索莱尔（Léna Soler）的观点，认识论者获得解释力和可信性的可能性有三种：来源于对现实感知的一致性（correspondence）；来源于体系的融贯性（coherence）；来源于特定共同体成员之间的共识（consensus）。[②] 在本书的语境下，民法科学的解释力和可信性的来源主要是后两种可能性，而经验性的社会科学主要来源于第一种可能性。作为教义学的民法的正当化基础来源于体系的无矛盾性和概念的融贯性。从另外一个角度来看，与民法教义学紧密相关的通说，被学者认为是法教义学的生命线。[③] 杰弗里·塞缪尔在对此三种正当化形式进行考察之后，提出了“认识论换位（epistemological transposition）总是危险的”警告。[④] 他以英国发生的一起著名案件为例，讨论了“虚拟事实换位”（virtual fact transposition）的危险性。在该案（R. v Clark，笔者注）[⑤] 中，萨莉·克拉克（Sally Clark）因为两个孩子的连续不明原因死亡而被法院定罪。而其被定罪的主要依据在于一项由罗伊·梅铎（Roy Meadow）主导的统计学的调查。杰弗里·塞缪尔的警告无疑为法学在迈向经验主义的社会科学的过程中创造了反思的机会。这同样为下文我们将要讨论的家庭法经验主义转向提供

---

① ［德］魏德士：《法理学》，丁晓春、吴越译，法律出版社 2005 年版，第 135 页。

② See Léna Soler, Introduction à l'épistémologi, Paris, Ellipses, 2000, pp.43-45. 转引自［英］杰弗里·塞缪尔：《认识论与比较法：来自科学与社会科学的贡献》，载［比］马克·范·胡克主编：《比较法的认识论与方法论》，魏磊杰、朱志昊译，法律出版社 2012 年版，第 54 ~ 55 页。

③ 汤文平：《民法教义学与法学方法的系统观》，载《法学》2015 年第 7 期。

④ ［英］杰弗里·塞缪尔：《认识论与比较法：来自科学与社会科学的贡献》，载［比］马克·范·胡克主编：《比较法的认识论与方法论》，魏磊杰、朱志昊译，法律出版社 2012 年版，第 56 ~ 57 页。

⑤ See R. v Clark,［2003］EWCA Crim 1020, 11 April 2003.

了一种令人深思的视角。

综上，形而上的沉思将法学导向了一种融贯性的科学，民法教义学即是此项路径的典型成果。这种思维路径毫无疑问地受到了人文主义革命的影响。正如格劳秀斯所言，“法律乃理性的产物，它不能从事物中被获取”。[①]不过，教义学主导下的法律科学的此项特征亦成为社会学法学所批驳的对象。在社会学法学创始人奥地利法学家欧根·埃利希看来，“这样的法学就与一切的真正的科学截然有别，在真正的科学中，归纳方法占主导地位，它力图通过事实的观察和经验的积累使我们深入洞察事务的本质”。[②]形而下的经验社会科学则主张一条完全相反的道路，即“观察—归纳—验证”。家庭法的经验主义转向使得其与民法教义学的对立态势愈发明显。

二、家庭法经验主义转向的三个维度

家庭法在当代最为明显的特征表现为其经验主义的转向。这种转向不仅发生在学术研究领域，而且主导了整个立法、行政（准确地说是社会福利机构的行为）和司法机构的行为模式。现在，不仅没有人否认家庭法既已发生的这种经验主义转向，而且多数人认为这种转向是进步的。经验主义的社会科学为家庭法提供了更为充分的论证。

（一）学术研究上的经验主义转向

瑞典学者赖斯泰特教授在《理解家庭法》一文中指出，“社会科学方法为洞察各类问题提供了传统法律（规范分析）之外的全新视角”。“在许

① Michel Villey, La formation de la pensée juridique moderne, 4th ed., Paris, Montchrestien, 1975, p.538. 转引自［英］杰弗里·塞缪尔：《认识论与比较法：来自科学与社会科学的贡献》，载［比］马克·范·胡克主编：《比较法的认识论与方法论》，魏磊杰、朱志昊译，法律出版社 2012 年版，第 56 ~ 57 页、第 60 页。

②［奥］欧根·埃利希：《法社会学原理》，舒国滢译，中国大百科全书出版社 2009 年版，第 8 页。

多情况下，经验性的研究和交叉法律科学方法的使用显得必不可少。”“尤其是家庭法中的许多问题都明显地受到经济分析的影响。”[①] 家庭法学术研究上的此种经验主义转向从近半个世纪以来家庭法领域的 SSCI 期刊的刊文内容的变化中可以得到明显的印证。哥伦比亚洛斯安第斯大学贾米洛教授的《家庭法的社会学方法：以拉丁美洲代表性家庭法论文为分析对象》一文以拉丁美洲的家庭法研究论文为样本，对社会学方法在拉丁美洲家庭法研究中的现状进行了考察。她认为，在拉丁美洲，家庭法的社会学研究方法已经成为一种范式，因而学者们的研究在结构上呈现出高度的相似性。[②] 在中国，由朱苏力、强世功等人所倡导的“社科法学”对家庭法的研究同样产生了极大的影响。[③] 事实上，家庭法已经成为社科法学研究的高地。学者们对家庭法的实际运行的观察和分析很明显地受到韦伯的理解社会学和费孝通人类学研究进路的影响。

现在，很少家庭法学者会采用纯规范性的方法进行研究，交叉学科的

① Eva Ryrstedt, “Understanding Family Law”, in Ann Numhauser-Henning and Mia Rönnmar, eds., *Fifteen Years with the Norma Research Programme Anniversary Volume*, Faculty of Law, Lund University, 2010, pp.91-92.

② Isabel C. Jarmillo, “The Social Approach to Family Law: Conclusions from the Canonical Family Law Treatises of Latin America”, *The American Journal of Comparative Law* 58, 2010, p.852.

③ 在朱苏力教授主编的《法律和社会科学》(集刊)中，学者们发表了大量的从社会科学，尤其是社会学角度来观察家庭法在社会生活中实际运行的论文。代表性的论文如第 9 卷中“对《婚姻法司法解释(三)》批评”的 6 篇专题论文，第 11 卷中的“私人生活和法律”专题亦包含了数篇与家庭法相关的论文。其中，李湘宁、徐书鸣的《离婚纠纷中的情感、财产与“正义”》和贺欣、吴贵亨的《司法调解对家庭暴力的删除》二文堪称此类分析的典范。分别参见苏力主编:《法律和社会科学》(第 9 卷)，法律出版社 2012 年版，第 258 ~ 301 页；苏力主编，汪庆华执行主编:《法律和社会科学》(第 11 卷)，法律出版社 2013 年版，第 1 ~ 227 页。此外，强世功教授在 2011 年发表的《司法能动下的中国家庭：从最高法院关于〈婚姻法〉的司法解释谈起》一文对后来的此类研究开创了一种范式。该文对家产制解体、契约制婚姻等现象的分析处处弥漫了“费孝通”式的研究偏好。参见强世功:《司法能动下的中国家庭：从最高法院关于〈婚姻法〉的司法解释谈起》，载《文化纵横》2011 年第 1 期。

研究方法成为了家庭法研究的一种范式。尤其是社会学、心理学和经济学的研究成果都对家庭法的研究产生了重要影响。一个显著的例子是，学者们在讨论离婚法的改革时总是倾向于援引当下社会的离婚数据，特别是离婚的方式、年龄构成、教育水平、收入水平等指标。这已经成为对离婚法研究的一个必不可少的要素。英国法学家乔纳森·赫林（Jonathan Herring）在《家庭法》（*Family Law*）一书开篇即交代了总体家庭生活面貌在数据上的变化。这些变化表现为：

a. 人们在更晚的年纪结婚，同时结婚率下降，预计结婚的人会越来越少。

b. 越来越多的人在婚外同居，人们对于同居是否是婚姻的前奏以及替代存在争议；2006 年，44% 的儿童由未婚母亲生育。与此同时，13% 年龄介于 18 ～ 59 岁间的人正处于同居状态。

c. 同性关系被接纳的程度越来越高。据估算，英国有 230 万 ~320 万同性恋和双性恋。

d. 20 世纪 70 年代和 80 年代，离婚率出现了显著上升。不过近些年，离婚率基本持平，甚至有轻微的降低。据估算，20 世纪 90 年代缔结的婚姻中约有 40% 将以离婚的形式而终结。

e. 生活在单亲家庭儿童的比例有所增加。2006 年，在有儿童需要抚养的家庭中，25% 为单亲家庭。

f. 家庭的平均人口呈现下降趋势（2007 年为 2.4 人）。与此同时，独身居住的人口明显增加。2007 年，29% 的家庭只有一口人，并且据估算，2021 年这个比例将上升到 35%。

g. 人口中年龄超过 65 周岁的比例持续增长。

h. 儿童出生率明显降低。据估算，到 2010 年 25% 处于适孕年龄的女性不会生育子女。在最近的一项针对 21~23 岁女性的调查中，只有 40% 的女性表示她们将在未来 5 年内生育子女。

i. 越来越多的儿童在成年后选择继续和父母生活。2006 年，英格兰年龄介于 20 ～ 24 周岁的 58% 的男性和 39% 的女性仍然同父母生活。

j. 在 2007 年，英国有超过 700 万（约占人口的 12%）人独自居住。2006 年，60% 年龄超过 75 岁的女性独自居住。①

德国学者 Dieter Schwab、Peter Gottwald 和 Saskia Lettmaier 在《德国家庭法和继承法》（*Family and Succession Law*：*Germany*）一书开篇即交代了作为德国家庭法和继承法背景的统计材料：

从 20 世纪 70 年代开始，无论是老的州还是新的州，人口都出现了下降趋势。1950 年，每月有 1117000 个婴儿出生，而 2009 年这一数字已经下降到了 665000 个。这些数字代表了世界上最低的人口出生率，并且从国家人口的发展来看，它是值得担忧的。与此趋势相接近的是婚姻数量从 20 世纪中叶开始就出现了大幅度的下降（1950 年：750452 对—1998 年：417000 对—2009 年：378000 对）。在这一时期，离婚率却成倍增加，2004 年就有高达 214000 对夫妻离婚，2009 年这一数字为 186000。与此同时，选择在婚外同居的夫妻数量已经从 1978 年的 340000 对上升到了 2009 年的 702000 对。②

对诸如此类的统计和调研数据的了解已经成为家庭法学者开展研究必不可少的步骤。即使是在比较家庭法的研究领域，学者们的分析重心也从单一的规范比较转向了同时关注规范和其背后的家庭生活现状的新视角。学者们逐渐认识到，忽略特定法域家庭生活的数据背景而仅做规范上的比较的意义是极为有限的，对于其意图进行的法律移植同样不能提供有效的论证。他们认识到了比较法研究中超越“作为规则之法”（law as rules）的重要性，“也就是说，如欲真正理解法律，必须将其置于一个宏观的历

① Jonathan Herring, *Family Law*, 4th ed., London, Longman, 2009, pp.6-7.

② Dieter Schwab, Peter Gottwald and Saskia Lettmaier, *Family and Succession Law: Germany*, Alphen aan den Rijn, Wolters Kluwer, 2012, pp.19-20.

史、社会—经济、心理以及意识形态的语境之下”。① 在家庭法领域，学者对家庭规范层面的分析和论证再也无法脱离社会经验性事实，并且学者乐于将规范上的变化以及变化的需求归结为社会经济状况的变化。一个典型的例子是，将家庭法、家庭结构和社会经济（特别是工业化）状况的变化结合在一起进行研究。古德教授指出，“全球范围内的家庭结构和家庭法在过去两百年间朝着同样的方向演进”。“尽管存在这样的普遍认同，即家庭结构和家庭法的演进与工业化和接踵而至的个人生存物质条件的变化相关，但是却不能区分在家庭结构和经济结构的同步巨变过程中二者的具体因果关系。”② 将家庭法的变迁归结为经济状况的变化很容易让人联想到马克思的经济决定论。在过去一百多年间，对经济决定论的批判可谓是层出不穷。但是在家庭法领域，经济决定论的观点似乎愈发有市场。特别是波斯纳所代表的法律经济分析学派将其触角从传统的财产法领域拓展到了在过去被认为浸染了伦理属性的家庭生活领域。一切的关系，家庭关系亦不例外，都可以化约为对利益的分析。在波斯纳看来，“家庭经济分析是建立在这样一种观念基础上的：家庭不仅是社会中的一个消费单元，而且更重要的是一个生产单位”。③ 不过，将家庭关系进行成本、收益和效率的分析在批评者眼里构成了对家庭纯洁性的玷污。正如黑格尔所警告的那样，“人类堕落成所有权世界的、合同形式的商品货币关系的抽象的人是卑鄙的”。④ 但是黑格尔意图通过国家伦理填充家庭伦理的主张在经验（主要是

① ［比］马克·范·胡克、马克·沃林顿：《法律文化、法律范式与法律学说：迈向一种新的比较法研究模式》，载［比］马克·范·胡克主编：《比较法的认识论与方法论》，魏磊杰、朱志昊译，法律出版社 2012 年版，第 93 ~ 95 页。

② William J. Goode, "Family Changes over The Long Term: A Sociological Commentary", *Journal of Family History* 28, 2003, p.15.

③［美］理查德·波斯纳：《法律的经济分析》（第 7 版），蒋兆康译，法律出版社 2012 年版，第 203 页。

④［德］罗尔夫·克尼佩尔：《法律与历史：论〈德国民法典〉的形成与变迁》，朱岩译，法律出版社 2003 年版，第 126 页。

指纳粹）上破产的事实表明家庭伦理的解体不可避免地导向了“商品货币关系”。正如克尼佩尔所分析的那样：①

善良家父和善良家母产生于家长制的家庭，家长制家庭建构在生存依赖和暴力基础之上。该两者正在被抛弃，根源于原则上无法解体的家庭关系中的恐惧、保障、强制和安全正不断减弱。代替家庭关系的不是一个中性的良好的家政共同体，而是个人，其自由、安全建立在货币和货币价值的请求权上。

古德教授从另外一个角度指出了类似的事实——“从一种以身份和家庭作为社会安全保障基础的社会向一种生存和成功建立在个人能力的社会的转变导致了家庭的解体”。②这种解体首先就表现在个人从家庭生存依赖中的脱离。家庭成员经济地位的变化成为家庭法学者关注的重点。古德教授的研究甚至认为离婚率的波动与宏观经济状况存在一定的关联。③事实上，在经济学领域，学者已经开始关注过去被长期忽视的家庭领域（很大原因是由于家庭的利他主义）。诺贝尔奖获得者，美国学者加里·斯坦利·贝克尔的《家庭论》开创了从经济学视角研究家庭的典范。在贝克尔看来，“经济学对家庭的研究不仅仅局限于家庭的物资生活内容，而且包含家庭生活的各个方面”。④法经济学方法在家庭中的应用毫无疑问地受到了经济学领域既有家庭研究成果的影响。即使是传统法哲学家如拉德布鲁赫，也注意到了家庭背后的社会经济状况的变化。他深刻地指出了“资本

① ［德］罗尔夫·克尼佩尔：《法律与历史：论〈德国民法典〉的形成与变迁》，朱岩译，法律出版社2003年版，第122页。

② William J. Goode, “Family Changes over The Long Term: A Sociological Commentary”, *Journal of Family History* 28, 2003, p.15.

③ William J. Goode, “Family Changes over The Long Term: A Sociological Commentary”, *Journal of Family History* 28, 2003, p.20.

④ ［美］加里·斯坦利·贝克尔：《家庭论》，王献生、王宇译，商务印书馆2010年版，第4页。

主义将由房屋、院落、家庭成员组成的生产团体强行地打碎了”[①] 这一历史事实。“家庭失去了它的形式，变成了一种纯粹家庭成员之间的关系……家庭被个人主义式地溶解为家庭元素，这种发展在经济上也是合理的。”[②] 大体而言，家庭法学者对于经济视角经验性素材的依赖表现为三个方面：首先，从外在角度来看，家庭作为面向市场的生产单位呈现出解体的趋势，家庭在诸多方面呈现出去功能化趋势；其次，男女两性的社会经济状况对于家庭法本身（特别是对配偶间平等原则的理解）产生了重要影响；最后，从内在角度来看，家庭内部的关系已经不再是伦理的实体，货币关系逐渐渗入。一个典型表现是，家务劳动的时间在离婚法中被用来证明财产分配比例的合理性。学界对于对婚内侵权所产生的赔偿应当进行分配豁免的讨论亦反映了货币关系侵入家庭的长期趋势。

学者们通过成本—收益的法经济学分析路径将家庭法的研究带入了一个宏观的视角。这种分析包含了社会控制论的思想，即将家庭法视为社会控制的手段，亦即通过对“社会—家庭现象”的成本—收益分析，将家庭法的改革作为降低成本的手段。换言之，这种研究是讨论家庭法的效率问题。例如，美国学者斯蒂芬·J. 巴尔（Stephen J. Bahr）对离婚现象的分析及其改革建议即是这种分析路径的典型代表。他指出，“社会科学研究表明了高离婚率产生了巨大的和长期的公共和私人成本”。[③] 在他看来，“高离婚率所引发的私人成本主要是对数以百万计的成人和儿童的身体、心理、感情和经济利益产生了严重的负面影响”。[④] “公共成本则包含对医疗

① [德] 古斯塔夫·拉德布鲁赫：《法哲学》，王朴译，法律出版社 2013 年版，第 170 页。

② [德] 古斯塔夫·拉德布鲁赫：《法哲学》，王朴译，法律出版社 2013 年版，第 170 页。

③ Stephen J. Bahr, “Social Science Research on Family Dissolution: What It Shows and How It Might Be of Interest to Family Law Reformers”, *Journal of Law & Family Studies* 4, 2002, p.11.

④ Stephen J. Bahr, “Social Science Research on Family Dissolution: What It Shows and How It Might Be of Interest to Family Law Reformers”, *Journal of Law & Family Studies* 4, 2002, p.11.

系统形成的负担、不断增长的福利开销、更高的犯罪率、更低的高中毕业率以及更高的刑事司法成本。”[①] 他建议“立法者在改革家庭法时应当将这些社会成本考虑在内”。[②] 不过这种效率分析的路径引发了激烈的争论。在德沃金等人为代表的秉持形而上理念的法学家眼里，婚姻家庭是注重情感治理的法律领域，将效率等同于正义是值得怀疑的。[③]

家庭法研究的经验主义转向的另外一个重要方面表现为对于社会学中功能主义概念的接纳。同性恋、代孕以及胚胎技术等问题的出现促使家庭法反思过去家庭关系的规范性界定。以亲子关系为例，基因鉴定技术的高度发展使得法律基于传统理念的推定技术黯然失色，同时也引发了对于亲子关系认定的争论。这种争论集中表现在血缘论和社会功能论两种观点之间的交锋。按照功能主义的观点，界定亲子关系的核心在于某人与儿童之间是否事实上按照父母子女一般的生活形态在一起生活。在德国学界，与此相关的概念被称为事实上的或社会的父母身份（psychischer oder sozialer Elternschaft）。[④] 在普通法系，与此相关的概念被称为“事实上的父母”（de facto parents）。[⑤] 功能主义影响下的亲子关系认定实际上将家庭功能期待之满足作为衡量标准。而这种家庭功能实际上是社会所赋予的，功能的满足实际上是家庭的社会目的之满足。英国学者丽莎·格伦农（Lisa

---

① Stephen J. Bahr, “Social Science Research on Family Dissolution: What It Shows and How It Might Be of Interest to Family Law Reformers”, *Journal of Law & Family Studies* 4, 2002, p.11.

② Stephen J. Bahr, “Social Science Research on Family Dissolution: What It Shows and How It Might Be of Interest to Family Law Reformers”, *Journal of Law & Family Studies* 4, 2002, p.11.

③ 罗培新:《学科交叉复合，多元共同生长》，载［美］尼古拉斯·L. 吉奥加卡波罗斯:《法律经济学的原理与方法：规范推理的基础工具》，许峰、翟新辉译，复旦大学出版社 2014 年版，第 4 页。

④［德］迪特尔·施瓦布:《德国家庭法》，王葆莳译，法律出版社 2010 年版，第 270 页。

⑤ 根据笔者的考察，事实上亲子关系在现代家庭法中的作用主要体现在两个方面：第一，它是亲子关系拟制之依据；第二，它是阻却亲子关系撤销请求权之理由。参见刘征峰、杨狄:《论现代家庭法中的事实亲子关系》，载解志勇主编:《法大研究生》，中国政法大学出版社 2014 年版，第 186 ~ 203 页。

Glennon）在讨论成人伴侣间的关系时，指出了功能型方法（function—based approach）的关键性特征就是检视家庭在社会中所实际扮演的功能。[①]这一方法的核心在于考察家庭成员所扮演的功能而非家庭成员形式上的地位。[②]玛丽·安·梅森（Mary Ann Mason）等人的《继父母或者法律上的陌生人》（*Stepparents：De Facto Parents or Legal Strangers*？）一文可谓是运用功能型方法分析亲子关系的典范。"该文检视了继父母家庭的功能以确立新的政策目标导向。"[③]"这种检视建立在国家家庭调查（National Survey of Families and Households）和对 27 个家庭的深度调查"之上。[④]"对继父母日常功能的调查包含照顾任务、教育、分配经济资源、对法律身份的态度以及对父母角色的意见。"[⑤]通过这些深入的调查，"该文提供了应当在法律层面承认继父母的事实父母身份多个方面的依据"。[⑥]事实上，对于功能型性家庭方法的接纳不仅仅局限于亲子关系领域，在非婚同居、同性恋婚姻等领域它同样发挥了重要的作用。它为家庭法研究提供了一种全新的视角。当然社会功能视角的研究也面临诸多批评，特别是来自传统教义学学者的批评。首要问题在于，哪些功能应当被界定为家庭的核心功能？如果对家庭功能的列举较为宽泛，则势必限制法律所承认的家庭形式。如果对功能的列举过于狭窄，则势必会出现拉德布鲁赫所言的"社会学中间层面

---

① See Lisa Glennon, "Obligations between Adult Partners：Moving from Form to Function?", *Journal of Law, Policy and the Family* 22, 2008, pp.22-60.

② Jonathan Herring, *Family Law*, 4th Ed., London, Longman, 2009, p.3.

③ Mary Ann Mason et al., "Stepparents：De Facto Parents or Legal Strangers?", *Journal of Family Issues* 23, 2002, p.507.

④ Mary Ann Mason et al., "Stepparents：De Facto Parents or Legal Strangers?", *Journal of Family Issues* 23, 2002, p.507.

⑤ Mary Ann Mason et al., "Stepparents：De Facto Parents or Legal Strangers?", *Journal of Family Issues* 23, 2002, p.507.

⑥ Mary Ann Mason et al., "Stepparents：De Facto Parents or Legal Strangers?", *Journal of Family Issues* 23, 2002, p.507.

的坍塌”，特别是“婚姻法和婚姻事实构成的自然性基础之间越来越直接的重叠”。[①] 恰如英国学者赫林教授所指出的那样，“对于哪些功能是家庭必须要满足的这一问题是存在争议的”。[②] 另外一个可能引发的严重问题在于，对于功能主义的贯彻可能引发多重身份现象。特别是在亲子关系法领域，功能主义路径必然会推导出多重父母的现象。[③] 但无论如何，功能性视角都开启了家庭法经验性研究的新视角。

（二）家庭法立法上的经验主义转向

现代家庭法立法的科学性不在于它是否经由“法学家”之手，而在于它是否存在经验性论据的支撑。作为一项普遍的方法，立法前的统计性调查成为必不可少的程式。如果不能有效掌握家庭的现状，家庭法的立法必然面临脱离实际的危险。立法理由说明书中不再仅仅由形而上的说理所支配，经验性的数据已经成为家庭法修订必不可少的基础。这点与财产法存在明显的区别。财产法的修订不会去调查诸如全国合同的签订数量，也无法统计违约数量。

虽然“将与家庭相关的婚姻、父母子女关系、监护等放在家庭法的大类下进行聚合处理被认为是 19 世纪潘德克吞法学派的杰作”，[④] 但家庭法后来的发展已经摆脱了潘德克吞意义上的法律科学概念。家庭法立法现在逐渐凸显了庞德所言的“社会工程”维度的特性。家庭法已经逐渐超越了私法的范畴，进而涉足社会法领域。特别是保护家庭中弱势群体（如妇女和

---

① [德] 古斯塔夫・拉德布鲁赫:《法哲学》，王朴译，法律出版社 2013 年版，第 171 页。

② Jonathan Herring, *Family Law*, 4th ed., London, Longman, 2009, p.3.

③ Sarah H. Ramsey, “Constructing Parenthood for Stepparents: Parents by Estoppel and De Facto Parents under the American Law Institute's Principles of the Law of Family Dissolution Gender Issues in Divorce”, *Duke Journal of Gender Law & Policy* 8, 2001, p.285.

④ Peter de Cruz, *Family Law, Sex and Society: A Comparative Study of Family Law*, New York, Routledge, 2010, p.3.

儿童）的立法已经呈现出完整意义上的社会法特性。一个典型的例子是，为了保护单身母亲和儿童的利益，美国关于抚养费征收的改革实际上改变了抚养费请求权的私法性质。传统依赖于司法或者私人的抚养费征收体系的低效率被认为是造成儿童贫困现象的重要原因。① 克林顿时期开展的抚养费征收改革，将抚养费的征收与享有监护责任的一方父母的福利挂钩。② 在某些情况下，儿童对非共同生活一方父母的请求权实际上转移给了抚养费征集机构。虽然克林顿政府所提出的改革口号是"是父母而不是国家来抚养儿童"，③ 但从私人生活及意思自治的角度来看，儿童的抚养费请求权已经不是一项传统意义上的私权。现在的趋势是，如果与儿童共同生活的一方父母作为儿童的法定代理人放弃对另外一方父母的抚养请求权，他似乎必须要说明这样做的理由。这种限制从信托理论中也能得到很好的解释，父母只是儿童利益的受托人。④ 国家不仅通过司法权被动介入亲子关系，而且通过行政权和社会福利政策主动介入亲子关系。在这种意义上，家庭法的立法已经不能单纯满足于空洞的法律推理，相反它必须进行利益的解构与分析。家庭法的立法不只是单纯确认和保护个人利益，相反它的目的在于平衡"个人利益、公共利益和社会利益"。现在的家庭法立法的演变似乎印证了庞德在一个世纪之前的论断：

一项法律制度要达到维护社会秩序的目的，需通过：(1) 承认特定的

① [美] 保罗·K. 格莱勒：《美国1996年福利法案对子女抚养规定的重大变革》，夏吟兰译，载《外国法评译》1998年第3期。

② [美] 杰弗里·法兰克尔、彼得·奥萨格：《美国90年代的经济政策》，徐卫宇等译，中信出版社2004年版，第601～602页。

③ [美] 杰弗里·法兰克尔、彼得·奥萨格：《美国90年代的经济政策》，徐卫宇等译，中信出版社2004年版，第594页。

④ See Anne McGillivray, "Children's Rights, Paternal Power and Fiduciary Duty: From Roman Law to the Supreme Court of Canada", *International Journal of Children's Rights* 19, 2011, pp.21-54.

利益，该利益可能是个人的、公共的或者社会的；（2）确定一个范围，那些利益应当在这个范围内通过法律规范予以承认和实现，该法律规范由司法（现在还有行政）过程按照公认的程序运作和实施；（3）尽力保护在确定的范围内得到认可的利益。①

现代家庭法的立法正是通过"承认特定利益"的方式进行的。对儿童和妇女利益的承认均构成推动家庭法修改的主要动因。此外，家庭法的立法已经不能仅仅局限于传统的私法维度，而必须协调其与其他部门法的关系。这是由于家庭法与国家的福利政策、税收政策、教育政策和就业政策等都存在密切的联系。家庭法已经不能满足于"私法范畴中"立法的传统模式。家庭法的立法是以庞德所言社会工程的一环而进行的。这种现象在福利国家尤为明显。稳定的婚姻和家庭在诸多方面特别是在经济方面所具有的利益是实质性的。②这是国家在家庭法立法方面的经验性依据。正是基于这些经验性的实证调查，颁布"优先家庭政策"（Pro-Family Policy）③已经成为一种流行趋势。家庭法与公共家庭政策之间的连带性逐渐增强。一个典型的例子是，如果家庭法在离婚后子女抚养方面的规定之实效较差，则由此产生的儿童贫困问题可能会加重国家的福利负担，并进而导致儿童福利政策的调整。虽然家庭法基本体系的建构是以个人利益为基础的，但是家庭法与公共政策之间的连带性促使家庭法立法不得不平衡社会利益和个人利益之间的冲突。正如庞德所分析的那样，"应当将家庭关系中的个人利益与作为社会制度的、在家庭和婚姻中的社会利益区分开

---

① [美] 罗斯科·庞德:《法理学》(第3卷)，廖德宇译，法律出版社 2008 年版，第 13 ~ 14 页。

② See Rober I. Lerman, "Economic Perspective on Marriage: Causes, Consequences, and Public Policy", in Lloyd R. Cohen and Joshua D. Wright, eds., *Research Handbook on the Economics of Family Law*, Cheltenham, Edward Elgar Publishing Limited, 2011, pp.72-95.

③ See Robin S. Maril, "Regulating the Family: The Impact of Pro-Family Policy Making Assessments on Women and Non-Traditional Families", *University of New Brunswick Law Journal* 46, 1997, pp.63-88.

来”。[①] 虽然二者在某些场合下（如“支持受供养子女的”的法律条款[②]）是重合的，但是已经不能再将家庭法关系作简单的私法处理。将儿童抚养之类的问题重新界定为公共问题，而不是简单的私人问题是必要的。[③] 亦即现代家庭法立法必须置身于整个社会系统之中。例如，美国学者杰西卡·皮尔森（Jessica Pearson）在一项由美国政府机构的资助下所开展的研究中指出，“在缺乏足够的资金修复和改善社会保障系统以确保父母有稳定、良好的工作并且社会可以弥补父母在丧失（在儿童抚养方面）能力时出现的巨大空缺时，家庭法在改变现实境况方面不太可能发挥太大的作用”。[④] 家庭法立法实际上转向了德国法社会学家卢曼所倡导的“社会系统观”。[⑤]

家庭法立法的经验主义转向不仅仅包含在社会系统之中理解家庭法这样一层含义，而且包含了家庭法立法依据的变化。现在立法在讨论家庭的重要性时，不只是单纯描述家庭是自然的，所以是重要的，而是会分析稳定家庭关系的社会功能。例如，立法确立父母抚养权优先性的一个重要依据来源于“社会科学论证了这样一种事实，相比其他家庭结构，由儿童生父母抚养的儿童更加幸福、健康并且更具发展潜力”。[⑥] 正如玛格丽特·F. 布里尼格（Margaret F. Brinig）教授所言，“在家庭政策的制定者在了解更多有关家庭如何运行，特别是人们如何看待法律影响家庭的行为偏好的信

---

① [美] 罗斯科·庞德:《法理学》(第3卷)，廖德宇译，法律出版社2008年版，第52页。

② [美] 罗斯科·庞德:《法理学》(第3卷)，廖德宇译，法律出版社2008年版，第53页。

③ See Mary Jane Mossman, “Child Support or Support for Children?: Re-Thinking the ‘Public’ and ‘Private’ in Family Law”, *University of New Brunswick Law Journal* 46, 1997, p.64.

④ Jessica Pearson, “Ten Myths About Family Law”, *Family Law Quarterly* 27, 1993, p.299.

⑤ Niklas Luhmann, Soziale Systeme: Grundriß einer allgemeinen Theorie, Frankfurt am Main 1984.

⑥ Family Research Council, “25 Pro-Family Policy Goals for the Nation”, http://downloads.frc.org/EF/EF08H78. pdf, October 11, 2015, p.15.

息之后，家庭法得到了明显的改进”。[①] 虽然经验性的研究还存在诸多问题，但是“最近发生在家庭法领域的多数改革无一例外地受到了经验性研究的影响”。[②] 例如，美国法律协会（The American Law Institute）在其制定的示范法《离婚后的法律原则》（Principles of the Law of Family Dissolution）（西弗吉尼亚州已经采用了其中的儿童监护部分）中采用了“近似原则”（approximation rule）。该原则被认为是基于社会科学方法论证的结果。[③] 另外一个典型例子是家庭法立法对联合监护（joint custody）原则的采纳。以《瑞典子女和父母法》（Svensk författningssamling 1949）为例，根据该法第六章第 3 条、第 5 条、第 7 条和第 8 条的规定，联合监护是父母监护的常态（即使是离婚后）。这种原则采用同样来源于经验科学的研究结果，即子女处于双亲监护之下有利于其成长，除非双亲监护本身与儿童的最大利益相悖。萨拉·H. 拉姆齐（Sarah H. Ramsey）和罗伯特·F. 凯莉（Robert F. Kelly）正确地指出经验科学在家庭法立法中所扮演的作用——“虽然政策的最终选择是一个规范性的决定，这些社会科学的研究结果虽然不能决定规范性政策本身，但毫无疑问可以提升引起法律改革的政策争议和公众讨论的质量”。[④] 现在家庭法的改革通常是以前置性的专业报告为前提的，这种专业报告通常由政府机构（广义）或者政府机构委托的学术机构完成。家庭法立法的改革必须建立在经验性数据的支持上已经渐成共识。

---

① Marget F. Brinig, “Empirical Work in Family Law”, *University of Illinois Law Review* 4, 2002, p.1103.

② Marget F. Brinig, “Empirical Work in Family Law”, *University of Illinois Law Review* 4, 2002, p.1083.

③ Robert E Kelly and Shawn L. Ward, “Allocating Custodial Responsibilities at Divorce: Social Science Research and the American Law Institutes’ Approximation Rule”, *Family Court Review* 40, 2002, p.350.

④ Sarah H. Ramsey and Robert F. Kelly, “Using Social Science Research in Family Analysis and Formation: Problems and Prospects”, *Southern California Interdisciplinary Law Journal* 3, 1994, p.631.

在亲子关系立法中，经验科学对于立法的影响比婚姻法更为明显。其中一个重要的原因在于儿童虽然被赋予权利，但却缺乏行使权利的具体能力（行为能力），因而更加依赖于法律的直接干预，而干预的正当化往往建立在经验性的数据之上。“人们普遍认为社会科学研究为新的监护规则的形成提供了客观的基础。”[①] 例如，反家庭暴力立法是围绕解决“儿童受虐待或者妇女遭受家庭暴力”问题展开的，而这一问题的发现严重依赖于样本的收集和调查统计。亦即经验性科学的成果制造了法律改革的直接动力。

（三）家庭法司法的经验主义转向

家庭法司法的经验主义转向集中表现为单纯的三段论式的司法推理模式已经不能再满足家庭法司法的科学性要求。家庭法司法的专业性在过去一个世纪间得到了显著的提升。一个典型的例子是专业化的家事法院和家事法庭的不断涌现。家事法院以其专业性著称。以日本为例，家事法院不仅有法学专家——法官，而且有其他领域特别是教育、社会、心理等领域的专家。[②] 家庭法的司法制度几乎成为最偏好于行为科学的司法制度。巴伯认为，“在历史上，法官一直试图通过使用道德来就家庭的法律问题进行裁决，而没有创设与现实中的家庭如何运行相协调的救济方式”。[③] 正如美国学者格兰登·舒伯特（Glendon Schubert）在《行为法学》（*Behavioral Jurisprudence*）一文中所尖锐指出的那样，“两千年来，我们所称的法律

① Martha L. Fineman, “Custody Determination at Divorce: The Limits of Social Science Research and the Fallacy of the Liberal Ideology of Equality”, *Canadian Journal of Women and the Law* 3, 1990, p.91.

② 张晓茹:《日本家事法院及其对我国的启示》，载《比较法研究》2008 年第 3 期。

③ Barbara A. Babb, “An Interdisciplinary Approach to Family Law Jurisprudence: Application of an Ecological and Therapeutic Perspective”, *Indiana Law Journal* 72, 1997, pp.775-776.

科学不过是作为哲学分支的道德科学意义上的法律科学”。[①]“它仅仅涉及规范性的概念而不是描述人类行为，因而它几乎都在处理理念问题，而不是法官、律师、陪审员和当事人行为的现实问题。”[②]“如果家庭法之目标已经转向维护家庭和儿童的利益，那么法官裁判所使用的方法必须要进行调整。”[③]在我们的世界经历韦伯所言的祛魅之后，面对多元理性的格局司法已经不能再从道德说教的论证中获得权威性。“作为一种常态，以社会科学为基础的工具性和经验性的意见被用以正当化家庭法的裁判。”[④]这样，科学化的社会事实而不是法官的偏见占据司法推理的主要过程。

我国台湾地区“民法”亲属编的修改大致印证了上述判断。2013 年我国台湾地区对“民法”第 1055 条之 1 进行了修订。其修订之主要目的便在于强化裁判之专业化。依修订前的第 1055 条之 1 的规定，法院在裁判离婚之子女监护时，需参考社工人员之访视报告，并尤其注意父母和子女的五种事项。修订之后的第 1055 条之 1 不仅增加了两项需特别注意的事项，而且强化了法院的义务。根据修订后的第 1055 条之 1 的规定，“法院除得参考社工人员之访视报告或家事调查官之调查报告外，并得依嘱托警察机关、税捐机关、金融机构、学校及其他有关机关、团体或具有相关专业知识之适当人士就特定事项调查之结果认定之”。此一规定的增订实际上拓宽了法院专业知识来源的渠道。正如拉姆齐和凯莉所指出的那样，“法官的裁决是在考量案件的诸多事实和应当适用的法律基础之上形成的，而

---

① Glendon Schubert, “Behavioral Jurisprudence”, *Law & Society Review* 2, 1968, p.407.

② Glendon Schubert, “Behavioral Jurisprudence”, *Law & Society Review* 2, 1968, p.407.

③ Barbara A. Babb, “An Interdisciplinary Approach to Family Law Jurisprudence: Application of an Ecological and Therapeutic Perspective”, *Indiana Law Journal* 72, 1997, p.776.

④ Sarah H. Ramsey and Robert F. Kelly, “Social Science Knowledge in Family Law Cases: Judicial Gate-Keeping in the Daubert Era”, *University of Miami Law Review* 59, 2004, p.1.

社会科学所提供的信息在这种权衡过程中所扮演的角色日益重要”。[①]这种信息不仅仅局限于事实，而且实际上已经涉及了判断。最典型的例子就是对“是否符合儿童最大利益”的判断。

家庭法领域的司法活动之所以更加依赖于受过专业社会科学训练的专家的一个重要原因在于现在人们普遍地认识到了以个人主观权利为基础的体系同样可能并不完全适合于家庭法。并且，与其相对应的对抗制诉讼模式可能并不完全适合于家庭法司法活动。[②]家庭法司法活动的角色也发生了重要转换，从单纯的维护权利和解决争议，向一种融合传统定分止争和社会服务的综合性角色转变。在某些国家，虽然家事法院本身不承担任何社会服务功能（如英国《1996 年儿童支持法案》将抚养儿童的责任从法院转移到了儿童支持机构），但其与社会服务机构之间存在密切的配合关系。例如，法院经常建议处于困局中的父母向社会福利机构（如德国的青少年局）寻求帮助。在另外一些情形中，法院可能会要求父母参与社会服务机构组织的教育培训课程。在英国，这项课程被称为离婚父母信息项目（Separated Parents Information Programme，SPIP）。“该课程的目的在于帮助离婚父母了解儿童的真实需求，学习如何处理他们之间的冲突和困难并将其付诸实践。”[③]在美国，这被称为离婚父母的强制教育项目（Mandatory Divorce Education Program）。学者们的调查研究表明，这种教育项目是富有成效的。[④]这种教育培训项目团队通常是由法院工作人员、律师、心理

---

① Sarah H. Ramsey and Robert F. Kelly, “Social Science Knowledge in Family Law Cases: Judicial Gate-Keeping in the Daubert Era”, *University of Miami Law Review* 59, 2004, p.4.

② Kate Standley, *Family Law*, 4th ed., New York, Palgrave Macmillan 2004, p.5.

③ The “Children and Family Court Advisory and Support Service, Separated Parents Information Programme”, https://www.cafcass.gov.uk/media/199247/spip_april_2014.pdf, November 21, 2015.

④ See Susan L. Pollet and Melissa Lombreglia, “A National Wide Survey of Mandatory Parent Education”, *Family Court Review* 46, 2010, pp.375-394.

学家、家庭治疗师、家庭教师等专业认识共同组成。[①] 这种项目的出现有力地印证了这样一种判断——家庭关系的法律化并不是完全指向传统的司法角色，而是指向一种中立性的支持角色（supportive neutrality）。[②]

第二节　家庭法背景下社会科学进路与民法教义体系的平行关系

一、两种实证主义

如前文所述，即使是普通法系学者，也承认潘德克吞法学派在创造"家庭法"（family law）这一法律范畴上的贡献。但是奠定了现代民法科学新高峰的潘德克吞法学派却坚持将家庭法与实证技术化的财产法体系进行隔离。作为独立范畴的家庭法从一开始就被隔离在规范科学之外。但这并不表明实证的家庭法缺乏存在的必要性，而只是表明逻辑和演绎著称的技术体系在家庭法中丧失了财产法中的那种支配性地位。这种技术体系可以追溯至罗马。因而在民法（财产法）的研究中，"言必称罗马"成为一种流行的研究套路。正如美国学者弗雷德里克·K. 比特尔（Frederick K. Beutel）所言，"法律的一般科学和技艺在罗马帝国之后就没有发生根本性的变化"。[③] 与此相对，现代的家庭法学者（除了研究家庭法史的那部分学者外），很少有人会将研究的时间跨度拉至古罗马。学者们对于现在家庭

---

① Karen R. Blaisure and Margie J. Geasler, "Results of a Survey of Court-Connected Parent Education Programs in U.S. Counties", *Family and Conciliation Courts Review* 34, 1996, p.34.

② See David L. Chambers, "The 'Legalization' of the Family: Toward a Policy of Supportive Neutrality", *University of Michigan Journal of Law Reform* 18, 1985, pp.805-828.

③ Frederick K. Beutel, *Some Potentialities of Experimental Jurisprudence as a New Branch of Social Science*, Lincoln, University of Nebraska Press, 1957, p.3.

法科学性的讨论不会从传统的民法科学那里汲取到什么营养。作为传统家庭专制伦理替代品的人权和基本权利所内含的个人主义视角并不能填充伦理专制下的“理念型家庭”远去所留下的空白。这种理念型家庭滥觞于几乎所有国家的家庭法之中。在西方社会，处于支配地位的家庭理念是指传统的核心家庭——“由白人、异性所组成的异性夫妻和与他们在一起共同生活的孩子所组成的家庭”。①“丈夫是家庭主要的收入来源，而妻子是子女和其他被抚养人的主要照顾者。”②德国民法典对于“德意志家父”“德意志家母”和“德意志家子”理念的采纳无疑堪称法律映射理念型家庭的典范：

亲子显然依赖于其父母，并且不仅如此，在原则上，该亲子关系被塑造成了一个现实能干的人并直至这个时刻，即该父亲决定将其财产移交给其子，从而其能够经营该财产（父亲可以推迟该决定直至其死亡之时）的时候，或者该亲子被塑造成一个现实能干的人在原则上直至女儿结婚之时。母亲依赖于丈夫，并依赖于对丈夫照顾义务的履行，也同样依赖于其子，在父亲无劳动能力时，子继续家庭经营，其因受制于剥夺继承权而被要求在父母年老和生病之时照顾其父母。父亲也依赖子，妻与母亲也同样，但是父亲和子也依赖妻与母亲，因为只有她们才能够生养子女并为实现家长制而教育子女、教育其成为能人。③

正如英国学者戴安娜·基廷斯（Diana Gittins）所言，“传统的家庭理念不仅在过去影响，而且还在继续影响我们的社会政策、法律的形成方式

① Clare McGlynn, *Families and the European Union: Law, Politics and Pluralism*, Cambridge, Cambridge University Press, 2006, p.23.

② Clare McGlynn, *Families and the European Union: Law, Politics and Pluralism*, Cambridge, Cambridge University Press, 2006, p.23.

③ [德] 罗尔夫·克尼佩尔:《法律与历史：论〈德国民法典〉的形成与变迁》，朱岩译，法律出版社2003年版，第116页。

以及对多数人的实施”。[①] 德国学者的观点也同样印证了基廷斯的判断——“直至20世纪中期，认为家庭关系为自然的、超法律的稳定观点在零星的反对的批判中得到了延续，改革者视家庭关系的家长制内容‘在伦理上是健康的、是接近现实的考察’”。[②] 但是20世纪后半叶，我们目睹了理念型家庭以及相应的伦理专制的渐行渐远，基本权利和人权填充了伦理专制被驱逐后的价值空白。但是，基本权利和人权所内含的个人主义视角在打破枷锁时的先锋角色并不能表明其在建构新秩序规则时能产生匹敌于传统伦理专制的作用。基本权利和人权能够说明什么样的家庭规则是不合理的，但是却不能证明什么样的家庭规则是合理的。社会科学在此时为什么样的家庭规则能反映社会现实提供了事实上的依据。这样家庭法中的那种团结和温存消失殆尽，取而代之的是冰冷的数据和调研报告。任何意图通过非客观的伦理或者道德继续塑造家庭法的尝试必然都将以失败而告终。一个典型的代表是在《德国基本法》设定了男女平权的改革目标之后。立法者“出于实际的理由与世界观的考量，其尝试保留父在照顾与代理上的优先地位”。[③] 但“联邦宪法法院以1959年7月29日的裁判（BGBl. I633）将此种尝试归于失败”。[④] “联邦宪法法院通过解释《基本法》第3条第1项的文义和精神，宣告了《德国民法典》第1628条、第1629条违反《基本法》的规定。”[⑤]

---

① Diana Gittins, *The Family in Question: Changing Households and Familiar Ideologies*, 2nd ed., Basingstoke, Macmillan, 1993, pp.2-3.

② [德] 罗尔夫·克尼佩尔：《法律与历史：论〈德国民法典〉的形成与变迁》，朱岩译，法律出版社2003年版，第113页。内引文为德国学者维亚克尔语。

③ [德] 弗朗茨·维亚克尔：《近代私法史：以德意志的发展为观察重点》（下册），陈爱娥、黄建辉译，上海三联书店2006年版，第515页。

④ [德] 弗朗茨·维亚克尔：《近代私法史：以德意志的发展为观察重点》（下册），陈爱娥、黄建辉译，上海三联书店2006年版，第515页。

⑤ [德] 弗朗茨·维亚克尔：《近代私法史：以德意志的发展为观察重点》（下册），陈爱娥、黄建辉译，上海三联书店2006年版，第515页。

家庭法并不会因为伦理专制的缺位而消失，它仍然需要“维护家庭与指明（夫妻）共同方向，也同样需要履行现在真正孤立的个人的情感权和经济权”，[①]“专业”挤入家庭似乎带有不可避免性。从另外一个角度来看，社会科学所揭示的事实成为了社会运动的有力武器，而社会运动在20世纪后半叶对于推动家庭法的改革产生了根本性影响。家庭法的改革与女权运动、儿童权利运动等社会运动之间存在密切的关联。可以说，在多数情况下，立法者缺乏进行改革的内在动力，相反他们在多数情况下是保守的，甚至阻碍了家庭法的改革进程。家庭法改革在很多情况下是社会运动压力的后果。我国台湾地区的家庭法改革印证了这样的判断。在我国台湾地区亲属法的改革过程中，代表不同利益团体呼声的社会团体广泛参与，分别提出了不同的改革方案。特别是以我国台湾晚晴妇女协会、妇女新知、台北市律师公会妇女问题研究委员等为代表的妇女团体在历次“民法”亲属编的修订过程中均扮演了重要的角色。[②]在这些社会运动中，社会科学扮演了揭露社会现实的作用，为论证改革的必要性提供了基础。例如，2011年，日本修改亲权制度，简化了停止亲权的方式。此项改革与日本虐待儿童的咨询数从20年前的1000件暴涨到现在的5万件所引发的社会改革压力不无关系。[③]

当承认“价值多元”成为一项普遍性的原则时，价值就丧失了对家庭法的塑造功能。伦理和道德也不再是绝对的，而是呈现出一种开放的姿态。当然基本权利和人权实际上作为现代化的自然法创设形而上的基本底线，其中的大部分权利可以追溯至人的“尊严”这样一种抽象的概念。家

---

① ［德］罗尔夫・克尼佩尔：《法律与历史：论〈德国民法典〉的形成与变迁》，朱岩译，法律出版社2003年版，第114页。

② 何笑梅：《台湾妇女运动初探》，载《台湾研究》1999年第1期。

③ ［日］大村敦志：《从三个维度看日本民法研究：30年、60年、120年》，渠涛等译，渠涛审校，中国法制出版社2015年版，第63页。

庭法的现代化绝不是从传统民法“合同自由”“所有权绝对”和“过错责任”三项原则中发展出来的。当基本权利和人权确立了现代基本法的价值体系后，规则体系的确立则更多依赖于经验科学。如果法官现在还依据传统理念而不是专业化的调查，来确定亲子间的具体义务，那么他的裁判将面临专断和恣意的风险。

家庭法在科学意义上转向经验科学加速了对于传统民法概念的抛弃。因为传统以主观权利为基础的民法教义体系无法正确反映经验科学所揭露的事实。特别是在亲子关系法中，当“尊严”及以此为基础的平等解体了家父的传统权威时，民法的教义体系实际上无法提供合适的概念去接纳这种变化。在德国，《德国民法典》用父母照顾（elterliche Sorge）这样一个概念取代德国民法典过去曾经使用的“亲权”（elterliche Gewalt）的概念后，亲权概念这一术语的使用在某种程度上来说是被禁止的。[①] 在瑞士，情形与德国完全类似，修订后的《瑞士民法典》用父母照顾（Sorge）的概念替代了亲权（Gewalt）的概念。在瑞士学者海因茨·豪瑟（Heinz Hausheer）等人看来，这一概念与父母责任（parental responsibilities）为同义词。[②] 我国台湾地区“民法”亦在1995年修订时调整了相关的法律术语，确立了“对于未成年子女之权利义务”这样一个概念。[③] 这些概念都很难在民法教义体系中“绝对权”和“相对权”之类的权利分类中找到合适的位置。德国学者安德烈亚斯·冯·图尔认为，“权利是私法的核心概念，同时也是对法律生活多样性概念的最后抽象”。[④] 如果家庭法已经不能在作

---

①《德国民法典》(下册)，陈卫佐译注，法律出版社2010年版，第487页。

② Heinz Hausheer, Stephan Wolf and Corneilia Achermann-Weber, “National Report on Parental Responsibilities: Switzerland”, http://ceflonline.net/wp-content/uploads/Switzerland-Parental-Responsibilities. pdf, November 22, 2015.

③ 参见我国台湾地区“民法”亲属编第1089条。

④《德国民法总论》第1卷，第53页。转引自［德］迪特尔·梅迪库斯:《德国民法总论》，邵建东译，法律出版社2001年第2版，第62页。

为最后抽象形态的“权利”之中寻找到能反映社会科学所论证的事实状态的安身之处，那么家庭法疏远民法教义体系是其必然的结果。伴随着父母责任（parental responsibility）等概念的滥觞，这种疏远的趋势必然会进一步加深。

我们可以作出这样的总结：民法教义体系所形成的那种实证体系是法学内的实证体系，而现代家庭法所主张的那种实证体系实际上是法学外的实证体系。二者虽然都可以宣称实证主义，但是二者的含义完全不同。如果非得要强加给二者以科学的名号，那么前者应当被恰当地称为规范科学，而后者应当被确切地称为经验科学。虽然家庭法在最初处于私法的边缘状态，规范科学的大家们（如萨维尼）也试图将家庭法隔离于规范科学，但是家庭法不可避免地借用了规范科学所形成的某些概念术语和具体规则。在潘德克吞体系下，虽然总则带有严重的财产法偏好，但是仍然存在一部分概念是家庭法和财产法共同抽象的结果。而现在，经验科学的滥觞使得家庭法如脱缰之野马，有完全游离于规范法学之外的危险。亦即家庭法面临丧失自我的危险。而“普赫塔、温德沙伊德、（前期的）耶林等人所建立的形式化、科学化的法学方法论”恰好在“规训学人的思想恣意”上具有“远见卓识”。[①] 这样经验主义主导下的家庭法科学和教义体系为基础的民法科学之间就表现为两种不同含义的“实证科学”之间的对立。

二、如何约束司法：两种方式

采用社会科学进路的家庭法和传统民法教义体系对待司法都呈现出一种不信任的态度，但二者约束司法的方式存在较大的差异。前者主张通过社会科学研究成果的客观性来约束法官，而后者主张通过逻辑三段论的涵

① 舒国滢、王夏昊、梁迎修等:《法学方法论问题研究》，中国政法大学出版社 2007 年版，第 20 ~ 21 页。

摄理论来对司法进行约束，其理想在于建构完美的体系——法典，法官的任务仅仅在于机械地适用法律。毫无疑问，法官在此种情形下已经沦落为适用法律的机器。通过由概念组成的公理体系，法官所得出的结论必定是相同的，并且，所有的法律难题都可以从中找到答案。当然这背后也包含了对分权原则的争论。[①] 社会科学进路对司法的限制则表现在法官进行判断的依据应当是客观化的标准，而不是主观化的偏好。其理想在于确立法官的价值无涉。当然，这一方式如同“公理体系的乌托邦”一样，在现实中同样无法得到贯彻。再精巧的社会科学手段也无法为法官提供完全客观的裁量标准。更为重要的问题在于，法官不得以不存在教义学上的依据或者社会科学所提供的客观依据而拒绝裁判。《法国民法典》第 4 条明确规定法官不得以缺乏法律规定或者法律规定不明确、存在漏洞为由而拒绝审判。[②] 现在，无论是民法教义体系还是采取社会进路的家庭法都承认法官在法律续造中的作用。

虽然民法教义体系和转向经验科学的家庭法均存在对于司法能动性的承认，但是二者对于法官的约束功能仍然是存在的。就民法教义体系而言，对于司法的约束主要是通过“否定禁止”（Negationsverbot）来实现的。也就是说，“如果法官打算作出不同的裁决，就必须拥有更好的论据，他必须指出现有的学说和法院的惯常做法的不足”。[③] 它对司法的约束之逻辑可以概括为——经过竞争而产生的通说形成了权威的来源。“法治”要求法官必须就裁判之理由进行论证，教义学的权威同样为法官的论证提供了权威并且事实上约束了法官的恣意行为。此外，在缺乏法律规定的情况下，教义学体系为法官提供了裁判的依据。《瑞士民法典》第 1 条有关法律适用的规定为学者所津津乐道。根据该条规定，在法律无规定的情况

---

① BVerfGE 3, 225-247.

②《法国民法典》，罗结珍译，北京大学出版社 2010 年版。

③［德］魏德士：《法理学》，丁晓春、吴越译，法律出版社 2005 年版，第 141 页。

下，法官应当适用经过实践所确定的惯例和学理。[①] 即使在无直接相关学理可供援引的情况下，教义体系也为法律的续造设置了边界。亦即续造活动必须考虑既有的教义体系。

与教义体系所发挥的约束功能不同的是，社会科学进路对于法官的约束主要体现在事实方面。这种约束在最初实际上是对逻辑三段论中小前提判断的约束。当然家庭法在经历社会科学的洗礼之后，对于法官的约束已经不仅仅局限于事实的判断了。这里，有必要就职权原则（Ermittlungsgrundsatz，Untersuchungsgrundsatz，Inquisitionsmaxime，Instucktionsmaxime）和当事人主义（Verhandlungsmaxime）的区分进行回顾。“职权原则主要适用于刑事诉讼、行政诉讼和宪法诉讼，而民事诉讼则主要以当事人主义为主导。”[②] 换言之，职权原则主要与公法领域的诉讼有关，而当事人主义主要和私法领域的诉讼相关。但是在家庭法领域特别是在亲子关系法领域，依职权查明事实已经成为了一种范式。现在的情况是，社会学科对家庭法的影响已经不仅仅局限于查明事实这一阶段（即传统的法庭科学），相反它影响了对法律问题的判断。典型的例子是，法院在解释什么样的人或者人的集合属于法律上的家庭时，社会科学所提供的功能性视角所影响的已经不是事实问题（小前提）。与此相反，它影响到了对大前提的确定。因为这实际上属于法的解释工作。更为典型的例子是对儿童最大利益的确定，将其简单作为事实问题明显是不妥当的。德国法学家齐佩利乌斯举例说道，“《德国民法典》第 138 条第 1 款中对于‘违反善良风俗条款’的适用同时包含了事实问题和法律问题两方面的含义”。[③] 齐佩利乌斯的观点在适用“儿童最大利益”原则时同样是成立的。对“儿童最大利益原则”的适用现在已经无须借助于良家父的模型进行推

---

①《瑞士民法典》，殷生根译，艾棠校，法律出版社 1987 年版，第 1 页。

②［德］齐佩利乌斯：《法学方法论》，金振豹译，法律出版社 2009 年版，第 137 页。

③［德］齐佩利乌斯：《法学方法论》，金振豹译，法律出版社 2009 年版，第 144 页。

论，社会科学已经替代了“良家父”的角色，并提供了一种相对客观的标准。玛莎·L. 芬曼（Martha L. Fineman）教授和新西兰学者安妮·奥佩（Anne Opie）恰当地指出了社会科学方法在限制法官裁量权方面的作用。他们在《社会科学数据在法律政策制定中的使用：离婚中的监护权裁判》一文中指出，“社会科学的数据在制定离婚时的合理监护规则时扮演了日益重要的作用”。① “这些宽泛的规范限制了法官的自由裁量权，至少是为裁量权提供了指引。”②“立法采用社会科学数据来限制法官裁量权的目的是确保立法所选择的特定因素成为分配监护权的决定性因素。”③ 这一点从前述我国台湾地区“民法”的规定中可以得到很好的印证。

三、小结

在最初的对立世界中，家庭法在价值体系上和规则的形成都是由形而上的伦理专制所决定的。但这种伦理专制崩溃之后，以个人主义视角为出发点的人权和基本权利所形成的客观价值秩序填充了家庭法价值秩序的空隙。而从形而下的角度来看，由于人权和基本权利所形成的客观价值秩序中缺少理念型家庭的模型，因此无法对家庭法具体规则的形成提供有益的帮助。此时，家庭法转向了社会科学，并将其作为规则合理性之基础。无论是家庭法的学术研究还是立法和司法活动，都明显地受到了社会科学研究成果的影响。成本—收益分析、系统观和功能主义等社会科学方法都对

① Martha L. Fineman and Anne Opie, “The Uses of Social Science Data in Legal Policymaking: Custody Determinations at Divorce”, *Wisconsin Law Review*, 1987, p.107.

② Martha L. Fineman and Anne Opie, “The Uses of Social Science Data in Legal Policymaking: Custody Determinations at Divorce”, *Wisconsin Law Review*, 1987, p.107.

③ Martha L. Fineman and Anne Opie, “The Uses of Social Science Data in Legal Policymaking: Custody Determinations at Divorce”, *Wisconsin Law Review*, 1987, p.107.

家庭法的科学化发展产生了深刻的影响。社会科学影响下的家庭法必然是以“实效主义”为导向的。德国法学家魏德士将法的效力区分为三类：“法律”效力（应然效力）、“现实”效力（实然效力）和“道德”效力（认可效力或确信效力/接受）。[①] 民法教义体系作为规范性科学，与“法律效力”相连。事实上，民法教义体系也确实是以承认现行民法的基本秩序为前提的。社会学科进路之下的家庭法学则与“实然效力”紧密相连，其注重“实现‘书本上的法’和‘行动中的法’的一致性”。[②] 由此，家庭法与民法教义体系的对立世界持续存在。这种对立是两种科学、两种实证主义之间的对立。但是社会科学进路本身存在的瑕疵以及民法教义体系所提供的有益工具为二者之间某种程度的融合创造了可能。

---

①［德］魏德士：《法理学》，丁晓春、吴越译，法律出版社2005年版，第149页。

② 柯庆华：《实效主义法学纲要》，载苏力主编：《法律与社会科学》（第7卷），法律出版社2010年版，第93页。

第四章 家庭法与民法教义体系的融合之一：债之概念的应用

第一节 债法与家庭法交汇的可能性

正如克尼佩尔所指出的那样，“即使是在纯粹私法观点（即家庭被视为纯粹私法）被贯彻以后，将家庭法置于债（法），这仍旧是‘令人鄙夷’的”。[①]那么现在家庭法和债法是否存在交汇的可能呢？对这种可能性的分析，应该从两个方面展开：第一，家庭法和债法在价值体系上是否存在契合之处；第二，家庭法和债法在方法论上是否存在互补的可能。

一、债法与家庭法价值体系的契合

（一）个体解放与债法的契合

1.从有机伦理整体到个人：理解家庭法的两种视角

个体从身份的束缚中解放自文艺复兴以来便被认为是进步的标志。亨利·梅因爵士对“从身份到契约”这一社会进步运动的归纳所产生的影响

① [德] 罗尔夫·克尼佩尔：《法律与历史：论〈德国民法典〉的形成与变迁》，朱岩译，法律出版社2003年版，第102页。

力是无出其右的。玛莎·米洛（Martha Minow）教授对于家庭法演进传统叙事的归纳是极为精确的——“无论是在法律案例书还是在论文中，传统家庭法历史学者将家庭法描成稳定状态的线性进化”。①“这种进化是从传统的父权制家庭到平等型家庭的过渡。”②“生存在这种平等型家庭中的成员独立地行使由国家所保护的权利。”③个体从父权的专制下解放是这种传统叙事的典型背景铺垫。如前文所述，伦理的专制不仅是对子女和妇女的专制，同样也是对“家父”的专制。在这种意义下，个体的解放不仅仅是妇女和子女的解放，只不过妇女和子女在表面上所处的屈从地位不当地影响了人们对伦理专制的理解。这种个体解放在本质上是一个不断打破“理念家庭”的历史。现在不是个人去迎合立法者所预设的理念家庭，而是家庭法需要迎合不断变化的家庭。否则，人们完全可能以“用脚投票”的方式，选出（opt out）家庭法。试想荷兰民法典中陈旧的一般共同制所面临的境遇。在荷兰，人们通过协议排除一般共同制的现象越来越普遍。④

无论是在西方还是东亚，个体解放无疑是当代家庭法演进的一项基本特征。以日本为例，落合惠美子（Ochiai Emiko）教授将日本家庭法改革的方向描述为“更少的家庭导向、更多的个人主义，更少地强调在社会和家庭中男性的控制地位和女性的家庭主妇角色”。⑤从作为家庭成员个人

---

① Martha Minow, “Forming Underneath Everything That Grows: Toward A History of Family Law”, *Wisconsin Law Review*, 1985, p.819.

② Martha Minow, “Forming Underneath Everything That Grows: Toward A History of Family Law”, *Wisconsin Law Review*, 1985, p.819.

③ Martha Minow, “Forming Underneath Everything That Grows: Toward A History of Family Law”, *Wisconsin Law Review*, 1985, p.819.

④ Gr. van der Burght, “The Netherlands, Overview of Matrimonial Developments”, in: B. Adkin, ed., *The International Survey of Family Law 2007*, Bristol, Jordan Publishing Limited, 2007, p.211.

⑤ Kathleen S. Uno, “Review of The Japanese Family System in Transition: A Sociological Analysis of Family Change in Postwar Japan”, *The Journal of Japanese Studies* 26, 2000, p.153.

的角度而非作为有机伦理整体的角度来建构家庭法是当代家庭法的基本特征。在过去，那种有机的伦理整体是以夫妻之间人格的吸收为基础的。正如英国法学家布莱克斯通所言：

通过婚姻，丈夫和妻子在法律上成为一体。也就是说，在婚姻关系存续期间，妻子在人身上和法律上的存在处于暂时中止的状态，或者至少是在人身上和法律上被丈夫吸收，与之合并，成为他的一部分。妻子的所有行为必须在丈夫的庇护下进行。妻子的法律地位在我们的法律体系中被称为已婚妇女（feme-covert[①]）……任何通过婚姻取得的法律权利、义务和无能力均由丈夫和妻子的人格被吸收为一体的法律原则所决定。[②]

在规范层面，家庭法的演进实际上是个人人格从一体的家庭人格中脱离的过程。由此，个人逐渐取得了独立的法律人格。人在财产法和家庭法中那种被隐藏的人格分裂状态逐渐得到愈合。在过去，财产法中早已经实现的人格独立状态很容易给人造成一种错觉——人在整个私法中均取得了独立的人格。人们或许会感到惊讶的是，20 世纪初的多数国家，他们的母亲不仅缺乏选举权，而且私法权利也是受到极大限制的。由于她们在人格上是不完整的，因而其为法律行为的能力毫无疑问应当受限制。“这种人格统一理论的影响不仅仅局限于财产权利。”[③] 在英国，“妻子由于实际上缺乏自身的法律人格，她不能以自己的名义提起诉讼，原则上也不能签订有

① feme-covert 来源于法语，与 feme-sole 相对应。这两个概念在传统普通法中极其重要。妇女在结婚之前的法律状态是 feme-sole，她有权以自己的名字拥有财产、签订合同。在结婚之后，妇女的状态变为 feme-covert，她不能以自己的名义拥有财产、签署法律文件或者合同，且不能违背丈夫的意愿接受教育。即使丈夫允许她进行工作，所获得的薪水也必须要转移给丈夫。

② William Blackstone, *Commentaries on the Laws of England*, Vol. I, Oxford, Clarendon Press, 1765, pp.442-445.

③ Stephen Cretney, *Family Law in the Twentieth Century*, Oxford, Oxford University Press, 2005, p.214.

约束力的合同”。[①] 与此相配套的是，“她的丈夫必须参与到针对她的诉讼中去，并且对相关的赔偿承担责任”。此外，“丈夫还应当对妻子的婚前债务、合同和侵权行为等承担责任”。[②] 大陆法系的情况大致与此类似，无论是夫妻间的身份关系还是财产关系都是建立在这种人格吸收的理论上的。在亲子关系法领域，这种人格吸收原则所发挥的支配性作用更加明显。子女在人格上受家父的支配。将子女视为财产在过去是一项普遍性的观念。而现在，“保护儿童的福利和尊重儿童的人格被认为既是父母责任的目标，也是对父母责任的限制”。[③]

正如德国弗莱堡大学教授米勒 – 费尔斯所指出的那样，“虽然对于婚姻和家庭在规范层面缺乏统一的观点，但是城市化、工业化、世俗化和女性的解放这些共同的性质已经产生了拉平效应（leveling effect）”。[④] 人的解放是作为家庭法的改革的口号弥漫于整个 20 世纪。规范层面的人的解放实际上就是个体人格的独立。在社会层面，与此相伴的是一种个人主义的思潮。在此之前，个人主义思潮早已经滥觞于财产法。现在，它已经将触角伸入了家庭法并且颠覆了整个家庭法的谱系构造。值得注意的是，肇始于启蒙运动的人文主义思潮实际上并未触及人在家庭中的解放。荷兰学者玛利亚 · V. 安托科尔斯凯亚（Maria V. Antokolskaia）认为，“启蒙运动的理念主要关注个人作为公民的权利和自由，而不是作为私人的权利和自

① Stephen Cretney, *Family Law in the Twentieth Century*, Oxford, Oxford University Press, 2005, p.214.

② Stephen Cretney, *Family Law in the Twentieth Century*, Oxford, Oxford University Press, 2005, p.214.

③ Heinz Hausheer, Stephan Wolf and Corneilia Achermann-Weber, “National Report on Parental Responsibilities: Switzerland”, http://ceflonline.net/wp-content/uploads/Switzerland-Parental-Responsibilities.pdf, November 22, 2015, p.4.

④ Wolfram Müller-Freienfels, “The Unification of Family Law”, *The American Journal of Comparative Law* 16, 1968, p.196.

由”。① 此时，“家庭仍然是属于这样一种私人的领域——个人主义、个人自由以及平等都还没有被得到承认”。② “遍阅契约论者的主要著作，从霍布斯到卢梭，可以肯定的一点是——家庭被认为是自然的并且是先于契约而存在的。” ③ 因而，“作为家庭基础的婚姻不可避免地导致了妇女的屈从状态”。④ “在社会契约论中的那些自由个人仅仅是男人。” ⑤ 在私法领域，妇女和子女的屈从状态长期被财产法中的人的自由平等状态遮蔽。20 世纪女权运动的一项重要目标便是揭露这种被隐藏的不平等性。在女性主义法学家们看来，家庭法并没有营造那种“温馨和谐”的古典家庭形态。与此相反，家庭法沦落为压迫的工具。这表现为“法律通过以父权制为基础的歧视性假设来实现对女性的进一步压迫”。⑥ 在此过程中，家庭法扮演了这样一种角色——“固化父权制的霸权地位”。⑦ 他们进一步批判了古典自由主义的中的公—私二分结构。⑧ 正如尼古拉·莱西（Nicola Lacey）所言：

女权主义者的批评尖锐地指向了对于自由理论的规范解释。这是由于，不干预（non-regulation）原则的实际后果表现为对现状的固化：对既

---

① M. Antokolskaia, “The Process of Modernisation of Family Law in Eastern and Western Europe: Difference in Timing, Resemblance in Substance”, *Electronic Journal of Comparative Law* 4.2, 2000.

② M. Antokolskaia, “The Process of Modernisation of Family Law in Eastern and Western Europe: Difference in Timing, Resemblance in Substance”, *Electronic Journal of Comparative Law* 4.2, 2000.

③ Katherine O'Donovan, *Sexual Division in Law*, London, Weidenfeld & Nicolson, 1985, p.88.

④ Katherine O'Donovan, *Sexual Division in Law*, London, Weidenfeld & Nicolson, 1985, p.88.

⑤ Katherine O'Donovan, *Sexual Division in Law*, London, Weidenfeld & Nicolson, 1985, p.88.

⑥ Heather Ruth Wishik, “To Question Everything: The Inquiries of Feminist Jurisprudence”, *Berkeley Women's Law Journal* 1, 1985, p.67.

⑦ Catharine A. MacKinnon, “Feminism, Marxism, Method, and the State: An Agenda for Theory”, *Feminist Theory* 7, 1982, p.537.

⑧ See Carole Pateman, “Feminist Critiques of the Public/Private Dichotomy”, in S.I. Benn and G.F. Gaus, eds., *Public and Private in Social Life*, New York, St. Martin's Press, 1983, p.281.

存私领域的权力和财产分配关系提供了事实上的支持。实际上，即使不明显，多数女权主义的批评也支持一种实证的自由概念。它显示了公—私二分理念允许政府免于负担在私领域的责任。①

与个人主义思潮相对应的必然是对人主体性、人的尊严和人的选择的尊重。这样，家庭法不得面临去道德化的改革。正如卡尔·施耐德（Carl Schneider）所察觉的那样，“法律对于家庭成员之间道德标准的讨论正处于一种衰减状态”。② 与此相对，“对道德标准的决定已经从法律转移到了过去由法律规制的人们手里”。③ 去道德化意味着人们在选择家庭生活形态上具有更多的自由，但是，与此同时，也意味着国家对于家庭生活干涉的进一步加深。家庭成员不再处于家庭城堡的庇护之下，而是直接面对国家。国家直接保护作为个人的家庭成员的权利，使其免受其他家庭成员的侵害。特别是在亲子关系法领域，国家介入家庭生活的趋势日趋明显。以英国为例，坦普尔曼（Templeman）法官在 Re B（未成年）（监护：绝育手术）一案④ 中认为，对未满 18 周岁的儿童进行绝育手术当且仅当在取得高等法院法官许可的情况下进行。传统的公—私结构划分对家长制暴力的庇护已经终结。作为家庭成员的个人直接暴露在法律之下。伴随着“货币将个人从‘经济和伦理的依附中’解放出来，并且把个人从‘家庭的、宗教和合作的团结中’解放出来”，⑤ 家庭法中个人也烙上了传统民法中那种

① Nicola Lacey, *Unspeakable Subjects: Feminist Essays in Legal and Social Theory*, Oxford, Hart Publishing, 1998, p.77.

② Carl E. Schneider, “Moral Discourse and the Transformation of American Family Law”, *Michigan Law Review* 83, 1985, pp.1807-1808.

③ Carl E. Schneider, “Moral Discourse and the Transformation of American Family Law”, *Michigan Law Review* 83, 1985, p.1808.

④ [1988] AC 199 at 205.

⑤ 埃瓦尔德（Ewald）语。转引自［德］罗尔夫·克尼佩尔：《法律与历史：论〈德国民法典〉的形成与变迁》，朱岩译，法律出版社 2003 年版，第 117 页。

“抽象的、孤立个人的人类图景”。[①] 伴随着家庭的解体,“不是团结和交流，而是国家命令的‘纪律与强制’代替了已经变得棘手的伦理性”。[②] 作为一种不可避免的后果,“合法性击破情感的统治”。[③]“去道德化”和“对抽象人格的趋近”为家庭法和债法的融合创造了可能。

2. 家庭法的个人主义构造为其与债法的融合创造了前提

在马克斯·韦伯看来，“市场共同体是最不人格性的群体”。[④] 在市场中，人格被严格抽象是其基本的特征。恩格斯指出，“罗马法包含着资本主义时期的大多数法律关系”，是“商品生产者社会第一个世界性法律”。[⑤] 近代民法科学之所以将罗马法作为研究的质料，很大程度上是由于罗马法较为恰当地反映了当代资本主义所追求的自由主义精神。罗马法将个人主义而非团体主义作为内核。这种个人主义又是与形式理性密切相关联的。“以形式合理（formal rationality）为特征的法律的理想类型是这样一种类型：其中法律表现为一种逻辑一致的抽象规则的结构，根据这种结构，能够认定特定案件和问题中的有效事实并解决这些案件和问题。”[⑥] 从人的形象来看，这种“形式合理”表现为对人的形象的无差别抽象。正如德国法学家维克尔所言，“民法中的自由主义所隐含的主导形象是个人营业者”。[⑦] 基尔克

---

① [德] 罗尔夫·克尼佩尔:《法律与历史：论〈德国民法典〉的形成与变迁》，朱岩译，法律出版社 2003 年版，第 119 页。

② 耶林语。转引自 [德] 罗尔夫·克尼佩尔:《法律与历史：论〈德国民法典〉的形成与变迁》，朱岩译，法律出版社 2003 年版，第 124 页。

③ [德] 罗尔夫·克尼佩尔:《法律与历史：论〈德国民法典〉的形成与变迁》，朱岩译，法律出版社 2003 年版，第 124 页。

④ [德] 马克斯·韦伯:《经济与社会》(第 1 卷)，阎克文译，上海人民出版社 2010 年版，第 53 页。

⑤ [德] 马克思、恩格斯:《马克思、恩格斯全集》(第 1 卷)，人民出版社 1972 年版，第 280 页。

⑥ [美] 哈罗德·J. 伯尔曼:《法律与革命》(第 1 卷)，贺卫方、高鸿钧、张志铭等译，法律出版社 2008 年版，第 536 页。

⑦ [德] 弗朗茨·维亚克尔:《近代私法史：以德意志的发展为观察重点》(下册)，陈爱娥、黄建辉译，上海三联书店 2006 年版，第 463 页。

（Gierke）“特别批评了对德意志民法草案所表现出的个人主义倾向”。[①] 但恰好是罗马法所表现出来的个人主义倾向使其在与日耳曼法的竞争中占据了上风。不过近代民法科学的意义在于其全面超越了罗马法，将与资本主义相适应的个人主义彻底贯彻。必须认识到的是“古代的社会联系不是经由私人自治的合同与附属于该合同的法律而产生，而是通过包含奴隶与亲属、儿童与青年、妇女与男人的家庭中的制度性束缚而产生”。[②]“相对于此种束缚，罗马人的‘零碎的合同体系’仅具有边缘的意义。”[③] 近代民法，准确地说是财产法，完全实现了个人主义的理想——通过法律行为这种工具来实现个人自治。在民法中，债法又具有特殊的地位，因为作为民法三大原则的“契约自由”原则无疑最能反映出民法的个人主义基调。

与债法中这种早已贯彻的个人主义基调相比，从个人主义的角度来理解家庭法是伴随着前述人的解放逐步实现的。承认人的独立性毫无疑问是私法自治的前提。家庭法的自治化改革倾向正是以对人格的独立性承认为前提的。无论是从权利还是从义务来理解现在的家庭法，其前提都是对个体人格独立性的承认。对个体人格独立性的承认使得家庭成员之间的伴侣性关系成为可能，并为成员间的商谈创造了氛围。虽然早在《拿破仑民法典》中就将合意作为婚姻的要件，[④] 但是从婚姻形成的那一刻，夫妻双方的人格就被吸收为一体了。人格被吸收的后果是对绝对权威的服从。只有当家庭成员获得独立的人格时，他才具有形成自己意思，进而通过法律行为

---

① [德] 弗朗茨·维亚克尔：《近代私法史：以德意志的发展为观察重点》（下册），陈爱娥、黄建辉译，上海三联书店 2006 年版，第 452 页。

② [德] 罗尔夫·克尼佩尔：《法律与历史：论〈德国民法典〉的形成与变迁》，朱岩译，法律出版社 2003 年版，第 124 页、第 132 页。

③ 齐默尔曼语，转引自 [德] 罗尔夫·克尼佩尔：《法律与历史：论〈德国民法典〉的形成与变迁》，朱岩译，法律出版社 2003 年版，第 124 页、第 132 页。

④ 参见《拿破仑民法典》第 146 条。《拿破仑民法典》（法国民法典），李浩培、吴传颐、孙鸣岗译，商务印书馆 1981 年版，第 23 页。

实现自治的能力。家庭成员应当通过商谈而不是对绝对权威的服从来选择共同的生活方式是现代家庭法的一项基本假设。德国法学家克尼佩尔恰当地指出了此种趋势：

从家庭法出发分析现代私法的人，其确定，目前现代私法倾向于私人自治和意志自由的方向。夫妻通过约定确定他们的关系，通过约定实现他们的主观意志并受该主观意志的约束，当然也可以改变该主观意志。子女具有要求将自己教育成为现实优秀的成年人的请求权，即通过教育培养其自治，子女通过其与父母关系中不断增加的塑造可以使得该自治生效。如果人身关系不再符合一方当事人的意志倾向，原则上无需陈述理由即可结束该人身的长期关系。取而代之的是纯粹的金钱关系。①

个体的独立和解放使得家庭成员通过契约形成自己的生活方式成为可能。私人自治在家庭法中的作用日趋明显。这要求法律尽量减少对每个家庭成员角色的预设，只要这种角色削减不至于对社会利益（如儿童的普遍利益）造成重大的损害。正如德国柏林自由大学 Dieter Giesen 教授所指出的那样：

《德国基本法》第 6 条第（1）款规定国家负有保护婚姻和家庭的私人领域免于外部压力的义务。在私人领域，夫妻双方的自决权利占据优势。然而，《德国基本法》所包含的夫妻双方的自治和自决的权利只有在这种意义上能得到保护：如果预期的国家行为符合这样一项原则——夫妻双方在前述的必要事实界限内可以按照他们意愿的生活方式进行生活，也就是说，国家既不会将特殊的婚姻模型作为官方指南，也不会通过区别对待丈夫和妻子来直接或者间接影响他们承担被希冀的固定角色。事实上，这种情况极容易出现，如果国家处于这样的认识之下——好丈夫应当在外工

① ［德］罗尔夫・克尼佩尔：《法律与历史：论〈德国民法典〉的形成与变迁》，朱岩译，法律出版社 2003 年版，第 172 页。

作，而妻子通常应该照顾家庭，抑或好丈夫或者好妻子都应当在某些行业谋得生计或者都应当外出工作。①

如果法律进行了上述的范式预设，那么作为与契约精神相对立的身份属性在家庭法中的作用就愈加凸显。这一过程的转变是极为缓慢的。以德国为例，1957 年通过的《平权法》（Gleichberechtigungsgesetz）仍然规定妻子只有在履行其照顾家庭生活义务的前提下才能够外出工作。②德国法学家迪特尔·施瓦布认为，“在过去 40 年中，在家庭法领域内占据统治地位的‘个体主义思想’（individualualistische Denken）造成了家庭成员之间权利冲突的可能性的增加”。③这实际上正是个人逐渐摆脱法律强制性分配身份义务的过程。“家庭首先表现为其成员相互主张的各种权利，其次才是一个整体。”④这种理念完全区别于过去那种认为在“契约的意思仅发生在婚姻缔结的那一刻”的思想。在拉伦茨对阿尔弗雷德·马尼格克（Alfred Manigk）所著的《私法的重构：基础和构成部分》（*Neubau des Privatrechts*：*Grundlagen und Bausteine*）的评析中归纳了马尼格克关于契约的见解。其中一项重要洞见便是对于婚姻契约性问题的分析：“不愿意将婚姻法律关系称为契约的人，也不能将其成立称为契约，在语言上就不会陷入矛盾；将一个并非契约关系的关系认为是源自缔结契约，这在语言上是矛盾的，在意义上也是荒谬的。”⑤契约的概念中包含了这样一个想法——“不仅契约关系的产生，而且至少在一定程度上，契约关系的内容

① Dieter Giesen, “The Reform of Family Law in Germany”, in A. G. Chloros, ed., *The Reform of Family Law in Europe: The Equality of the Spouses-Divorce-Illegitimate Children*, The Netherlands, Springer, 1978, p.113.

② §1356 BGB i.d.F. des Gleichberechtigungsgesetz v. 18.6.1957, BGBl I 1957, 609 m.W.v. 1.1.1958.

③［德］迪特尔·施瓦布：《德国家庭法》，王葆莳译，法律出版社 2010 年版，第 3 页。

④［德］迪特尔·施瓦布：《德国家庭法》，王葆莳译，法律出版社 2010 年版，第 3 页。

⑤［德］卡尔·拉伦茨：《私法的重构》，魏曦岚、韦冠鹏译，载张双根、田世永、朱庆育等主编：《中德私法研究》，北京大学出版社 2014 年版，第 63 页。

尤其是其续存都取决于契约订立者的意思”，[①]但《德国民法典》原初所预设的婚姻类型明显是与这种想法相冲突的。因为在经历婚姻的“那一秒”的合意之后，夫妻双方的人格已经融为一体。团体取代了个人，身份义务取代了意思自治。只有当这一秒的合意并不导致夫妻双方人格主体性的丧失时，婚姻法才与债法存在融合的可能。亦即只有当婚姻法建立在作为债法前提的个体主义和主观权利基础之上时，债法才能避免马尼格克所指出的那种矛盾。当然，这并不是一种削足适履的过程，与此相反，它与前文所述的价值的秩序以及社会经验的事实相吻合。美国学者杰娜·B. 辛格（Jana B. Singer）恰当地将这一过程称为“家庭法的私化”（The Privatization of Family Law）。[②] 在她看来，“私人隐私和自治的概念虽然在美国政治和法律思维中处于中心地位，但是直到最近这段时间，这些概念才在规制家庭关系的法律中扮演了相对较小的作用”。[③] 在过去，“隐私和自治的概念仅仅在这样的范畴内与家庭法相关——家庭被视为一个整体，而不是特殊个人的集合或者个人关于家庭结构的决定”。[④] 换言之，过去所言的自治是相对于国家作为伦理体的家庭的自治，而现在所言的自治是个人相对于家庭和国家的自治。二者的后果也是不完全相同的。正如勒 · 泰特尔鲍姆（LE Teitelbaum）所指出的那样，“在家庭中，父亲的地位就好比国王……这是一种家庭内的主权（domestic sovereigns）”。[⑤] 因此，个人的自治和家庭的自治是两种结构。在规范层面，前者是以主观权利为基础的，而后者是以权力为基础的。只有当家庭法以主观权利为基础时，与债法融合的契机才

① [德] 卡尔 · 拉伦茨:《私法的重构》，魏曦岚、韦冠鹏译，载张双根、田世永、朱庆育等主编:《中德私法研究》，北京大学出版社 2014 年版，第 63 页。

② See Jana B. Singer, “The Privatization of Family Law”, *Wisconsin Law Review*, 1992, pp.1443-1567.

③ Jana B. Singer, “The Privatization of Family Law”, *Wisconsin Law Review*, 1992, pp.1508-1509.

④ Jana B. Singer, “The Privatization of Family Law”, *Wisconsin Law Review*, 1992, pp.1443-1567.

⑤ Lee E. Teitelbaum, “Family History and Family Law”, *Wisconsin Law Review*, 1992, p.1139.

逐渐凸显。

（二）家庭法的平等性改革与债法精神的契合

徐国栋先生至少在四篇论文中对我国民法通则中的平等原则进行了分析批判。[①] 其中心命题在于对民法调整平等主体间关系的质疑，并提出了“民事屈从关系”之洞见。其中一项重要依据便是家庭法，特别是亲子关系不能为“平等关系”所涵盖。[②] 徐国栋先生引用边沁的观点对亲子关系领域的平等进行了辛辣的批判。[③] 这种质疑实际上包含了对主观权利在亲子关系法领域适用的质疑。根据英国学者沙齐亚·乔德里（Shazia Choudhry）和赫林的考察，对儿童权利的质疑主要表现在以下几个方面：

首先，反对权利论者必然反对儿童权利，如女权主义者；其次，将权利视为意志的人由于面对儿童缺乏意志能力的问题而不得不反对儿童权利；再次，承认权利忽视了“儿童必须依赖于父母或者其他照顾者”的事实；复次，儿童权利包含了以不适当的方式分离父母和儿童的利益的假设；又次，权利是个人主义的，因而权利话语（rights talk）容易让真实的经验转变为空洞的抽象概念；最后，对于权利的强调容易贬损甚至遮蔽责任的意义。[④]

值得注意的是，作为规范层面的权利本身并不能制造实然层面的平等。这是一项容易被人忽视的事实。与此相对，“主观权利的基本因素就

---

① 徐国栋：《论民事屈从关系：以菲尔麦命题为中心》，载《中国法学》2011 年第 5 期；徐国栋：《平等原则是宪法原则还是民法原则？》，载《法学》2009 年第 3 期；徐国栋：《“平等主体”民法调整对象限制语研究综述》，载《北方法学》2009 年第 3 期；徐国栋：《评析三个民法总则草案中的平等规定：从平等撤退的端倪以及可能的发展》，载《暨南学报》2015 年第 7 期。

② 徐国栋：《平等原则是宪法原则还是民法原则？》，载《法学》2009 年第 3 期。

③ 徐国栋：《平等原则是宪法原则还是民法原则？》，载《法学》2009 年第 3 期。

④ Shazia Choudhry and Jonathan Herring, *European Human Rights and Family Law*, Oxford, Hart Publishing, 2010, pp.133-136.

是合法的不平等”。[①] 在家庭法领域，对于权利的呼声和对于平等的呼声是相伴而行的。这里的平等实际上是在享有权利能力上的平等，而不是事实上的平等。因而，它是抽象意义上的平等。经验性的历史演进表明，人在抽象意义上愈加平等，那么权利就愈加旺盛。身份和等级的观念愈浓，那么权利就愈加枯萎。在由法国民法典编纂委员会四位法学家——特隆歇、波塔利斯、普雷亚梅纽和马勒维所起草的《法国民法典开篇：法典起草委员会在国会就民法典草案的演讲》中，民法在家庭内的客体仍然被界定为“权力”而非“权利”。[②] 即使是在经历大革命的洗涤之后,《拿破仑民法典》的编纂者也仍然将家庭法建立在类比于“法官权力”的夫权和父权的合理性之上。[③] 只有当家庭法摆脱伦理秩序的桎梏时，平等才能替代等级，权利也才能替代权力，而这一切主要发生在过去一百余年间。正如丹宁勋爵所考察的那样，虽然早在两千多年前先哲柏拉图就在《理想国》中提出了男女平等的设想，但是“最近 90 年妇女在平等权利方面取得的进步，比以往一千年取得的进步都还要大”。[④] 这种进步的速度就好比马克思笔下资产阶级在过去一百年间所创造的奇迹——“比过去一切世代创造的全部生产力还要多，还要大”。[⑤]

在家庭法领域，平等的主张主要包含以下几个范畴：不同家庭形态之间的平等（如同性伴侣）、性别平等、婚生子女和非婚生子女的平等以及

---

① [法] 雅克·盖斯旦、吉勒·古博、缪黑埃·法布赫·马南:《法国民法总论》，陈鹏、张丽娟等译，法律出版社 2004 年版，第 143 页。

② [法] 特隆歇、波塔利斯、普雷亚梅纽、马勒维:《法国民法典开篇：法典起草委员会在国会就民法典草案的演讲》，殷喆、袁菁译，载《外国法制史研究》2003 年卷，第 15 页。

③ [法] 特隆歇、波塔利斯、普雷亚梅纽、马勒维:《法国民法典开篇：法典起草委员会在国会就民法典草案的演讲》，殷喆、袁菁译，载《外国法制史研究》2003 年卷，第 18 页。

④ [英] 丹宁勋爵:《法律的正当程序》，李克强、杨百揆、刘庸安译，法律出版社 1999 年版，第 214 页、第 220 页。

⑤ [德] 马克思、恩格斯:《共产党宣言》，中共中央编译局译，人民出版社 1997 年版，第 32 页。

作为前提的人格上的平等。反观整个20世纪的法律改革，当财产法已经开始从形式平等原则进行修正时，家庭法仍然在努力地向形式平等原则迈进。但家庭法在强调私人自治时，债法已经在考虑如何限制私人自治了。但是，在债法中，占据主导地位的私人自治并没有死亡，相反，它仍然是债法之根基。恰如梅迪库斯所指出的那样，“私人自治是一种形式上人人平等的自由”。[①] 以合同法为例，当代合同法呈现出两种完全相反的发展趋势。一种是对传统的背离，表现为抽象身份的具体化，特别是在消费领域以及公共服务合同领域，但是这种具体化绝不是摆脱抽象化，而只是从完全抽象的无差别的人具体化为具体的交易类型主体（如消费者）。另外一种趋势则正好与此完全相反，伴随着全球化和互联网技术的发展，匿名交易占据的比重日益扩大，而匿名交易的前提无疑是对交易主体的进一步抽象化，人们事实上不可能在交易时了解对方的背景特别是缔约能力。正如美国哈佛大学教授莫顿·J. 霍维茨（Morton J. Horwitz）所言，“现代合同法诞生在这样的主张之下——所有人都是平等的，因为所有的非平等措施都是虚幻的”。[②] 虽然人们对于契约的形式平等性有诸多诟病，但不可否认的一点是它仍然是契约法之基础。

与债法中平等观念的变化不同，人们在一开始就对家庭法中是贯彻形式平等还是实质平等原则就存在巨大的争议。很多人担忧形式平等会造成这样一种后果——匆忙地追求形式平等可能将对女性造成严重不利。这种担忧很大程度上来源于这样的论断——在性别平等的社会结构形成之前，就盲目贯彻形式平等，可能会使得处于劣势地位的女性更加劣势。这种担忧造成了某些国家的家庭法采纳了一种声称可以实现男女间实质平等的制度。其中，最为典型的便是夫妻财产制中的共同所有制。但是，目前经济

① [德] 迪特尔·梅迪库斯:《德国民法总论》，邵建东译，法律出版社2001年第2版，第144页。

② Morton J. Horwitz, “The Historical Foundations of Modern Contract Law”, *Harvard Law Review* 87, 1974, p.919.

社会状况的发展似乎弱化了这种前提。正如我国台湾地区学者林秀雄先生在考察夫妻财产制时所指出的那样，妇女经济地位的改善必将使得夫妻财产制向分别财产制演化。[①] 因而，从长期的演进形态来看，形式平等仍然是家庭法改革的主线。不过，需要注意的是，这种形式平等的完全实现仍然需要社会法的高度配合。那些被女权主义者批判的空洞的人格只有在社会法的支持下才能羽翼丰满，家庭法领域的形式平等才能真正实现。

综上，个体解放以及随之而来的平等改革颠覆了家庭法的整个构造。“权利”和“自治”的观念开始成为滥觞于家庭法的流行话语。现代家庭法在家庭领域不是力图创造一种团结的伦理温馨画面，而是一种理性个人的“商谈”图景——家庭成员在沟通中达成对自己生活样态的选择。如果不能达成一致，那么国家则为家庭提供达成这种选择的帮助（社会法的角色）。在纠纷不可避免时，是法官以权利为视角而不是家父以权威为视角去解决纠纷。由此，债作为一种非支配人身的工具与现代家庭法所制造的氛围呈现出高度的契合。在规范层面，家庭成员间的关系大部分可以化约为债权债务关系。在这种意义上，过去那种抽象人与伦理体的分裂有愈合的趋势，因为抽象人（persona）中恰好表达了家庭法现在的改革目标——形式平等。正如德国法学家曼弗雷德·雷宾德（Manfred Rehbinder）所言，“抽象人的概念表达了法律平等，财产自由和合同自由上的平等”。[②] 现在，这一古典自由主义概念的外延必须要加上一条——家庭领域的平等。而人与人在私法领域内平等的唯一工具只能是债。

① 林秀雄：《夫妻财产制之研究》，中国政法大学出版社 2001 年版，第 38 ~ 40 页。

② Manfred Rehbinder, “Status, Contract, and the Welfare State”, *Stanford Law Review* 21, 1971, p.950.

二、债之概念与社会科学方法的合作可能性

（一）从对立到合作：法律科学与社会科学融合概观

美国斯坦福大学教授劳伦斯·M. 弗里德曼（Lawrence M. Friedman）和威斯康辛大学教授斯图尔特·麦考利（Stewart Macaulay）在《法律和行为科学》（*Law and Behavioral Science*）开篇即指出法学家如何处理与社会科学关系的恰当方向——法学家应当扮演“社会科学的明智消费者角色”。[①] 此一观点实际上表明社会学科学与法学的结合并不是要消灭法学和法学家。社会科学实际上也并不意图占领法学所扮演的角色。更为准确地说，社会科学在通常情况下是承认规范法律科学的意义的。社会科学入侵法学实际上是指其意图调整规范法学体系内循环的研究范式，将研究的视角拉入到法律秩序（legal order）和社会秩序（social order）这样更为宏观的背景之中。20 世纪前半叶，“这一进程主要是由身处于社会法学（sociological jurisprudence）大旗之下的伟大先锋战士——在美国，为罗斯科·庞德（Roscoe Pound），在欧洲，为尤根·埃利希（Eugen Ehrlich）和赫尔曼·康托洛维茨（Hermann Knatorowicz）——所主导的”。[②] 加州大学伯克利分校教授菲利普·塞尔兹尼克（Philip Selznick）指出，“从社会角度来处理法律概念和教义（doctrine）的观点至少为两代法学家和社会学家所熟知”。[③] “以这种观点为前提的社会法学在美国取得了快速而普遍的胜利是由于这个国家的实用主义倾向、对抽象的厌恶和急剧的社会变迁

① Lawrence M. Friedman and Stewart Macaulay, *Law and Behavioral Science*, New York, Bobbs-Merrill, 1969, p. Ⅸ .

② Julius Stone, *Law and the Social Science in the Second Half Century*, Minneapolis, University of Minnesota Press, 1966, p.3.

③ Lawrence M. Friedman and Stewart Macaulay, *Law and Behavioral Science*, New York, Bobbs-Merrill, 1969, p.2.

所共同造就的。”[①] 塞尔兹尼克教授的观点同样表明了这样一个事实，社会科学并不是意图替代由概念所构成的规范法学体系，而只是提供了一种新的和宽泛的理解视角。霍姆斯法官一个世纪前所作的伟大断言——“今天属于身处于书斋中学者的法律理性研究在将来必定属于统计学家和经济学大师”[②]——今天法学的发展状况来看仍然没有实现。“毫无疑问，法学（legal scholarship）的自治性仍然获得了不少的支持，这部分是由于纷繁法律概念的复杂发展和技术属性，部分是由于法律历史的特殊性，部分则来自专业根深蒂固的自豪感，也有部分来自法学院相对于其他学科的相对孤立性。”[③] 当下的真实状况是，法学家群体没有消亡，也没有被经济学家或统计学家替代。这除了 Julis Stone 教授所言的那种法学的魅惑（esoteric nature of the law）——“一种设置在没有经过法学家训练的社会科学家用自己学科的知识主题来处理法律材料的障碍”[④]——之外，更大的原因是学者们认识到了这样一种事实——“社会科学和规范法学相互沟通不仅是可能的，而且是完全富有成效的”。[⑤] 这种沟通和合作是法律科学（法律的技术性）和社会科学所提供的智识之间的合作。过去，与法律进行合作的对象是作为其对立面的道德哲学，现在合作的主体已经转向了社会科学。[⑥]

社会学科和法律科学（在本书语境下等同于法教义学）之间的融合

① Lawrence M. Friedman and Stewart Macaulay, *Law and Behavioral Science*, New York, Bobbs-Merrill, 1969, p.2.

② Oliver Wendell Holmes, “The Path of the Law”, *Harvard Law Review* 10, 1897, p.457.

③ Lawrence M. Friedman and Stewart Macaulay, *Law and Behavioral Science*, New York, Bobbs-Merrill, 1969, p.2.

④ Lawrence M. Friedman and Stewart Macaulay, *Law and Behavioral Science*, New York, Bobbs-Merrill, 1969, p.47.

⑤ [德] 托马斯·莱塞尔:《法社会学基本问题》，王亚飞译，法律出版社 2014 年版，第 124 页。

⑥ Duncan Kennedy, “Two Globalizations of Law & Legal Thought: 1850-1968”, *Suffolk University Law Review* 36, 2003, p.655.

实际上是对韦伯所言的规范科学和经验科学、实然与应然、形式与实质这些相互区分的概念之间的融合。这种渗透和融合是这样一个过程——社会科学弥补了教义科学的不足，并且提升了教义科学的权威性。正如托马斯·莱塞尔所言，“法社会学自20世纪初诞生以来就始终承载的是一种补充性功能”。① 例如，法律对合同的分析可能止步于私人自治（Privatautonomie）——“法律尊重个人在私法领域安排自己法律关系之意愿的原则允许一国公民在有限的范围内自行处理其相互间的关系”，② 然而社会科学特别是经济学及其与法学的融合形态——法律经济学的分析却不会仅仅局限于这种“命令式”的分析。在他们看来，合同自由的合理性并不来源于“人格自由”之类的更为抽象的概念，与此相反，“合同自由是资源可以在一个有效竞争机制中被配置到它最有使用价值的地方中去”，才是这项原则作为法律原则存在的真正原因。③ 这样社会科学为法律中的某些原则提供了教义权威之外的“无可反驳性”，增进了教义原则的权威。从这点来看，社会科学所扮演的角色更多是批评性的，而非建设性的。它总是以外在评判者的角色出现，以自己学科的知识为工具确定某些法律原则是否满足本学科意义上的“科学”，它并不意图事实上也不可能废止法律概念。这是由法律科学的不可替代性以及社会科学方法本身的局限性所决定的。一般而言，在规范与事实的区分中，社会科学被认为是从外在的角度对于事实进行检验。这一检验既不同于那种将自然法或者类似的先验论的理论确信作为标准的检验，也不同于从内部视角（主要是指教义体

① [德] 托马斯·莱塞尔：《法社会学基本问题》，王亚飞译，法律出版社 2014 年版，第 126 页。

② [德] 莱因荷德·齐柏里乌斯：《法学导论》，金振豹译，中国政法大学出版社 2007 年版，第 84 页。

③ [德] 汉斯·贝恩德·费舍尔、克劳斯·奥特：《民法的经济分析》，江清云、杜涛译，法律出版社 2009 年版，第 378 页。

系，在卢曼的分析里还包括法律理论[①]）进行的检验。但是，在许多学者看来，用社会科学的研究作为法律合理性判断的基础是存在局限性的。首先，“社会科学的研究可能被法律的制定者误用”。[②]其次，“进行这些社会科学研究的学者可能将其个人偏见施加到这些研究之中”。[③]换言之，社会科学研究所取得的“数据并不是价值无涉的，也不是以价值无涉的形式被使用的”。[④]真实的情况是，“社会科学所得出的数据和对这些数据的利用都毫无例外地反映了这些数据生产的背景”。[⑤]拉姆齐和凯莉也提出了类似的担忧，在他们看来：

部分由于家庭是相对较新和仍然处于发展阶段的领域，部分由于它的讨论主题是一个复杂而且变动布局的社会系统，必须处理如此多的实质和方法问题。在家庭领域应用社会科学方法，首要的担忧来源于研究的质量问题。尽管这当中的某些问题，样本较小或者不具有代表性，正逐渐减少，但是其他问题，诸如内在的偏见，是不可避免的。[⑥]

芬曼和奥佩教授的研究表明了同样的事实——“我们宣称在法律领域

---

① 在卢曼看来，人们企图在法律理论这一标题下把逻辑学和解释学的、制度上的（后实证主义的）和系统论的、修辞学和论证理论的研究（或者总之是具有这些背景的研究成果）综合在一起。但是这种意义上的法律理论仍然属于法律的内部视角。参见［德］卢曼：《社会的法律》，郑伊倩译，人民出版社 2009 年版，第 2 页。

② Martha L. Fineman and Anne Opie, “The Uses of Social Science Data in Legal Policymaking: Custody Determinations at Divorce”, *Wisconsin Law Review*, 1987, p.158.

③ Martha L. Fineman and Anne Opie, “The Uses of Social Science Data in Legal Policymaking: Custody Determinations at Divorce”, *Wisconsin Law Review*, 1987, p.158.

④ Martha L. Fineman and Anne Opie, “The Uses of Social Science Data in Legal Policymaking: Custody Determinations at Divorce”, *Wisconsin Law Review*, 1987, p.158.

⑤ Martha L. Fineman and Anne Opie, “The Uses of Social Science Data in Legal Policymaking: Custody Determinations at Divorce”, *Wisconsin Law Review*, 1987, p.158.

⑥ Sarah H. Ramsey and Robert F. Kelly, “Using Social Science Research in Family Analysis and Formation: Problems and Prospects”, *Southern California Interdisciplinary Law Journal* 3, 1994, p.684.

对这些社会科学文献的使用被认为是客观和中立的，是对客观、中立和科学的事实的科学化的使用，但真实的情况是，它们不过是科学外衣包裹和模糊化的政治或者观念的陈述而已”。① 由此，社会科学入侵法学所承诺的那种以“真”为前提的科学性实际上并不是绝对的。

伊莎贝尔·C. 贾拉米洛（Isabel C. Jaramillo）教授从另一个方面指出了社会科学方法的局限性。在她看来，法学家普遍接受家庭是一种社会事实意味着对家庭自治、家庭法的分配以及家庭的进化或者变迁对于家庭法的意义这些问题的回答必须要根植于通过社会科学方法，而不是通过逻辑或者历史来发现的事实。② 但是，这种方法可能带来诸多负面后果。贾拉米洛教授举例，“在我们对家庭的定义中，对于事实家庭（de facto families）（事实家庭通常是社会科学，特别是社会学的重点关注领域）平等性的强调是建立在以异性关系为中心，从而损害其他以家庭形式生活的情感和经济联合体的代价之上的”。③ 如果我们认可社会功能主义对于家庭功能的某些界定，实际上毫无疑问会损害其他形式的家庭。社会学对于家庭功能的考察通常是以异性家庭为范本的，这实际上对同性关系的家庭产生了威胁。

正是由于社会科学方法存在上述缺点和不足，两种系统之间才存在沟通的可能，而不至于出现卢曼所言的那种“磨快了自己的武器，但是连篇累牍却毫无结果，各抒己见的争论”。④ 这样，法律科学仍然保持了自身的价值。只有放弃那种笃信般的系统封闭性，法律科学和社会科学的沟

---

① Martha L. Fineman and Anne Opie, “The Uses of Social Science Data in Legal Policymaking: Custody Determinations at Divorce”, *Wisconsin Law Review*, 1987, p.110.

② Isabel C. Jarmillo, “The Social Approach to Family Law: Conclusions from the Canonical Family Law Treatises of Latin America”, *The American Journal of Comparative Law* 58, 2010, p.852.

③ Isabel C. Jarmillo, “The Social Approach to Family Law: Conclusions from the Canonical Family Law Treatises of Latin America”, *The American Journal of Comparative Law* 58, 2010, p.865.

④［德］卢曼:《社会的法律》，郑伊倩译，人民出版社 2009 年版，第 3 页。

通和商谈才是可能的。放弃对自己所在系统的理性自负，而持一种开放的态度，无疑能为系统之间的良好合作创造基础。从前文的分析中，我们不难看出法律科学特别是民法教义学明显受到了纯知性科学特别是数学的影响，而社会科学则毫无疑问受到了实验性的自然科学的影响。美国科学哲学家李·C. 麦金太尔（Lee C. McIntyre）在《社会科学的规则和解释：为人类行为科学辩护》（*Laws and Explanation in the Social Science*：*Defending a Science of Human Behavior*）一书开篇即指出，“社会科学长期以来就怀有模范自然科学解释模型的雄心”。[①] 从这个角度来看，法律科学与社会科学的合作看上去类似于数学与自然科学（波普尔意义上的科学）的合作。在日本学者峰村光雄（Teruo Minemura）看来，“为了不丢弃法律既是规范的也是命令的存在主义特征（existential character），法教义科学需要法社会学的帮助来实现自身的目标，与此相对，法社会学也需要法教义科学的帮助来完成自己的使命”。[②] “可以认为，作为将目标设定于实证法，而将任务确定为推证法律的客观含义的法教义科学只有在综合地融合社会事实和规范科学目的研究之上才能找到自身合理的方法。”[③] 在这种意义上，社会科学的研究成果为债这一概念的应用提供了事实上的正当化依据。

（二）社会科学与债之概念在家庭法中存在合作可能的理由

一般认为，“法教义学解决的是在实践中什么是正确或者错误而非什

① Lee C. McIntyre, *Laws and Explanation in the Social Science: Defending a Science of Human Behavior*, Kolorado, Westview Press, 1996, p.viii.

② Teruo Minemura, “Dogmatic Legal Science and Sociology of Law”, *Archives for Philosophy of Law and Social Philosophy* 56, 1970, p.363.

③ Teruo Minemura, “Dogmatic Legal Science and Sociology of Law”, *Archives for Philosophy of Law and Social Philosophy* 56, 1970, pp.363-364.

么真或者假的问题”。[①] 换言之，法教义学解决的通常是应然问题，他们通常会问的问题是——“你应该做什么？”。[②] 与此相对，社会科学通常提供的是一种事实的判断。就社会学而言，它继承了马克斯·韦伯的传统，其出发点是——“你正在做什么？”，[③] 亦即考察社会行为并考察他们的进程和结果（理解社会学）。[④] 核心问题在于二者如何合作而不是去争论谁处于中心地位而谁处于附属地位。就本书而言，我们所要探讨的核心问题在于社会科学与债之概念存在合作可能性的理由。

正如日本法学家星野英一在对我妻荣先生大作《债权在近代法中的优越地位》所作的序言中所指出的那样，“我妻荣在此书中所进行的研究是划时代的大事，因为它旨在去研究民法乃至私法与它赖以生存的社会之间的关系，并从这种关系出发去把握民法，从而超越了当时日本民法学从规范体系方面所进行的解释研究”。[⑤] 社会科学恰好提供了经验性描述家庭法赖以生存的社会通道。这种社会状况不是霍布斯、卢梭、洛克或者罗尔斯所假象的那种社会，相反社会科学所提供的研究成果表明，它就是我们当下社会的真实存在。我们之所以要倡导家庭法中以债而不是物权，或者在

---

① Teruo Minemura, “Dogmatic Legal Science and Sociology of Law”, *Archives for Philosophy of Law and Social Philosophy* 56, 1970, p.364.

② Klaus F. Röhl, Rechtssoziologie, Köln 1987, S.73, quoted in Stefan Machura, “German Sociology of Law: A Case of Path Dependence”, *International Journal of Law in Context* 8, 2012, p.507.

③ Erhard Blankenburg, Vom Nutzen der empirischen Rechtssoziologie, in Horst Dreier, ed., Rechtssoziologie am Ende des 20. Jahrhunderts. Gedächtnissymposium für Edgar Michael Wenz, Tübingen 2000, S. 31 - 38, quoted in Stefan Machura, “German Sociology of Law: A Case of Path Dependence”, *International Journal of Law in Context* 8, 2012, p.507.

④ [德] 马克斯·韦伯:《经济与社会》(第 1 卷)，阎克文译，上海人民出版社 2010 年版，第 92 页。

⑤ [日] 我妻荣:《债权在近代法中的优越地位》，王书江、张雷译，谢怀栻校，中国大百科全书出版社 1999 年版，第 4 页。

萨维尼分类中的家庭权[①]为基础建构私法意义上的家庭法的重要原因在于，债在规范上的内涵与社会科学所呈现的家庭领域的事实存在契合。例如，法经济学的研究表明“原始社会精心编织的亲属关系网络是为什么权利在这样的社会缓慢产生的另一个重要原因”，[②]而现在社会对财产高速流转的需求要求在规范上排除亲属间不合作对于权利流转的影响，由此债作为概念必然是夫妻财产制的最佳选择。如果我们要论证债在家庭法体系建构中的优越性，除了诉诸形而上的价值理念（人权和基本权利）之外，同样需要事实性的依据。这种事实性的依据主要体现在两个方面：第一，社会科学可能提供这样的观察结果——人们通过合意来选择自己生活的行为日益普遍，相关的社会运动要求家庭法的改革以债之概念作为基础；第二，社会科学的观察表明以债为基础的家庭法体系具有运行实效上的优越性。这一运行实效上的优越性既可以通过对家庭纠纷和冲突进行类型化和量化观察而获得，也可以从与此相关的其他领域（如社会保障系统、教育系统和经济系统）的运行状况中得到印证。换言之，社会科学可以从内外两方面提供经验性的依据。综上所述，社会科学和债之概念在家庭法中存在合作可能性的理由主要为社会科学可以为债之概念的应用提供有效论证，从而增加家庭法的科学性。

---

① 萨维尼在其论述中从客观法和主观权利两重意义上使用家庭权的概念。就主观权利这一层含义而言，家庭权与物权和债权相对，并且事实上更接近于原权，但与现代法中的家庭权利在内涵和外延上都不重合。萨维尼反对将债权和家庭权纳入对抗特定个体的权利分类，因为这样会掩盖家庭权与债权的本质区别。参见金可可：《私法体系中的债权物权区分说：萨维尼的理论贡献》，载《中国社会科学》2006 年第 2 期。

② [美] 理查德・A. 波斯纳：《法律的经济分析》，蒋兆康译，中国大百科全书出版社 1997 年版，第 64 页。

第二节　债之概念在亲子关系法中的应用

一、对债之概念在亲子关系法中适用的疑问

许多学者对于债之概念在亲子关系法中的应用是存疑的。当然这种存疑是从更大的角度来进行论证的，主要体现在四个方面：

首先，对债之概念的质疑是建立在一种形而上的批判之上的。亦即认为将包含亲子关系在内的家庭关系类型化为债可能导致家庭关系堕落为货币关系。家庭关系在长期的历史演进中的绝大部分时间均披上了神圣的面纱。荷兰乌特列支大学学者安托科尔斯凯亚在总结欧洲家庭法的发展时指出，“在中世纪，天主教的家庭法是统一，其后，欧洲家庭法也同样沿着一个方向发展，只是时间快慢上有所差别”。[①]“这个方向主要是指左派政治势力所主导的自由理念。”“高度的世俗化是此项理念的重要组成部分。”然而，虽然家庭摆脱了宗教意义上的神圣，但是现在人们争辩的是家庭的自然性是否同样可以论证家庭的神圣性。美国哈佛大学教授哈雷对家庭法从谱系视角的考察在一定程度上印证了家庭神圣性观念的坚韧程度。她在考证后认为，“肇始于萨维尼的家庭法例外主义抵挡住了来自各方面的三次进攻”。[②]这从另外一个角度表明了这样一个事实——对家庭神圣性的崇拜并没有伴随宗教层面的“祛魅”而丧失市场。与婚姻不同的是，亲子关系由于血缘的原因通常被认为是更为自然的关系（收养是作为例外而存在

---

① Maria V. Antokolskaia，“Development of Family Law in Western and Eastern Europe：Common Origins，Common Driving Forces，Common Tendencies”，*Journal of Family History* 28，2003，pp.64-65.

② Oanet Halley，“What is Family Law?：A Genealogy Part Ⅱ”，*Yale Journal of Law & the Humanities* 23，2011，p.192.

的）。如果为亲子关系蒙上这一层神圣的面纱，则必然会驱逐主观权利以及债之概念的应用。由于长期深受家庭法例外主义的影响，人们对于债之类的概念在家庭法中的应用长期持一种保守乃至敌对的态度。[①]这种担忧就好比对人格权货币化的担忧。但是如果不揭开亲子关系的神圣面纱，儿童的地位和权利就很难受到法律的荫蔽。亲子关系法就很容易形成家长支配子女的结构。

其次，学者们担忧将债之概念引入亲子关系法可能会弱化对父母义务的强调。虽然现代家庭法强调父母的义务，但义务恰好是权利的另外一面。我们承认子女对于父母的请求权[②]并不是否认父母在亲子关系中所应承担的义务。事实上，由于子女在行使权利能力上的不足以及与父母权利可能存在的冲突，国家逐渐介入家庭并充当了未成年子女代理人的角色。这种普遍化的代理不同于过去那种在个别案件中法院为了解决子女和父母利益的冲突所设定的特定代理人。人们经常混淆的实际上是儿童对父母是否享有权利和儿童是否有能力实现这些权利。事实上，将儿童与父母的关系化约为债，并不表明国家不应介入这种关系。同样，将这种关系化约为

---

① 欧洲民法典研究组和欧洲现行私法研究组在其编著的《欧洲私法的原则、定义和示范规则：欧洲示范民法典草案》中明确将家庭关系排除在示范规则的适用范围之外（第I-1：101条）。第Ⅲ-1：101条在规定债务的适用范围时实际上同样排除了对家庭中权利和义务的适用。这种排除至少表明了两方面的事实：第一，如果不将家庭排除在法律行为和债的适用范围，可能会导致过多的例外；第二，人们对于是否将法律行为和债的普遍性规则适用于家庭领域分歧过大，很难达成共识。参见欧洲民法典研究组、欧洲现行私法研究组编著，克里斯蒂安·冯·巴尔、埃里克·克莱夫主编：《欧洲私法的原则、定义和示范规则：欧洲示范民法典草案》，高圣平等译，法律出版社2014年版，第101页、第579页。

② 本书除特别说明外，接受德国法学家卡尔·拉伦茨的观点，“在请求权和债权之间不存在实质区别”，因而不对二者的使用进行特别的区分。参见［德］卡尔·拉伦茨：《德国民法总论》，§141，第243页。转引自［德］迪特尔·梅迪库斯：《德国民法总论》，邵建东译，法律出版社2001年第2版，第69页。迪特尔·施瓦布也持类似的观点，他认为请求权和债权从结构上看是一回事，并且二者也常常作为同义词使用。参见［德］迪特尔·施瓦布：《民法导论》，郑冲译，法律出版社2008年版，第146页。

债也并不表明排除刑法上制裁的可能性。没有人反对侵权行为在产生私法上的债的同时可能会引致刑法上制裁的观点，但是，人们却对债之概念的适用可能削弱父母的责任提出了担忧。真实的情况是，这种担忧是完全不必要的。

再次，学者们对将债之概念应用于亲子关系法的另外一项疑虑来自于对亲子关系不平等现实的担忧。如前文所述，徐国栋先生援引边沁的观点，认为亲子关系领域的平等不仅是不切实际的，而且是一种讽刺。① 如果父母和子女缺乏平等的前提，那么债之概念自然没有适用的余地。但是，只要仔细考察这种观点的论据，就不难发现，这种观点同样是站不住脚的。事实上，现代契约法理论对于古典契约法理论进行修正的基点恰好是以对平等理论的质疑开始的。美国法学家格兰特·吉尔默在其名篇《契约的死亡》一书开篇即援引了劳伦斯·弗里德曼教授对于古典契约理论的观点：②

> “纯粹”的契约法基本上属于我们称为抽象关系的领域；“纯粹”契约学说并不知道契约中具体的人和事的细节。它不会要求谁买谁卖，也不能告诉你买什么与卖什么。去掉具体的人和物所具有的特质时，契约法就成了在与协议有关的法律中留存下来的抽象概念。

现代契约法的改革实际上首先就是从对契约法的这种纯粹抽象性的质疑开始的。人们开始怀疑古典契约理论所设想的那种人的抽象平等状态是否严重地脱离实际，特别是人们已经注意到人的交易能力存在显著差别这一事实。回顾《德国民法典》在过去一个世纪间的改革，债法的改革力

---

① 徐国栋：《平等原则是宪法原则还是民法原则？》，载《法学》2009年第3期。

② Friedman M. Lawrence, *Contract Law in America: A Social and Economic Case Study*, Madison, University of Wisconsin Press, 1965, p.20. 转引自［美］格兰特·吉尔默：《契约的死亡》，曹士兵、姚建宗、吴巍译，中国法制出版社2005年版，第5～6页。

度紧随家庭法。[①] 德国哥廷根大学教授克里斯蒂阿妮·文德浩（Christiane Wendehorst）教授指出了债法现代化改革的影响——“债法的现代化摇动了德国民法的教条理论大厦的支柱，震撼了那些最为直接地继受于罗马法的教义”。[②] 债法的改革表明“19世纪绝不考虑合同双方当事人的个人性或是由于他们合同的内容所造成的情况”[③]的“那种夸张的个人主义和自由，平等的形式主义概念为基础”[④]的“古典合同法”理念受到了挑战。很明显，当债法已经放弃对绝对平等思想的坚持时，债之概念也就与那种理想中的平等状态逐渐脱钩。因而，平等并不是妨碍债之概念在亲子关系法中适用的理由。从另外一个角度来看，债之概念在古典法时期所预设的那种抽象平等恰好是亲子关系法改革的一项基本原则。亲子关系的自然伦理性不能消解子女在个体人格上的尊严。在这层含义上，他们是平等的。

最后，对于债之概念在亲子关系法中应用的最大质疑来源于这样一种观察——即使是在现代，父母也拥有对子女某些事务的决定权，这种决定权从形式上看更加接近于形成权——“即法律允许权利主体对某项法律关系采取单方面的行动”，[⑤] 而非请求权（债权）。[⑥] 虽然各国在术语的使用上

---

① 德国学者莱茵哈德·齐默曼认为，与那些内在动态性的规范如合同法相比，物权法、继承法，甚至侵权法或不当得利法，它们的变化都不是太明显。参见［德］莱茵哈德·齐默曼：《德国新债法：历史与比较的视角》，韩光明译，法律出版社2012年版，第38页。

② ［德］斯蒂阿妮·文德浩：《德意志联邦共和国的新债法》，载邵建东、孟翰、牛文怡译：《德国债法现代化法》，中国政法大学出版社2002年版，第1～2页。

③ ［德］海因·克茨：《欧洲合同法》（上卷），周忠海、李居迁、宫立云等译，法律出版社2001年版，第14～15页。

④ ［德］莱茵哈德·齐默曼：《德国新债法：历史与比较的视角》，韩光明译，法律出版社2012年版，第234页。

⑤ ［德］迪特尔·梅迪库斯：《德国民法总论》，邵建东译，法律出版社2001年第2版，第74页。

⑥ 值得注意的是，德国法学家迪特尔·梅迪库斯在对形成权之诉进行分析时，总结到形成权之诉主要出现在亲属法和公司法领域。但是，父母对子女事务的决定一般情况下无须通过诉讼的方式进行。参见［德］迪特尔·梅迪库斯：《德国民法总论》，邵建东译，法律出版社2001年第2版，第77页。

呈现出较大的差别，[1] 但现在各国的亲子关系法普遍承认父母有权决定子女的一般性人身事务，并且管理子女的财产。只不过现在的趋势是，法律科加给父母的限制越来越多，特别是儿童最大利益原则实际上对父母在这方面的权利施加了一般性的限制。事实上，现在的趋势是父母对子女事务的决定权在形成权方面的性质逐渐淡化。除了来自国家（在传统的法院之外，现在还包括社会福利机构）的监督外，对子女自治的尊重事实上也构成了对于父母上述权利的限制。正如迪特尔·施瓦布所指出的那样，“父母对子女事务的决定权仅仅是一种工具，其目的是照料和教育子女”。[2] 以德国法为例，父母对决定子女居所的决定“对子女而言不具有法律意义”。[3] 之所以得出这样的决定，是因为父母的决定权不能减损《德国基本法》赋予儿童的人格尊严。作为一项基本原则，有损尊严的教育措施不得适用。[4] 值得注意的是，在我国学者杜景林和卢谌所注释的《德国民法典》中，将禁止外出举例作为父母照顾措施是存在问题的。[5] 事实上，从父母决定子女居所权利中不能一般性地推导出父母可以对子女采取剥夺自由的安置。相反，只有取得家庭法院的特殊许可，父母才能以剥夺子女自由的

① 英国和挪威使用了父母责任（parental responsibilities），比利时和我国台湾地区使用了对子女的权利和义务（parental rights and obligations），芬兰则使用了监护（custody），爱尔兰和瑞典则区分使用监护（custody）和照管（guardianship），德国和瑞士则使用了父母照顾（parental care），丹麦、法国、意大利、立陶宛、荷兰、西班牙则主要使用了父母权威（parental authority），希腊使用了父母照顾和照管（parental care and guardianship）、匈牙利使用了父母监管（parental supervision），葡萄牙使用了父母权力（parental power），俄罗斯则使用了父母权利（parental rights）。See K. Boele-Woelki et al., *Principles of European Family Law Regarding Parental Responsibilities*, Oxford, Intersentia, 2007, p.27.

②［德］迪特尔·施瓦布:《德国家庭法》，王葆莳译，法律出版社 2010 年版，第 259 页。

③［德］迪特尔·施瓦布:《德国家庭法》，王葆莳译，法律出版社 2010 年版，第 320 页。

④《德国民法典》第 1631 条第（2）款。

⑤ 杜景林、卢谌:《德国民法典：全条文注释本》（下册），中国政法大学出版社 2015 年版，第 1022 页。

形式来决定子女的居所。[①] 这一状况表明在废除父母权利的支配性特征后，父母与子女的关系在私法的框架内只剩下了请求权这种唯一可能。如果亲子关系法仍然想寄居于民法，在萨维尼分类中带有支配性特征的家庭权被废除后，只能诉诸债权，并且，理解这种权利义务的关系的角度也应当进行根本性的调整，亦即应当从儿童有权请求父母照顾和教育自己的角度来理解亲子关系法的内核。法律授予父母上述决定权和照顾权只是“为达到维护和促进子女利益这一目标的工具（Mittel zum Zweck）”。[②] 以债权这一私法工具建构亲子关系法所遭遇的上述困难可能表明了另外一项事实——家庭法不再是纯粹的私法，与此相对，它其中的相当部分已经进入了社会法的范畴。

综上，以债之概念为基础建构亲子关系法遭到了来自各个方面的质疑。我们必须注意到这样一种事实，在带有支配性质的家庭权概念遭到废止后，亲子关系法在寻找合适的概念上面临巨大的不确定性和迷茫。亲子关系法在面对传统民法教义学所提供的债权和物权的概念时毫无疑问只能选择债权的方案，或者走出民法教义体系的概念供给另行创立概念（如父母责任）。在马克斯·韦伯眼里：[③]

社会生活科学的历史是并且保持着一部通过概念形式……和拼凑的概念形式之间持续的波动而使事实理念化的历史……这里第一次提到的建构一个概念体系的尝试是没有错误的，但是事实是人类文化科学中的概念的形成有赖于问题的提出方式，并且后者还随着文化自身内容的变动而变动。概念与文化科学中的概念化的关系使每一个这类综合的短暂无常成为不可避免。

---

①［德］迪特尔·施瓦布：《德国家庭法》，王葆莳译，法律出版社 2010 年版，第 320 页。

②［德］迪特尔·施瓦布：《德国家庭法》，王葆莳译，法律出版社 2010 年版，第 319 页。

③ 转引自［德］迪尔克·克斯勒：《马克斯·韦伯的生平、著述及影响》，郭锋译，法律出版社 2000 年版，第 237 页。

亲子关系法，乃至整个家庭法的进步正是反映在这种“概念的进化”——“持续建构和再建构”中。[①] 目前我们所遇到的困难是民法教义体系所提供的有限概念——物权和债权不能完全适合于现在作为社会事实的亲子关系现状。很多批评和质疑实际上可以归结于债权这一概念在民法教义体系中的有限容量。在这里，我们有必要再次澄清本书的意图并不是将家庭法完全回归于债法，而是认为如果家庭法要在民法教义体系所能提供的有限概念和体系中进行选择，债是唯一可能的方案，然而这一方案同样是存在局限性的。

二、债之概念在亲子关系法中的具体应用（一）：亲子关系的内部构造

（一）亲子关系的内部构造概述

亲子关系从内部视角上来看是指父母与子女相互之间的权利义务关系。原则上，父母与子女的关系既应当包含父母和未成年子女之间的关系，也应当包含父母和成年子女之间的关系。在那些仍然注重家庭观念的国家和地区，如我国大陆地区、我国台湾地区以及新加坡等法律仍然明确规定了子女赡养父母的义务，此种规定可以构成私法上的请求权基础。然而，本书主要讨论的是父母和未成年子女的关系。就德国法而言，父母子女关系这一大的概念之下实际上包含了父母照顾、交往权、抚养义务和最终法律责任四种范畴。[②] 就大的方面而言，父母子女关系包含了人身和财产两方面的关系。但在很多情况下，对人身和财产关系进行明确的区分是困难的，因为父母对子女的某些行为（如抚养）既可能涉及人身，也可能

---

① ［德］迪尔克·克斯勒：《马克斯·韦伯的生平、著述及影响》，郭锋译，法律出版社 2000 年版，第 237 页。

② ［德］迪特尔·施瓦布：《德国家庭法》，王葆莳译，法律出版社 2010 年版，第 261 页。

涉及财产。正如日本学者南方聪（Satoshi Minamikata）所言，“法律要求拥有照管权利的父母竭力满足他们子女的身体、情感和财产需求”。[①] 虽然如此，但是对财产和人身进行区分是必要而且基本可行的，这种必要性反映在法律在财产和人身关系中确立了存在明显差异的行为规则和法律后果。此外，作这种区分对于厘清父母子女关系的法律结构同样是必要的。以日本法为例，“现行家庭法有关于父母权利和义务的规定首先包含的是照顾子女的权利和义务，其次才是管理子女财产的义务”。[②] 很明显，人身义务和财产义务在亲子关系法中的地位存在巨大的差别。

无论是财产上的权利义务还是人身上的权利义务，它们都同样受到了一项普遍原则——子女利益最大化原则的制约。这项原则伴随着《联合国儿童权利公约》在全球范围的普遍签署成为了家庭法领域最为普遍化的一项原则（其影响力甚至超过男女平等原则）。如果我们以债为基础构建亲子关系法体系，子女利益最大化原则的首要性实际上表明，债权之上附加了义务。这种附加的义务实际上是指由宪法和人权公约所确立的价值体系对于私权体系中的债权所附加的社会义务。即使是在传统的民法教义学领域，这种附加的社会义务也呈现出增长趋势，其已经远远超越“不得滥用权利”这项法律戒令。在亲子关系法领域，对这种义务的强调甚至超过了权利本身。这也是部分国家采用父母责任这一概念的重要原因。欧洲家庭法学会在其关于亲子关系的示范规则中采用“父母责任”这一概念同样是基于这种考虑。因为“父母责任这一广义的概念中，既包含了关于

① Satoshi Minamikata, *Family and Succession Law: Japan*, Alphen aan den Rijn, Wolters Kluwer, 2015, p.148.

② Satoshi Minamikata, *Family and Succession Law: Japan*, Alphen aan den Rijn, Wolters Kluwer, 2015, p.142.

照顾子女人身和财产的权利，也包含了相关的义务”。[①] 这种义务的附加主要是针对父母权利所施加的。当然，在德国法上，通说认为父母子女之间相互帮助和体恤的义务实际上也为子女对父母的请求权确定了不得滥用（Rechtsmißrauch）的界限。[②] 典型的例子是，子女不能超出父母的承担能力而主张过高数额的抚养金。

从另外一个角度来看，社会科学方法对于亲子关系法规范的影响主要是通过儿童最大利益这一渠道进行输入的。社会科学的成果在亲子关系法领域所扮演的主要作用是为确定儿童最大利益原则提供了一套相对客观的标准，因而，其在一定程度上起到了抑制法官滥用“儿童最大利益原则”的作用。不过社会科学的成果对于亲子关系规范体系的形成同样产生了影响。对会面交往权和共同照顾的清晰认识在很大程度上来源于社会科学（特别是心理学和社会学）的研究成果。

（二）债为基础的人身关系体系

1. 人身关系中债的性质

按照债发生的原因，可以作意定之债和法定之债的基本区分。意定之债是民法中最能反映私人通过法律行为来实现私法自治的制度。正如卡尔·拉伦茨在对私法自治的内涵进行界定时所指出的那样，“法律制度赋予并且确保每个人都具有在一定的范围内，通过法律行为特别是合同来调整相互之间关系的可能性”。[③] 与此相对，“民法的意思自治原则在身份关

---

① K. Boele-Woelki et al., *Principles of European Family Law Regarding Parental Responsibilities*, Oxford, Intersentia, 2007, p.14.

② [德] 迪特尔·施瓦布：《德国家庭法》，王葆莳译，法律出版社 2010 年版，第 305 ~ 306 页。

③ [德] 卡尔·拉伦茨：《德国民法通论》（上册），王晓晔、邵建东、程建英等译，法律出版社 2003 年版，第 54 页。

系上的使用受到极大的限制”。[①] 相对于婚姻法，意思自治原则的使用在亲子关系法领域受到了更为严格的限制。但是，这并不表明亲子关系法领域不存在意定之债，在收养法领域就存在意定之债的适用。又如，在父母离婚并分配对子女的直接抚养权（照顾权）时，同样存在意定之债的适用可能。当然，我们不得不注意到这样一个事实，亲子关系法领域的意定之债主要适用于父母之间。由于未成年子女在行为能力上的欠缺，以及作为其法定代理人的父母与子女可能存在潜在的利益冲突，亲子关系法领域大部分债的性质为法定之债。最典型的法定之债就是子女对父母的抚养请求权所产生的债。法定之债占据主导地位表明亲子关系法浸染了强烈的社会义务。

2. 人身关系中债的具体类型

这里要讨论的主要是通常家庭形态下（核心家庭）的债权债务关系。这是由于社会科学对于家庭功能的定位差异会产生规范上的债权债务关系的差异。要厘清亲子关系法中的债权债务关系，首要的是明确法律关系的主体。这是由于“私法的第一个基本概念是‘作为权利’主体的人”。[②] 在核心家庭形态中，通常涉及三方主体：父、母和子女。这三者之间的关系通常可以分为两类：一是父母或者父母一方与子女的关系；二是父母之间关于子女事务的关系。二者的基本形态均为广义债之关系（schuldverhältnis in weiteren Sinne）——“包括多数债权、债务的法律关系”。[③] 乍一看，亲子关系法中的债权债务关系可能极为简单——父母因法律的规定对子女负担债务，但真实的情况远非如此简单。因为虽然父

---

① 李永军:《民法总论》，法律出版社 2009 年第 2 版，第 409 页。

② [德] 卡尔・拉伦茨:《德国民法通论》(上册)，王晓晔、邵建东、程建英等译，法律出版社 2003 年版，第 255 页。

③ 王泽鉴:《债法原理》，北京大学出版社 2009 年版，第 4 页。

母照顾[1]是亲子关系法的核心，但是父母子女关系这一大的范畴下可能包含种类繁多的关系。虽然债权债务关系是主要形态，但不应忽视其中存在的其他法律关系形态。例如，在父的身份的承认和撤销之中，法律关系中的权利形态为形成权，而非请求权。但是与父母子女身份相关的法律关系中并不只是包含形成权一种权利形态，与此相对，请求权也有一定的适用余地。最为典型的是子女的出身知悉权和丈夫对子女的出身知悉权。德国 2008 年修法，特增订第 1598a 条，确立出身知悉请求权。"无论是生父、生母还是子女，均可主张；在此三人中，请求权总是指向另外的两个人。"[2]亦即"生母的请求权指向子女和生父；生父的请求权不仅指向子女，而且也指向生母；子女的请求权指向生父和生母"。[3]不过德国宪法法院的判例确认，潜在的生父不享有这一权利。[4]严格说来，这种请求权应当属于个人人格的范畴，因为该请求权的法律后果并不是确立父或者母在法律上的身份。事实上，欧洲人权法院在此领域的判决较好地区分了二者的关系。欧洲人权法院认为，儿童的生父基于单纯生物学上的联系主张家庭生活受尊重是不充分的，[5]但这并不妨碍生父主张其私人生活受尊重权。这是因为生父与儿童间的此种联系构成生父个人身份的重要方面。[6]此外，德国法院的判例原则上承认"子女有权请求其母提供有关生父或潜在生父的

---

① 如前文所述，各国在亲子关系法领域的术语使用存在较大的差异。后文在进行相关讨论时无特别说明均以德国法上的术语为基准。如无特别说明，后文讨论所基于的实证法背景同样为德国法。

② Vgl. Erman/E. Hammermann, §1598l, Rn. 16. 转引自杜景林、卢谌：《德国民法典：全条文注释本》（下册），中国政法大学出版社 2015 年版，第 994 页。

③ 杜景林、卢谌：《德国民法典：全条文注释本》（下册），中国政法大学出版社 2015 年版，第 994 页。

④ BVerfG FamRZ 2008, 2257.

⑤ See e.g. Schneider v. Germany, no. 17080/07, § 80, 15 September 2011; Hülsmann v. Germany (dec.), no. 33375/03, 18 March 2008.

⑥ See e.g. Kautzor v. Germany, no. 23338/09, §63, 22 March 2012.

信息”。[①]

当然，在亲子关系领域，最为主要的债权形态仍然是子女有权请求具有照顾权的父母进行照顾。给付的标的不一定是财产，还可能是具体的照料和教育行为。虽然照顾权的获得可以通过意思表示，但是绝不可以得出这样的结论，即子女请求父母照顾属于意定之债。迪特尔·施瓦布正确地指出，“共同的父母照顾一旦成立，其存续就不再完全取决于父母的意思表示”。[②]对子女的照顾包含了人身和财产两方面的照顾。法律为父母履行这两方面的义务设置了许多特殊的规则。就人的照顾而言，法律采用概括加列举的方式，列举了人的照顾的几项重要内容，如照料、教育、监督和决定。其中决定权具有较强的法律性，主要包含法定代理（参见《德国民法典》第1629条）、居所决定（参见《德国民法典》第1631条）和交往决定［参见《德国民法典》第1632条第（2）款］等三项内容。[③]儿童最大利益原则构成对照顾权上述内容的普遍限制。除了法律特别规定的限制（如剥夺自由，参见《德国民法典》1631b条；绝育，参见《德国民法典》第1631c条）外，照顾权的其他内容也必须服从于儿童最大利益这一目标。也就是说照顾权的给付内容并不是完全固定化的。换言之，给付的内容不是在父母获得照顾权的同时就已经确定，而是需要根据现实的情况进行调整。

此外，会面交往权首先也在意义上被界定为子女的权利。[④]父母子女

---

① 参见帕骚地方法院裁判，载《家庭法大全杂志》，1988年，第144页；斯图加特地方高级法院裁判，载《家庭法大全杂志》，1993年，第733页。转引自［德］迪特尔·施瓦布：《德国家庭法》，王葆莳译，法律出版社2010年版，第296页。

②［德］迪特尔·施瓦布：《德国家庭法》，王葆莳译，法律出版社2010年版，第317页。

③ Dieter Schwab, Peter Gottwald and Saskia Lettmaier, *Family and Succession Law: Germany*, Alphen aan den Rijn, Wolters Kluwer, 2012, pp.91-92.

④ 参见《德国民法典》第1684条第（1）款。《德国民法典》（下册），陈卫佐译注，法律出版社2010年版，第498页。

间相互交往的权利同样是受《德国基本法》所保护的。[①] 不过此项权利通常而言同样是不可以强制执行的。因为强制执行父母与子女交往通常难以产生预期的效果。联邦宪法法院的判决亦认为，“如果强迫没有意愿与子女进行会面交往的父母去探望子女，其结果往往与保护儿童利益的目标背道而驰”。[②] 在德国，通过对父母采取拘留措施来实现权利只发生在不享有照顾权的父母非法拐带子女的情况下。[③] 需要说明的是，会面交往权不是由照顾权状态所决定的。亦即，即使父母一方不是子女的照顾人，其原则上仍然享有会面交往权，除非法院对此进行了限制。同理，“担任父母照顾人的一方父母也有权同子女进行会面交往，特别是在子女长期与另外一方父母生活的情况下”。[④]

需要明确的是，父母之间同样可能存在关于子女的债权债务关系。例如，父母一方有权请求另外一方父母提供子女的有关信息（参见《德国民法典》第 1686 条）。父母双方共同拥有照顾权从子女的角度来看，实际上是指父母为连带债务人。准确地说，在有关子女的重大事务中，父母双方是连带债务人。在一般性事务中，父母双方并不是连带债务人。对离婚共同照顾的普遍采纳在很大程度上受到了来自社会科学研究成果的影响。因为社会科学的经验观察发现，离婚后如果共同照顾仍然得到维持，无疑会强化子女与父母之间的联系，从而有利于子女的发展。[⑤] 现在的趋势是，

---

① BVerfGE 64，180，188.

② BVerfG FamRZ 2008，845 Tz. 75 et seq.

③ See T.M.C Asser Instituut，“Synthesis Report of the Comparative Study on Enforcement Procedures of Family Rights”，http://ec.europa.eu/civiljustice/publications/docs/family_rights/study_family_rights_synthesis_report_en.pdf，June 14，2015，p.26.

④ P. Finger in：Münchener Kommentar，4th ed，München，Beck，2002，§ 1684 German CC No. 5，quoted in ：Katharina Boele-Woelki，Bente Braat，Ian Curry-Sumne，eds.，*European Family Law in Action：Parental Responsibilities*，Oxford，Intersentia，2005，p.585.

⑤ See e.g. Robert Bauserman，“Child Adjustment in Joint-custody versus Sole-custody Arrangements：A Meta-Analytic Review”，*Journal of Family Psychology* 16，2002，p.91.

父母的婚姻状态应当尽量减少对子女利益的影响。无论是婚内还是离婚后，父母的共同照顾都是一种假设和范式。在德国，如果父母双方在离婚诉讼中没有涉及子女照顾问题，那么共同照顾就会继续存在。现实的数据表明，“在 2000 年 69.35%（87630 起案件）的离婚诉讼中涉及了子女，而在由法院裁判照顾权的案件中，只有 6.19% 的案件为共同照顾，21.63% 的案件为母亲获得照顾权，1.52% 的案件由父亲获得照顾权”。[①]“这一数据表明 2000 年所处理的 75.54% 案件采纳了共同照顾。”[②] 但是共同照顾在法院裁判中的较低比例却表明了这样一个事实——在父母存在巨大分歧而难以协商的情况下，共同照顾可能并不可行。

现在，性别平等原则在亲子关系法中的贯彻已经废止了父亲在共同照顾中的优先地位。法律鼓励夫妻双方就儿童的照顾形成默契，但是作为债务人的父母所达成的分工协议不具有法律效力。[③] 如果父母双方的分歧损害了作为债权人的子女的利益，那么法院就有介入的必要。法院介入的后果是将某项事项托付给其中一方。被托付的父母在特定的事项范围内，不仅享有对内的决定权限，而且享有对外的法定代理权。[④] 由于父母照顾这项债务的高度人身专属性，父母在通常情况下不能通过免责的债务承担脱离债权债务关系，但是可以通过并存的债务承担的方式将部分义务委托给第三人。

① R. Proksch, Begleitforschung zur Umsetzung der Neuregelungen zur Reform des Kindschaftsrechts, 2. Zwischenbericht Teil Ⅱ, Bonn, 2001, I.3.3.1 (S. 14), http://www.bmj.bund.de/media/archive/202.pdf, quoted in Katharina Boele-Woelki, Bente Braat, Ian Curry-Sumne, eds., *European Family Law in Action: Parental Responsibilities,* Oxford, Intersentia, 2005, pp.332-333.

② Katharina Boele-Woelki, Bente Braat, Ian Curry-Sumne, eds., *European Family Law in Action: Parental Responsibilities*, Oxford, Intersentia, 2005, p.333.

③ [德] 迪特尔·施瓦布:《德国家庭法》，王葆莳译，法律出版社 2010 年版，第 334 页。

④ [德] 迪特尔·施瓦布:《德国家庭法》，王葆莳译，法律出版社 2010 年版，第 335 ~ 336 页。

值得注意的是，不仅儿童对父母享有人身上的债权，父母对子女同样可能享有债权。典型的例子是德国法上所规定的家庭中的劳务给付请求权。此项请求权设立的目的在于父母可以从中获得利益的补偿，但是其在性质上具有特殊性。① 这种特殊性表现为，此项债权如同家庭法中的多数债权那样，不得转移和继承，② 并且，此项债权也不会罹于时效。③ 此项债权同样是受制于儿童最大利益原则的限制的，父母不应当安排不合理的劳动义务。在迪特尔·施瓦布看来，法院强行确定家务工作的具体时间是荒谬的。④ 虽然此项债权属于不完全债权（债权不完整享有可诉请履行性、可执行性、可自力实现性、处分权能和保有给付的法律原因等五项权能），⑤ 但是父母可以诉请法院，要求履行该义务。⑥ 但是该项债权不具有可执行性，在可抵偿性上（特别是抵偿子女对父母的抚养费请求权）则是存在争议的。⑦《希腊民法典》中亦有类似的规定，父母有权请求和其共同生活的子女承担与其能力、生活状况以及家庭的生活状况相适应的劳动。⑧ 与德国法类似，此项债权具有人身专属性，不得进行转让处分。⑨ 同样，父母也享有同子女进行交往的请求权，享有父母照顾权的另外一方父母作为子女的法定代理人不得不当阻碍该方父母与子女进行交往。不过与子女所享有的交往权相类似，儿童通常也不能被强迫与享有交往权的父母会

① 杜景林、卢谌：《德国民法典：全条文注释本》（下册），中国政法大学出版社 2015 年版，第 1014 页。

② 杜景林、卢谌：《德国民法典：全条文注释本》（下册），中国政法大学出版社 2015 年版，第 1014 页。

③ 杜景林、卢谌：《德国民法典：全条文注释本》（下册），中国政法大学出版社 2015 年版，第 1014 页。

④［德］迪特尔·施瓦布：《德国家庭法》，王葆莳译，法律出版社 2010 年版，第 307 页。

⑤［德］迪特尔·梅迪库斯：《德国债法总论》，杜景林、卢谌译，法律出版社 2004 年版，第 16 ~ 19 页。

⑥［德］迪特尔·施瓦布：《德国家庭法》，王葆莳译，法律出版社 2010 年版，第 307 页。

⑦［德］迪特尔·施瓦布：《德国家庭法》，王葆莳译，法律出版社 2010 年版，第 307 页。

⑧ AK §1508.

⑨ Ismene Androulidakis-Dimitriadis and Elisabeth Poulou, *Family and Succession Law: Greece*, Alphen aan den Rijn, Wolters Kluwer, 2015, p.110.

面。[①] 事实上，债早已不具备人身支配性这一事实同样可以用来论证父母对儿童的交往权不应当对儿童的人身产生支配。“由于子女自身也有享有与父母交往的权利，子女的意愿毫无疑问应当作最大的考虑。”[②]

（三）债为基础的财产关系体系

1. 概述

在人身关系之外，亲子关系的另外一项重要内容是父母子女之间的财产关系。这种财产关系首先表现为子女与父母间有关于父母照料子女财产的债权债务关系。欧洲家庭法学会对欧洲各国的调查发现，“在多数国家，对子女财产的照顾和对子女人身的照顾都处于平行状态（如奥地利、比利时、保加利亚、捷克、法国、德国、希腊、匈牙利、意大利、立陶宛、荷兰、波兰、葡萄牙、俄罗斯、西班牙和瑞士）”。[③] 在北欧国家（如芬兰、挪威、丹麦和瑞典），[④]“对子女人身的照顾被当作监护（custody）问题进行处理，而对财产的照顾则被当作照管法（law of guardianship）的问题进行处理”。[⑤] 但是，“在通常情况下，父母既是儿童的监护人也是儿童

① §90 Ⅱ S.1 FamFG.

② Dieter Schwab, Peter Gottwald and Saskia Lettmaier, *Family and Succession Law: Germany*, Alphen aan den Rijn, Wolters Kluwer, 2012, p.102.

③ K. Boele-Woelki et al., *Principles of European Family Law Regarding Parental Responsibilities*, Oxford, Intersentia, 2007, p.144.

④ 北欧国家在家庭法统一上领先于欧洲。北欧国家在20世纪初就开始了家庭法领域的统一合作。北欧国家对人身监护和财产照管上概念上的区别使用明显地受到了这一合作统一运动的影响。See Anders Agell, “Is There One System of Family Law in the Nordic Countries?”, *European Journal of Law Reform* 3, 2001, pp.313-330.

⑤ K. Boele-Woelki et al., *Principles of European Family Law Regarding Parental Responsibilities*, Oxford, Intersentia, 2007, p.144.

的照管人”。[①] 至少在大陆法系，对“子女财产的照管构成父母子女关系的重要方面”这一论题不存在太多的争议。谢怀栻先生在对外国亲属法考察后亦得出了“亲子关系包含身份关系和财产关系”[②] 的结论。需要明确的是，父母子女之间的财产关系不仅仅包含父母对子女财产上的照顾。在此之外，未成年子女对父母的抚养费请求权、由于实施父母照顾而产生的父母子女之间的请求权同样是财产关系的重要组成部分。通常情况下，父母通过法定代理的方式对未成年子女的财产进行照顾。由于代理中“自我行为之禁止”原则的存在（参见《德国民法典》第181条），法律原则上禁止父母以未成年子女代理人的名义与自己为法律行为。“自我行为之禁止”之两项理由——“法律行为的可识别性与利益冲突之避免”，[③] 在亲子关系法中尤为凸显。这是由于未成年缺乏保护自我利益之能力，其不能自己许可代理人的自我行为。当然，如果子女的财产利益并没有遭受“抽象的不利”，[④] 属于纯获利益的行为，那么自我行为是被允许的。需要强调的是，这种抽象的不利与事实上的获利是存在区分的。根据史尚宽先生之观点，纯获法律上的利益，是指“既不使之丧失权利，也不使之负担任何法律上之义务”[⑤] 之利益。由此，子女可能在与作为法定代理人的父母之间的法律行为中获得实际的经济利益，但是如果这种获利建立在负担之上，那么也是被禁止的。故而，在财产照顾之外，父母子女之间的财产关系主要是指以子女对父母的抚养费请求权、父母对子女的照顾费用偿还请求权以及子

---

① Eva Ryestedt, “Family Law and Inheritance Law”, in Michael Bogdan, ed., *Swedish Legal System*, Stockholm, Norstedts Juridik, 2010, p.267.

② 谢怀栻：《外国民商法精要》（增补版），法律出版社2006年版，第231页。

③ Brox/walker, Allgemeiner Teil des Bgb, 34. Aufl., 2010. Rn. 589; Larenz/ Wolf, Allgemeiner Teil des Bürgerlichen Rechts, 9. Aufl., 2004, §46 Rn. 117 ff. 转引自朱庆育：《民法总论》，北京大学出版社2013年版，第341页。

④［德］迪特尔·施瓦布：《德国家庭法》，王葆莳译，法律出版社2010年版，第332页。

⑤ 史尚宽：《民法总论》，中国政法大学出版社2000年版，第369页。

女对父母的损害赔偿请求权为基础而形成的债权债务关系。这些请求权在子女无独立人格的那个时代是无法理解的。现在家庭法从个体出发建构的这一前提使得这些请求权的产生不可避免。子女不仅在人格上是独立的，而且在财产上同样是独立的，因此父母也可能会对子女承担侵权责任。同理，父母也有权就其抚养义务之外的人身或财产照顾所产生的费用请求偿还（参见《德国民法典》第 1648 条）。

2. 财产的照顾

父母的财产照顾是父母子女财产关系最基本的内容，但却不一定是最常见的内容。这是因为未成年子女在通常情况下并不拥有大额的财产（不是不拥有财产，未成年人接受他人赠送的礼物是常见的现象）。法律确定拥有照顾权的父母向子女承担财产照顾的债务之目的是保护子女的财产利益。因而财产照顾被界定为“父母维护子女的财产利益，并且为子女利益管理其财产”[①]的行为。在德国法上，父母的财产照顾并不是消极地看管子女的财产，而是需要符合“经济管理原则”（wirtschaftlicher Vermögensverwaltung）。[②]亦即法律要求“父母维持和增加子女的财产”。[③]父母履行这一法定债务的主要方式是通过法定代理权。除了法律规定的限制外，父母可以通过法定代理的方式代子女为法律行为，而由子女承担相应的法律后果。

在财产照顾方面，法律直接设置了诸多限制，或者将限制的权力委托给法院。这些限制的目的是为了制止父母侵害子女财产利益的情况发生。因为现行制度的前提是承认子女的财产应当独立。不过这一原则尚未得到完全的贯彻。例如，“在子女财产的收益无须用于管理子女财产和抚养时，也可以用以满足其他两项目的（如维持父母和其他未婚兄弟姐妹的

① ［德］迪特尔・施瓦布：《德国家庭法》，王葆莳译，法律出版社 2010 年版，第 261 页。

② 参见《德国民法典》第 1642 条。

③ 杜景林、卢谌：《德国民法典：全条文注释本》（下册），中国政法大学出版社 2015 年版，第 1026 页。

生活）”。[①] 这其中隐含的是“家庭团结”[②] 的理念。这可以被认为是“有机伦理体”之家庭理念在家庭法中的最后痕迹。除此之外，法律还表现出对于父母的不信任态度（不过，这种不信任程度要低于对监护人的不信任程度），对有可能对子女财产利益产生重大影响的父母代理行为（如对不动产及其权利的处分行为、对土地进行处分的负担行为、保证责任或者其他债务的承担）进行了限制。限制的事项不仅包含对子女既有权利的处分及其负担行为，而且包含了对子女负担债务的限制（如订立合同关系在子女成年后仍然继续一年以上并且使子女负担给付义务的合同）。亦即限制的对象包含了正、反两个方面。实际上，对负担行为的限制似乎更为重要。如果子女在未成年之前就负担过重的债务，势必会影响子女未来的发展。这项由联邦宪法法院所确认的原则[③] 先被单行成文法[④] 吸收，并进而转化为《德国民法典》第 1629a 条。[⑤]

法律不仅设立了事前的限制，而且父母违反对子女财产的照顾义务的行为不仅可能导致一般财产法意义上的效果，而且可能导致家庭法上的特殊效果。这些特殊效果主要是指法院有权采取相应的特别措施。例如，法院可能命令父母提供相应的担保。

由此可见，父母作为债务人，其履行债务的过程受到了来自于国家的强有力监督。这种监督与一般意义上债的诉请履行和强制执行存在差异。

---

① Nina Dethloff and Dieter Martiny, “National Report of Parental Responsibilities: Germany”, http://ceflonline.net/ wp-content/uploads/Germany-Parental-Responsibilities.pdf, December 26, 2015, p.13.

② Nina Dethloff and Dieter Martiny, “National Report of Parental Responsibilities: Germany”, http://ceflonline.net/ wp-content/uploads/Germany-Parental-Responsibilities.pdf, December 26, 2015, p.13.

③ BVerfGE 72, 155.

④ Gesetz zur Beschränkung der Haftung Minderjähriger 1999.

⑤ [德] 迪特尔·施瓦布：《德国家庭法》，王葆莳译，法律出版社 2010 年版，第 329 页。

在法律后果上，父母违反财产照顾义务的后果也与债法中的后果存在较大差异。最为明显的一项是，父母除了需要承担损害赔偿责任外，还可能被部分或者完全剥夺财产照顾。这种剥夺与债法中债权债务关系的解除和终止均存在较大程度的差异。

3. 抚养费支付

由于父母对子女负担最终责任，即使父母一方或者双方无照顾权，也仍然可能需要负担子女的抚养费用。正如比利时学者弗雷德里克·斯文纳（Frederik Swennen）所言，“向子女支付抚养费的义务，无论是以实物还是以金钱的形式，几乎存在于所有国家，并且与家庭公法（public family law）密切相关”。[①] 这项权利在布莱克·斯通眼里，属于“自然法之原则”（principle of natural law）。[②] 在大陆法系，支付抚养费请求权是家庭法中“基于一定身份关系而发生的债权”的典型代表。[③] 虽然在原初的民法典中就规定了此项债权，但是现在它已经在诸多方面发生了重要变化。首先，平等的时代理念催生了这样的改革——非婚生子女也应该享有此项债权。在发生于 1997 年至 1998 年间对非婚生子女规定的连续性改革之前，非婚生子女只能对母亲一方主张抚养费。[④] 事实上，在此之前发生于 1969 年的改革不仅没有扩大非婚生子女对于生父的抚养费请求权，甚至还在一定程度上缩小了这种请求权。这是由于“根据旧法，生父可以负担子女的

---

① Frederik Swennen, “Private Ordering in Family Law: A Global Perspective”, in Frederik Swennen, ed., *Contractualisation of Family Law: Global Perspectives*, Switzerland, Springer, 2015, p.22.

② William Blackstone, *Commentaries on the Laws of England*, Vol. I, Oxford, Clarendon Press, 1765, pp.447-448.

③ 王泽鉴：《债法原理》，北京大学出版社 2009 年版，第 44 页。

④ 参见修改前的《德国民法典》第 1601 条、第 1606 条。

抚养而无须成为承担相应父母权利和义务的法律上的父亲”。① “这在相关的法律文献中被称为付款父亲（Zahlvater）。” ② 而在经历 1969 年的改革之后，“《德国民法典》第 1600（o）条规定只有在生父要么承认父的身份要么在申明父的身份的诉讼中被法院确认父的身份的情况下，生父才有责任支付非婚生子女的抚养费”。③ 直到 1998 年 4 月 6 日，新颁布的《统一未成年子女抚养权利法》（Kindesunterhaltsgesetz）才统一了婚生子女和非婚生子女的抚养费请求权。其次，抚养费请求权的性质已经发生了重大的调整。特别是由于抚养费的给付与公共的社会福利体系存在高度的关联。“如果公法中已经明确规定社会给付从属（Subsidiarität von Sozialleistungen）于私法的抚养义务……法院可以发布命令，将特定的抚养费请求权以法定债权转让的形式转交给社会救济机构。” ④ 这种状况不仅发生在德国，越来越多的国家抚养费请求权性质也在发生着类似的变化。以美国为例，儿童从父母那里得到抚养费的权利“已经超越了传统的私法救济模式，而迈向

---

① Dieter Giesen, "The Reform of Family Law in Germany", in A. G. Chloros, ed., *The Reform of Family Law in Europe: The Equality of the Spouses-Divorce-Illegitimate Children*, The Netherlands, Springer, 1978, p.134.

② Dieter Giesen, "The Reform of Family Law in Germany", in A. G. Chloros, ed., *The Reform of Family Law in Europe: The Equality of the Spouses-Divorce-Illegitimate Children*, The Netherlands, Springer, 1978, p.134.

③ Dieter Giesen, "The Reform of Family Law in Germany", in A. G. Chloros, ed., *The Reform of Family Law in Europe: The Equality of the Spouses-Divorce-Illegitimate Children*, The Netherlands, Springer, 1978, p.134.

④ [德] 迪特尔·施瓦布:《德国家庭法》，王葆莳译，法律出版社 2010 年版，第 412 页。实际上，这在其他国家也已经成为一种相对普遍的现象。以葡萄牙为例，第 75/98(11 月 19 日）和第 164/99(5 月 13 日）法令确立了这样一项规则——如果儿童的父母不支付抚养费，并且子女没有超过最低工资的其他收入，政府资金可以取代债务人的地位向儿童支付抚养费，并且有权从父母那里获得补偿。See Guilherme de Oliveira, *Family and Succession Law: Portugal*, Alphen aan den Rijn, Wolters Kluwer, 2012, p.174.

了以联邦化（federalization）为特征的现代措施”。[①] 这种超越的实质是国家更多的干预，抚养费支付已经不再被视为单纯的私法事务，并且，法律通过福利削减等措施，强化了对于眠于权利之上的子女的法定代理人的制约。“传统依赖于司法或者私人的抚养费征收体系的低效率被认为是造成儿童贫困现象的重要原因。”[②] 质言之，抚养费给付这项债权中已经融入了社会法的元素。

虽然抚养费给付被认为是家庭法中的典型债权，但其与债法中的债权仍然存在较大的区别。首先，除法律的特别规定之外（如《德国民法典》第 1607 条规定的法定的债权转移），这项权利如同家庭法中的绝大多数权利那样，是不可被转让的。现在，国家督促并监督其法定代理人积极行使这项权利以维护子女的利益。因而如果法定代理人的放弃行为损害了儿童的利益，那么法定代理人的此项处分也应当受到限制。此外，法律也禁止了面向将来的抚养权抛弃。[③] 其次，这项债权的另一个典型特征是，法律并不事先具体确定给付的类型，而是以子女的具体需求为标准，将确定具体内容的权利交给有照顾权的父母。需要注意的是，对子女的照顾行为、提供住房和交通等均可能构成给付。这也是抚养费给付之债在性质上很难被完全归入财产关系的重要原因。因而，抚养费给付之债不能简单地划归于金钱之债的范围内。父母可以通过实物的方式去履行债务，因而原则上，抚养费给付之债在性质上是选择之债，但是这种选择应当首先考虑未成年子女的利益。原则上，父母应当共同确定抚养费给付的内容。在父母一方不享有照顾权的情况下，该方父母的选择权只有在子女被接纳入家

① See D. Kelly Weisberg and Suan Frelich Appleton, *Modern Family Law: Cases and Materials*, 4th ed., New York, Wolters Kluwer, 2009, p.646.

② Stephen Parker, “Rights and Utility in Anglo-Australian Family Law”, *Modern Law Review* 55, 1992, p.312.

③ 参见《德国民法典》第 1614 条。

庭的期间有效。[1]在其他情况下，选择权由子女的法定代理人行使。这与一般血亲抚养中债权的性质完全不同。在一般的血亲抚养中，债权的性质原则上为金钱之债，除非债务人能证明其他给付为正当。[2]此外，另外一项重大区别在于子女无须像在一般血亲抚养中那样动用自己的基本财产来满足需要，只要其财产收入和劳动收入无法满足抚养需求，就可以请求抚养。再次，抚养给付之债的另一个显著特征表现在子女的抚养给付之债与债务人所负担的其他抚养给付之债之间并非处于平等状态。亦即在债务人无力满足所有债务清偿要求的情况下，债权人无权主张按债权比例受偿，而是必须符合法律事先预设的顺序（与破产中的顺序清偿相类似）。根据《德国民法典》第1609条的规定，未成年的未婚子女和视为未成年的未婚子女的未满21周岁的成年未婚子女（第1603条第2款第2句所称的子女）的债权优先于其他血亲被抚养人的债权处于第一顺位。此种债权具有优先性。事实上，这种优先性不仅体现在与血亲抚养相关的债权的类比中，而且体现在与一般债权的类比之中。这里的优先性是自我保存可以构成对一般债权清偿的暂时限制，但是即使父母缺乏给付能力，也应当在有限的财产范围内做出合理的安排。[3]最后，法律设置了对抚养费给付之债的特殊限制来保障债务人的利益。其中一项重要的制度便是对过去的给付请求权[4]进行限制以保证债务人不会遭受难以承受的负担。根据《德国民法典》

---

① 参见《德国民法典》第1612条第（2）款。

② 参见《德国民法典》第1612条第（1）款。

③ 参见《德国民法典》第1603条第（2）款。

④ 需要注意的是，由抚养义务所产生的法律关系整体依《德国民法典》第194条第2款的限制，不受诉讼时效的限制，但是具体的抚养费请求权却会受到诉讼时效的限制。参见［德］迪特尔·施瓦布：《德国家庭法》，王葆莳译，法律出版社2010年版，第415页。如果按照史尚宽先生对请求权和债权的区分见解来理解这一问题似乎更为妥当。具体的抚养费给付请求权依赖于父母子女之间的债权债务关系这一整体。我们所说亲属法中的财产性质的请求权受诉讼时效的限制，实际上是指具体请求权受到限制。参见史尚宽：《民法总论》，中国政法大学出版社2000年版，第24～27页；王泽鉴：《民法总则》，北京大学出版社2009年版，第416页。

第 1613 条的规定，债权人只能在满足下列三项条件中的一项条件时，才能主张给付或者给付障碍时的赔偿。这三项条件包括：债权人已经请求债务人报告其收入和财产；[①]债务人迟延；[②]已经发生抚养费的诉讼。与此同时，法律亦规定了例外，即债权人因法律上的原因或者由于债务人责任范围内的事实上的原因而无法主张权利时（以不会对债务人产生不合理的困难为限）或者存在特殊的需要（请求权产生时起一年内主张）。[③]

4. 费用偿还和损害赔偿

就费用偿还而形成的债权债务而言，它实际上是《德国民法典》第 670 条关于委任合同费用偿还义务的特别化。[④]就损害赔偿而言，一般意见认为，"《德国民法典》第 1664 条不仅为父母设置了责任标准，而且为子女确立请求权上的基础"。[⑤]但是，其他学者提出了不同的观点。另外一派观点的典型意见是：该条规范实际上只是限制父母的责任范围，而并没有提供请求权基础；请求权基础的寻找应当回到侵权法或者债法中。[⑥]一种意见是，将子女对父母损害赔偿的请求权基础追溯至《德国民法典》第 823 条。[⑦]亦即父母违反因违反以保护儿童为目的的法律而需要承担损害

① 参见《德国民法典》第 1605 条。

② 迟延必须满足第 286 条规定的一般性要件，参见杜景林、卢谌：《德国民法典：全条文注释本》（下册），中国政法大学出版社 2015 年版，第 1007 页。

③ 参见《德国民法典》第 1613 条。

④ 杜景林、卢谌：《德国民法典：全条文注释本》（下册），中国政法大学出版社 2015 年版，第 1028 页。

⑤ 杜景林、卢谌：《德国民法典：全条文注释本》（下册），中国政法大学出版社 2015 年版，第 1029 页；Vgl. OLG Köln, FamRZ 1997 1351; MüKo Huber, Rdn 1; Palandt. -Götz, § 1664 Rdn 1.

⑥［德］迪特尔·施瓦布：《德国家庭法》，王葆莳译，法律出版社 2010 年版，第 353 ~ 354 页。

⑦［德］迪特尔·施瓦布：《德国家庭法》，王葆莳译，法律出版社 2010 年版，第 354 页。

赔偿义务。不过，学界和司法界对此均存在较大的争议。[①] 另外一种理解是，将《德国民法典》第1618条关于子女与父母之间应当相互体恤和帮助的规定类比第241条第（2）款，进而将第280条第（1）款作为请求权之基础。[②]《德国民法典》颁布时并没有规定“积极侵害债权（或称积极违约，我国台湾地区称为不完全给付[③]，positive Vertragsverletzung）”，为法律之漏洞。此问题在法律颁布两年后被发现，并获得司法上的解决。[④] 在债法现代化改革之后，该制度被吸收进了《德国民法典》第241条第2款和第280条第2款。做此理解实际上是指父母与子女之间以照顾为给付标的之债务关系可以根据照顾这一内容使父母一方负有顾及子女的权利、法益和利益的义务。“给付之外的义务违反所损害的自然不是债权人的给付利益，但是它也会给债权人带来损害。”[⑤] 作为照顾人的父母在给付（照顾）过程中违反此项义务，积极侵害债权将产生次请求权。亦即子女的损害赔偿请求权并不是主给付请求权，而是产生了次请求权。不过，迪特尔·施瓦布反对这种理解。因为“这种理解将视角放置在了债法体系，而没有考虑家庭关系的强烈人身属性”。[⑥] 笔者以为，以人身属性来反对源于债法的理解是不充分的。比较充分的理由应当来自于对父母和子女利益的斟酌和均衡。法律必须在“父母在这一利他无偿行为中不应承担过重的责任”和“恰当地保护子女利益”之间寻找平衡点。这应当建立在比较“违反保护

---

① Cf. for example, BGH FamRz 1988, 267, quoted in Dieter Schwab, Peter Gottwald and Saskia Lettmaier, *Family and Succession Law: Germany*, Alphen aan den Rijn, Wolters Kluwer, 2012, p.97.

②［德］迪特尔·施瓦布:《德国家庭法》，王葆莳译，法律出版社2010年版，第354页。

③ 王泽鉴:《法律思维与民法实例》，中国政法大学出版社2001年版，第195页。

④［德］莱茵哈德·齐默曼:《德国新债法：历史与比较的视角》，韩光明译，法律出版社2012年版，第63页。

⑤［德］迪特尔·梅迪库斯:《请求权基础》，陈卫佐、田世永、王洪亮等译，法律出版社2012年版，第82页。

⑥［德］迪特尔·施瓦布:《德国家庭法》，王葆莳译，法律出版社2010年版，第354页，

性法律义务”这一侵权法上的请求权基础和“积极侵害债权”这一债法上的请求权基础的构成要件之基础上。迪特尔·施瓦布认为此两种理解均存在问题。前一种理解有削弱儿童保护之嫌，而后一种理解有加重父母责任之嫌，皆不可取，而宜将第 1664 条直接作为请求权之基础。①但是，问题的关键并不在于此。因为第 1664 条作为责任减轻规范是没有异议的，即使作“积极侵害”债权的理解也不会加重父母的责任以至于难以忍受。人们经常将第 1664 条和第 1359 条并列进行分析，因为二者都规定了减轻责任的标准，②将过错责任标准设定为具体轻过失③——缺乏与处理自己事务相同的注意（diligentia quam in suis）。④这与《德国民法典》第 277 条所规定的具体轻过失为同一含义，⑤即“债务在轻微过失情况下，可以免除责任”。⑥与对第 1664 条的理解相对，通常认为第 1359 条关于夫妻间相互履行义务时注意义务的规定不构成独立的请求权基础。⑦做这种区分的目的很大可能上是基于保护子女利益之特殊考虑。但是从债法的角度来理解子女的损害赔偿请求权可能与将照顾视为一项法定之债的观点更为契合。对第 1664 条理解的争论实际上反映了德国学界对于家庭法与债法融合的趋势仍然表

---

①［德］迪特尔·施瓦布：《德国家庭法》，王葆莳译，法律出版社 2010 年版，第 354 页。

② 值得注意的是，判例认为这种减轻责任不能适用于交通事故。See GGHZ 46. 313; BGHZ 53, 352; BGHZ 61, 104, quoted in W.V. Horton Rogers, ed., *Unification of Tort Law: Multiple Tortfeasors*, London, Kluwer Law International, 2004, p.97.

③ 西班牙和匈牙利也有类似的规定。See Article 164 of Spanish Civil Code, § 82 Para. 1 of Hungarian Family Act respectively.

④ Basil S. Markesinis, Hannes Unberath and Angus Johnston, *The German Law of Contract: A Comparative Treatise*, 2nd ed., Oxford, Hart Publishing, 2006, p.451.

⑤ Gerhard Wagner, "Children as Victims in German Law", in Miquel Martín-Casals, ed., *Children in Tort Law Part II: Children as Victims*, New York, Springer-Verlag/Wien, 2007, p.122.

⑥《德国民法典》（上册），陈卫佐译注，法律出版社 2010 年版，第 93 页。

⑦ Vgl. Erman/ K. Kroll - Ludwigs, § 1359 Rn.2. 转引自杜景林、卢谌：《德国民法典：全条文注释本》（下册），中国政法大学出版社 2015 年版，第 906 页。

现出强烈的抵制情绪。德国学者格哈德·瓦格纳（Gerhard Wagner）教授认为，“第1664条之所以规定父母的减轻责任是为了保护家庭免于堕落为意义仅在于财产从一个家庭成员转移到另一个家庭成员的相互诉讼”。[①]但现实的情况是，从个人的角度理解家庭法并进而由侵权行为或者债法上的次请求权去理解子女对父母的损害赔偿请求权是不可避免的。法律不应再执拗于人身属性，而对债之体系的入侵感到忧虑。以个人主观权利为视角来理解家庭法，成员间的相互诉讼就是不可避免的。现在，我们必须清醒地认识到过去法律所塑造的那种温馨家庭图景已经解体，取而代之的是冰冷的权利义务关系。

三、债之概念在亲子关系法中的具体应用（二）：“债权的物权化”在亲子关系外部构造中的价值

（一）子女返还请求权的解释难题

如果我们回到罗马法的家庭定义中，即将法律上的家庭定义为“处于一个支配权下的多个人”，[②]那么家父要求他人返还未成年子女这一规则就很容易得到解释。正如保罗而言，“支配权（potestatis）[③]对于子女而言，它意味着父权”。[④]由此，“对于任何未经‘家父’同意而扣留‘家

① Gerhard Wagner, “Children as Victims in German Law”, in Miquel Martín-Casals, ed., *Children in Tort Law Part Ⅱ: Children as Victims*, New York, Springer-Verlag/Wien, 2007, p.122.

② D.50, 16, 195, 2. 转引自［意］桑德罗·斯奇巴尼选编：《婚姻·家庭和遗产继承》，费安玲译，中国政法大学出版社2001年版，序第3页。

③ 早在十二表法中就规定了家父的支配权。十二表法的核心是围绕家父权（patria potestas）展开的，家父权意指家长（paterfamilias）对子女及其他家庭成员的绝对权利。See e.g. Table Ⅳ, quoted in George Mousourakis, *Roman Law and the Origins of the Civil Law Tradition*, Switzerland, Springer, 2015, p.34.

④ D.50, 16, 215. 转引自［意］桑德罗·斯奇巴尼选编：《婚姻·家庭和遗产继承》，费安玲译，中国政法大学出版社2001年版，第3页。

子’的第三人，‘家父’有权提起诉讼，这种诉讼是一种‘要求返还之诉’（vindicato）”。[①] 日耳曼法中有类似的结构，即“父于其子逃脱父之支配或为他人所侵夺时，有取其子的权利”。[②]“此项权利，最初原系基于父之占有（Gewere）而发生。”[③] 但是，现在的法律已经不再将未成年子女视为父母支配权的客体，其在人格上已经取得独立地位。在这种前提下，“父母要求扣留家子的第三人返还子女的请求权基础”应当作何解释成为了民法教义学和家庭法融合所不得不面临的难题。

就德国而言，法院的判例将父母照顾视为第 823 条第 1 款意义上的绝对权利。[④] 当然，学界对此种判例意见是存疑的。迪特尔·梅迪库斯即将亲属权是否适用于第 823 条第 1 款划入了“存疑适用”的范围。[⑤] 第三人未经照顾权人的同意而非法拐带未成年子女不仅可能产生第 823 条意义上侵权法上的责任（损害赔偿请求权），[⑥] 而且《德国民法典》第 1632 条第 1 款明确规定了对于被扣留子女的返还请求权。学说认为，“该项请求权产生于照顾权人的居所决定权”。[⑦] 因为第三人非法扣留子女妨碍了照顾权人决定子女居所的权利。不过，这种解释仍然无法合理地解释一个问题——

① C.4，43，2. 转引自［意］彼得罗·彭梵得：《罗马法教科书》，黄风译，中国政法大学出版社 2005 年版，第 97 页。

② 李宜琛：《日耳曼法概说》，中国政法大学出版社 2003 年版，第 188 页。

③ 李宜琛：《日耳曼法概说》，中国政法大学出版社 2003 年版，第 188 页。

④《帝国法院民事裁判集》第 141 卷，第 319 页；联邦普通法院裁判，载《家庭法大全杂志》，1990 年，第 966 页，转引自［德］迪特尔·施瓦布：《德国家庭法》，王葆莳译，法律出版社 2010 年版，第 340 页。

⑤［德］迪特尔·梅迪库斯：《德国债法分论》，杜景林、卢谌译，法律出版社 2007 年版，第 660 ~ 662 页。

⑥ § 823 I，BGHZ 111，168［Sorge］，§ § 823 II；235 StGB. See also RGZ 141，39，quoted in Basil S. Markesinis And Hannes Unberath，*The German Law of Torts：A Comparative Treatise*，4th ed.，Oxford，Hart Publishing，2002，p.70.

⑦［德］迪特尔·施瓦布：《德国家庭法》，王葆莳译，法律出版社 2010 年版，第 341 页。

作为法律主体的子女为何沦为权利的客体。对此，学者提出了尖锐的批评，认为“返还请求权原本作为物权法上的物权请求权处理（参见《德国民法典》第985条），但子女非物权客体，故此项立法安排并不适合”。[①]从学者的批评中我们不难看出，返还未成年子女请求权无法在结构上摆脱物上请求权的影子。日耳曼法后期的演进实际上就已经奠定了现行未成年子女返还请求权的雏形。此项请求权的依据从“占有”转向了“父之监护教养之权利义务”。[②]现在，这项请求权的基础被认为是父母照顾权中的居住决定权。这种理解与演进后的日耳曼法不存在本质上的区别。现在的通说认为，“无论是将这种返还请求权视为《德国民法典》第985条意义上的所有人的返还请求权，还是类比为第859条意义上的占有人的自助行为都是不妥当的[③]”。[④]

一方面，人权和基本权利所确定的价值谱系要求我们不能将子女作为权利的客体，另外一方面又有保护子女不被非法拐带的必要。1980年海牙《国际诱拐儿童民事方面公约》（Convention on the Civil Aspects of International Child Abduction，以下简称《海牙公约》）的缔结一定程度上反证了儿童拐带现象的严重。需要说明的是，这里所称的非法拐带是指违背有权决定子女居所的照顾权人意思的扣留行为。如果父母双方处于共同照顾状态，非法拐带就是指违背父母双方共同的居所决定权的行为。[⑤]在只有一方父母享有照顾权或者居所决定权的情况下，该方父母才能对另外一方父母主张上述请求权。不过，另外一方父母合法行使交往权时，该方父母不得主张上述请求权。另外，德国的司法判例认为，对于“扣留”

---

① 杜景林、卢谌：《德国民法典：全条文注释本》（下册），中国政法大学出版社2015年版，第1023页。

② 李宜琛：《日耳曼法概说》，中国政法大学出版社2003年版，第188页。

③ OLG Dusseldorf FamRZ 1974 99; KG NJW 1970 149.

④ MüKoBGB/Huber BGB § 1632 Rn. 4-23, beck-online.

⑤ HK-BGB/Rainer Kemper BGB § 1632 Rn. 1-7, beck-online.

（Vorenthalten）的解释应当十分谨慎——“单纯为子女提供食宿这一行为本身并不构成扣留”。[①] 这种谨慎源于对前文所述的儿童利益原则的首要性考虑。另外，如迪特尔·施瓦布所指出的那样，“是否构成扣留应当视子女的年龄而定，违背有照顾权父母的同意只对 14 周岁以下的儿童具有绝对的效力”。[②] 这是由于现代的家庭法普遍认为，伴随着子女年龄的增长，子女的意愿应当发挥越来越重要的作用。法律在制度上的选择实际上必须要平衡子女不断增长的个人利益与保护父母子女间这种自然关系之间的冲突。但前提是，制度选择及其解释不能将子女视为权利的客体。这就带来了传统框架上的解释性难题。虽然德国学界现在清楚地认识到了“不宜将子女作为权利的客体，第 1632 条所规定的请求权只是一种带有人身性质的请求权”,[③] 但是这样的理解仍然未能提供令人信服的解释。在笔者看来，这种困局主要是由于这样的原因造成的——人权公约和基本法所主张的人格的独立和抽象平等催生了债之概念在亲子关系法内部的适用，而人权公约和基本法所主张的对父母子女关系的保护又催生了父母子女之间权利义务的对世性。

（二）基于债权的安排

1. 康德分类及其启示

事实上，德国哲学家康德早在《法的形而上学原理：权利的科学》一书中就指出了父母权利的特殊性。一方面，康德认为，“孩子们具有人格这一事实可以推导出这样的结论——无论如何不能把子女看作是父母的财

---

① 参见杜塞尔多夫高级地方法院裁判，载《新法律周刊》,1968 年，第 453 页以下；科隆地方法院裁判，载《家庭法杂志大全》，1972 年，第 376 页。转引自［德］迪特尔·施瓦布:《德国家庭法》，王葆莳译，法律出版社 2010 年版，第 340 页。

②［德］迪特尔·施瓦布:《德国家庭法》，王葆莳译，法律出版社 2010 年版，第 340 页。

③ Gernhuber/Coester-Waltjen § 57 RdNr. 47; Staudinger/Salgo RdNr. 5.

产”。[①] 另一方面,“子女如同别的东西一样为父母所占有”。[②] 也就是说,“当孩子被他人占有时，父母可以把他们的子女从任何占有者手中要回来，哪怕违反子女本人的意志”。[③] 如前文所述，现代亲子法的首要任务是保护子女的利益，因而也必然更加尊重子女的意志。就德国法而言，“对于具备一定意思表示能力的年满 14 周岁的未成年子女，通常只有在他们受到精神或者身体的压力时，才属于第 1632 条意义上的扣留”。[④] 除了这一点的细微差别，现代的法律与康德的主张存在惊人地一致。在康德看来，父母的权利是“对物权和对人权的混合体”，准确地说，是“有物权性质的对人权”。[⑤] 所谓有物权性质的对人权，实际上是指父母权利是一种“按照物权方式构成的并被执行的对人权”。[⑥] 亦即父母不仅可以向第三人主张类似于物上请求权的权利，还可以对子女进行类似于对物的支配——“在子女逃跑时将其抓回”。[⑦]

加拿大多伦多大学法哲学教授亚瑟·里普斯坦（Arthur Ripstein）在《权力和自由：康德的法律和政治哲学》（*Force and Freedom*：*Kant's Legal and Political Philosophy*）一书中通过形象的比喻对这三类权利的区别进行

---

① [德] 康德:《法的形而上学原理：权利的科学》，沈叔平译，林荣远校，商务印书馆 1991 年版，第 101 页。

② [德] 康德:《法的形而上学原理：权利的科学》，沈叔平译，林荣远校，商务印书馆 1991 年版，第 101 页。

③ [德] 康德:《法的形而上学原理：权利的科学》，沈叔平译，林荣远校，商务印书馆 1991 年版，第 101 页。

④ [德] 迪特尔·施瓦布:《德国家庭法》，王葆莳译，法律出版社 2010 年版，第 340 页。

⑤ [德] 康德:《法的形而上学原理：权利的科学》，沈叔平译，林荣远校，商务印书馆 1991 年版，第 101 页。

⑥ [德] 康德:《法的形而上学原理：权利的科学》，沈叔平译，林荣远校，商务印书馆 1991 年版，第 101 页。

⑦ [德] 康德:《法的形而上学原理：权利的科学》，沈叔平译，林荣远校，商务印书馆 1991 年版，第 101 页。

了恰当的阐述。“就财产而言，我占有并且使用某物；就合同而言，我享有为我自己的目的使用你的力量的有限权利，但是我并不拥有你本人；就第三类权利而言，我拥有你，但是我无权根据自己的目的使用你。”①他进一步分析了三类权利中错误（wrong）的表现形式——“财产关系中的错误就是指干涉他人遵循自己的意愿设定和实现目标，合同中的错误就是对你财产的特定使用，而这种特定使用的权利你已经让与给你的合同相对人，而身份中错误则是利用别人来增进你自己的利益”。②能准确表达第三类关系中法律结构的是普通法中的信托结构。在这种结构中，“受益人并不处于同意或者否决的地位，或者说内在的不平等、关系本身的弱点使得同意必然成为问题，因而受托人只能为受益人的利益而行动”。③“虽然相对于父母终止其与子女的关系而言，受托人可以通过辞职的方式更为容易地终止其与受益人的关系，但是从外部自由的角度来看，二者几乎完全一致——一方不能利用他人或者他人的财产来实现他人没有表达的目的。”④就子女返还请求权而言，通过信托结构来理解的具有合理性的原因在于它正确地揭示了这样的命题——“如果第三方承担了受托人的角色，即使他在承担受托人的角色中表现出色，他也是错误的”。⑤另外一项合理性可能源于信托结构中各方处于平等而非支配状态。正如雅各伯·温里布（Jacob Weinrib）教授所分析的那样，“在信托关系中，法律通过强加给受托人为

① Arthur Ripstein, *Force and Freedom: Kant's Legal and Political Philosophy*, Massachusetts, Harvard University Press, 2009, p.76.

② Arthur Ripstein, *Force and Freedom: Kant's Legal and Political Philosophy*, Massachusetts, Harvard University Press, 2009, p.76.

③ Arthur Ripstein, *Force and Freedom: Kant's Legal and Political Philosophy*, Massachusetts, Harvard University Press, 2009, p.73.

④ Arthur Ripstein, *Force and Freedom: Kant's Legal and Political Philosophy*, Massachusetts, Harvard University Press, 2009, p.73.

⑤ Arthur Ripstein, *Force and Freedom: Kant's Legal and Political Philosophy*, Massachusetts, Harvard University Press, 2009, p.73.

受益人利益而行动的义务来实现各方的平等”。[①]

实际上康德对于亲子关系的此种认识在那个时代绝对是富有创新精神的。[②] 这是由于康德的认识摆脱了从罗马十二表法以来基于父权的支配性认识。“在这种物权性质的对人权中，权利人获得的并不是以他人行为为标的之特定给付，而是一种为他人利益而行动的一般性权利。”[③] 康德的此种认识实际上来源于他的哲学思想。康德在《道德形而上学纲要》中关于人的尊严的阐述对现代人权和基本权利的思想产生了深刻的影响。正如德国法学家阿图而·考夫曼所评价的那样，“如果我们今天在宪法的基本权利目录中，发现不可放弃和不能处置的法治国之最低标准时，那就是康德主义的遗产”。[④]“每个人都有资格获得他人的尊重并尊重他人。”[⑤] 人的这种尊严表现在人只能被视为目的，并且始终是目的，而不能被当作手段。[⑥] 我国著名哲学家苗力田先生为康德的《道德形而上学原理》中译本所作的序《德性就是力量：从自主到自律》中指出，[⑦]

在康德这里，人，总体说来，每个有理性的东西，都自在地作为目的而实际存在着。他们不单纯是这个或那个意志使用的工具。在他们的一

① Jacob Weinrib, “What Can Kant Teach Us about Legal Classification?”, *Canadian Journal Law & Jurisdiction* 23, 2010, p.216.

② Sagi Peari, “Choice of Law in Family Law: Kant, Savigny and the Parties’ Autonomy Principle”, *Public Law & Legal Theory Research Paper Series Working Paper No*, 14-18, May 2014, p.598.

③ Sagi Peari, “Choice of Law in Family Law: Kant, Savigny and the Parties’ Autonomy Principle”, Public Law & Legal Theory Research Paper Series Working Paper No, 14-18, May 2014, p.598.

④ [德] 阿图尔·考夫曼、温弗里德·哈斯默尔主编:《当代法哲学和法律理论导论》，郑永流译，法律出版社 2013 年版，第 95 页。

⑤ [美] 列奥·斯特莱斯、约瑟夫·克罗波西主编:《政治哲学史》(第 3 版)，李洪润等译，法律出版社 2009 年版，第 589 页。

⑥ [美] 列奥·斯特莱斯、约瑟夫·克罗波西主编:《政治哲学史》(第 3 版)，李洪润等译，法律出版社 2009 年版，第 589 页。

⑦ [德] 康德:《道德形而上学原理》，苗力田译，上海人民出版社 2002 年版，第 29 页。

切行动中，无论是对于自己，还是对于别人，任何时候都必须被当作目的。只有他们才被称为人身（Personen），其他无理性的东西则被称为物件（Sachen）。因为，他们的本性表明自在地就是目的，是一种不可以被当作手段使用的东西，从而是限制一切任性的最高条件，人是绝对不许随意摆布的，必须是受尊重的对象。

从苗力田先生的归纳中，我们不难看出，即使是子女，也不能作为手段而使用，不能被当作物件。子女和父母在抽象人格上是平等的。因而，处于对人的尊严的尊重，物权的结构不能适用于子女。父母子女关系中权利的实现针对的是另外一个自由人的人格，因而不能比照对物支配权产生对人支配权。[①]源于康德的思想，对人的尊严加以保护的人权和基本权利在现代法上担当了将子女排除支配权客体的重任。因而，从基本结构上来看，父母与子女之间法律关系的唯一形式只能是债权债务关系。[②]从权利的角度来看，只能是“对人权”。但是，由于存在“对家庭中个人利益进行保护以从总体上对抗外界”[③]的需求，法律必须借助“对物权”结构中的“对世性”效力。事实上，康德分类的意义不仅局限于亲子关系法，而是“为概念化和体系化家庭法提供了理念基础，从根本上回答了家庭权利到底在性质上是对人权还是对物权这一体系化家庭法的理论困惑”。[④]他对于家庭关系中权利性质的独到见解为后世从对内和对外两个视角分析家庭权利的性质奠定了基础。

2. 债权的物权化方案

债权的物权法方案建立在这样两个前提之上：第一，承认民法教义

① 金可可：《论支配权的概念：以德国民法学为背景》，载《中国法学》2006 年第 2 期。

② 亦有观点认为，在家庭内部领域，法律的保护是从人格保护视角出发的。但实际上，亲子关系中各种权利的效力与人格权存在巨大的差异。参见［德］本德·吕斯特、阿斯特丽德·施塔德勒：《德国民法总论》（第 18 版），于馨淼、张姝译，法律出版社 2017 年版，第 55 ~ 56 页。

③［美］罗斯科·庞德：《法理学》（第 3 卷），廖德宇译，法律出版社 2008 年版，第 52 ~ 53 页。

④ See Bernardo B. Queiroz de Moraes, “Family Law from Pufendorf to the Twenty-First Century: Systems and Microsystems”, *Forum Historiae Iuris* 2016, paras.25-26.

体系与家庭法存在融贯性；第二，在债权和物权之外不另行创设其他的概念。因而，“债权的物权化方案”包含两项内容：第一，在父母与子女的内部关系上，承认权利的相对性；第二，在与第三人的关系上，承认权利的绝对性。亦即，在第一层面，存在父母对子女的法定之债。在这一层面，除了偶尔的例外之外，基于债之体系能够为父母子女之间的关系提供合理而有效的解释。但是，在第二层面，困境出现了。我们首要的任务在于确认第三人拐带子女所侵害的到底是父母还是子女的权利，抑或是二者共同的权利。因为教义体系是建立在个人权利的思维基础之上的，而不是家庭的有机体观念。我们不能说拐带子女侵害了“家庭的权利”，而只能将侵害的对象确定为属于某个个人的权利。“家”不是现代法律意义上的主体（至少在私法中是如此）。因而，只存在父母或者子女在家庭关系中的个人利益。从父母这方的角度来看，这里存在两种可能的解释。第一种方案是，拐带子女侵害了父母的人格权。因为，正如庞德所分析的那样，这中间包含了父母可以在子女陪伴过程中所产生的人格利益。① 如果作此种解释，那么在侵害父母对子女居所决定权的表述之下实际上隐含了对父母人格权的侵害。父母的此项人格利益属于一般人格权的范畴。但是，作此解释可能带来一项问题，父母如何可依据一般人格权向第三人主张子女的返还？在侵权法的框架范围内，这一目标明显难以实现。另外一种方案是，拐带子女侵害了父母的对人权。当然，根据德国法学家温德沙伊德的观点，对人权包含了家庭权和债权两种类型。“前者属于家庭关系的后果，因道德义务而存在，后者属于个人意思力的扩张，并不以家庭的道德观念为其依据。” ② 如果我们作家庭权的理解，实际上是在债权和物权之外确立

① [美]罗斯科·庞德：《法理学》（第3卷），廖德宇译，法律出版社2008年版，第57页。

② Bernhard Windscheid, Lehrbuch des Pandektenrechts, Erster Band, Literarische Anstalt, Frankfurt a. M., 1900, achte Auflage, ss. 145-146. 转引自金可可：《温德沙伊德论债权与物权的区分》，载王洪亮、张双根、田士永主编：《中德私法研究》2006年第1卷，北京大学出版社2006年版，第170页。

了一种模糊的权利类型。因为家庭权本身的内涵和外延一直处于一种变动之中，特别是现在家庭权中支配性因素的消失，使其看上去与一般意义上的权利范畴相去甚远。事实上，在技术化的民法教义体系内我们很难从“义务权”的角度去理解照顾权的性质。[①] 债权成为唯一可能的选择。但是权利的主体无疑是子女而不是父母。因而，从父母的角度是无法理解返还子女权的合理性的。

与从父母一方出发的角度类似，从子女一方出发，我们同样可以形成两种方案。第一种方案是，基于“子女人格权受到侵害”这样一种结构，作为法定代理人的父母自然可以代理子女主张第三人承担侵权法上的责任。但是，这种理解同样无法为返还子女请求权提供合理的说明。第二种方案是，承认子女照顾的法定之债，并将其作物权化的处理。这样的处理与康德所言的“有物权性质的对人权”的精神内涵完全一致。“债权的物权化（Verdinglichung Obligatorischer Rechte）构成了对传统民法教义学的挑战，此项洞见在德国法学家发表同名著作之后，进入了法学的视野。”[②] 杜尔凯特分析了两类不同类型的债权物权化现象：第一类现象为履行之过程之物权化；第二类现象为债权性权利地位的物权化（Verdinglichung obligatorischer Rechtsstellungen）。[③] 与本书可能相关的为第二类物权化现象。杜尔凯特的分析实际上并没有触及家庭法领域，而是将讨论的范畴局限在财产法领域。不过，杜尔凯特所带来的启示是，“占有”或者“登记占有”

---

① [德] 格恩胡贝尔：《亲属法教科书》，第 3 章第 2 节第 6 和第 49 章第 3 节第 2。转引自 [德] 卡尔·拉伦茨：《德国民法通论》(上册)，王晓晔、邵建东、程建英等译，法律出版社 2003 年版，第 283 页。

② [德] 赫尔曼·魏特瑙尔：《物权化的债之关系》，张双根译，王洪亮校，载王洪亮、张双根、田士永主编：《中德私法研究》2006 年第 1 卷，北京大学出版社 2006 年版，第 146 页。

③ [德] 赫尔曼·魏特瑙尔：《物权化的债之关系》，张双根译，王洪亮校，载王洪亮、张双根、田士永主编：《中德私法研究》2006 年第 1 卷，北京大学出版社 2006 年版，第 147 页。

在“物权化这一现象中具有决定性的教义学上的地位”。[①] 子女对父母的债权是否因登记而具有对抗第三人的效力呢？答案似乎是存疑的，因为父母对子女之间的照顾关系并不以实然登记为成立或者生效要件。当然，依据德国法之规定，父的身份可通过在民事身份登记部门登记的方式取得。但是，这并不是父的身份获得的唯一方式，并且父的身份和照顾权之间也不具有完全的对应关系。但是，父母与子女之间因为照顾确实可以产生类似于“占有”的外观。当然这种类似于占有的外观并不是占有，而是照顾。可能的解释是子女与父母在这种“照顾”中产生了类似于公示的效果。父母作为子女的法定代理人有权要求第三人尊重子女被父母照顾的权利。这样,“返还子女”不过是父母代理子女要求排除权利行使妨碍的一种方式。[②] 因为第三人拐带子女对子女被照顾权的实现构成了妨碍。当然，这种解释难免存在牵强附会，削足适履之嫌。因为这不是用概念去适应生活的需要，而是将生活强行注入了概念的机器。

保护父母与子女的自然关系是人权公约和宪法确立的一项重要原则，但是教义学所能够提供的私法工具的有限性，使得在私法的领域内实现这一原则面临学理上的解释困难。另外，为什么德国法院倾向于将父母子女的关系（照顾权）视为绝对权利，而倾向于否认夫妻间的关系（配偶权）的绝对性仍然是理论争议的焦点。[③]

---

① Dulckeit, Die Verdinglichung obligatorischer Rechte, Recht und Staat 158/159, Tübingen 1951, S.11. 转引自［德］赫尔曼·魏特瑙尔:《物权化的债之关系》，张双根译，王洪亮校，载王洪亮、张双根、田士永主编:《中德私法研究》2006 年第 1 卷，北京大学出版社 2006 年版，第 151 页。

② 如果将讨论的语境拉入我国的双轨制模式，实际上侵权法的责任形式已经足以提供解释的框架。对双轨模式的讨论及其批评，参见王洪亮:《原物返还请求权：物上请求权抑或侵权责任方式》，载《法学家》2014 年第 1 期；温世扬、廖焕国:《论物权的民法保护之范式：以物上请求权与侵权请求权为中心考察》，载《中南大学学报》（社会科学版）2004 年第 1 期；崔建远:《绝对权请求权抑或侵权责任方式》，载《法学》2001 年第 11 期。

③ Basil S. Markesinis and Hannes Unberath, *The German Law of Torts: A Comparative Treatise*, 4th ed., Oxford, Hart Publishing, 2002, p.70.

（三）交往权的外部结构

这里所要讨论的交往权不是指作为照顾内容的交往决定（此种决定对第三人也发生效力）[①]——因为《德国民法典》第 1632 条第 2 款主要涉及的是禁止交往的问题，而是要讨论父母或者子女所享有的交往权的外部属性。与第 1632 条中享有照顾权的父母的交往决定权不同，第 1684 条规定了不享有照顾权的父母与子女之间的交往。换言之，享有照顾权的一方父母的交往决定权在此通常是不适用的，其必须借助于法院来限制或者禁止这种交往。和子女与其他人的交往不同的是，子女与不享有照顾权的父母之间的交往被首先推定为正当，而无须证明其符合子女的利益。[②] 在不享有照顾权的父母的此种交往权被侵害时，法律应该为其提供怎样的请求权基础呢？法兰克福高等地方法院和德国联邦普通法院的判例认为，如果照顾权人损害了另外一方父母已被法院裁判所确定的交往权利，那么受害父母所主张的损害赔偿的基础是"积极侵害债权"。[③] 理由在于，享有照顾权的父母负有维护另外一方父母财产利益的保护性义务。积极侵害债权通常包含两种类型：一为不良履行主给付；二为不履行保护或者其他义务。[④] 从德国联邦普通法院的判决来看，属于后一种情况。德国学者迪特尔·施瓦布对此提出了疑问，即在父母双方通过协议而非法院裁判确定子女具体交往安排时，是否可以同样适用该请求权基础呢？更为深层次的问题是，如果是第三人不当妨碍了交往权的实现，那么这种妨碍与作为照顾权人的

①［德］迪特尔·施瓦布：《德国家庭法》，王葆莳译，法律出版社 2010 年版，第 342 页。

②《德国民法典》第 1684 条、第 1685 条。

③《家庭法杂志大全》，2002 年，第 1099 页。转引自［德］迪特尔·施瓦布：《德国家庭法》，王葆莳译，法律出版社 2010 年版，第 390 页；vgl. auch OLG Frankfurt，Az. 6 UF 175/99 in FF 2003，222；BGH，Urteil vom 19.6.2002.

④［德］迪特尔·梅迪库斯：《德国债法总论》，杜景林、卢谌译，法律出版社 2004 年版，第 313 ~ 314 页。

父母的妨碍在构成要件上有何区别呢？事实上，根据奥地利学者 Thomas Thiede 的考察，将“积极侵害债权”作为请求权基础的前述判例是目前唯一出现的案例。[①] 通过第 823 条来实现侵权法上的救济似乎是更为普遍的方式。[②] 通过第 823 条第 1 款来实现救济又存在两种可能的解释：一是妨碍交往的行为侵害了交往权本身；二是妨碍交往的行为侵害了父母或者子女的人格权。值得注意的是，根据目前的通说，第 823 条第 1 款中的“其他权利”并不包含债权。因为如果承认“其他权利”包含债权，那么整个的财产法体系都可能被纳入“大的侵权的一般条款”。[③] 更深层次的原因在于，将作为相对权的债权纳入侵权责任法可能会导致责任的不确定，从而对自由形成不适当的限制。[④] 只有那些因占有而得到加强的债权才能纳入第 823 条第 1 款“其他权利”的范畴。如果说父母照顾还有这种类似于占有的外观，交往似乎并不存在这种外观。缺乏外观可能会影响对侵权人过失的判断。例如，第三人在拐带子女进而妨碍交往时很可能并不知情交往权的存在。

那么来自于对人格权的解释能否行得通呢？德国联邦宪法法院的判例表明，《德国民法典》第 1684 条有关交往权的规定实际上是《德国基本法》第 6 条第 2 款的具体化。[⑤] 亦即交往权属于“抚养和教育子女之自然权利”。但是这项利益尚未被类型化为特殊人格权，而仍需通过肇始于《德国基本法》的一般人格权框架予以保护。如果通过这种框架性的权利

---

① Thomas Thiede, German Perspective on OGH 4 Ob 8/11x, 2 European Review of Private Law 592 2012.

② Thomas Thiede, German Perspective on OGH 4 Ob 8/11x, 2 European Review of Private Law 592 2012.

③ [德] 迪特尔·梅迪库斯：《德国债法分论》，杜景林、卢谌译，法律出版社 2007 年版，第 662 ~ 663 页。

④ [德] 迪特尔·施瓦布：《民法导论》，郑冲译，法律出版社 2008 年版，第 221 ~ 222 页。

⑤ BGH 1 Dec. 1999, BGHZ 2000, 2201.

（Rahmenrecht）来保护父母或者子女在交往中的人格利益，那么利益平衡就成为了必要。[①] 这样的保护效果明显不如将其直接视为一项绝对权，而无须借一般人格权的框架。另外，欧洲人权法院在以 Kautzor v. Germany[②] 为代表的相关判例中的意见值得我们深思，即区分作为私人生活应受尊重权组成部分的父母子女的生物学联系和作为家庭生活重要组成部分的父母子女关系。[③] 按照这种思路，将父母子女之间的相互探望直接视为绝对权实际上提供了更高层次的保护。这样，就无须在借用只能提供相对较低层次保护的一般人格权框架。另外，一般人格权框架中也包含了更多的争议，如对非财产损害的抚慰金赔偿的争论并没有伴随着第 253 条第 2 款的修订而停止。[④]

从比较法的角度来看，无论是英国还是美国，均普遍承认对妨碍交往的财产损失的赔偿，[⑤] 但对于非财产损失的赔偿则没有定论。美国部分州的法院曾支持此种主张。[⑥] 在多数情形中，这种妨碍主要是来自于另外一方父母。由此，我们不妨作出这样一种大胆的假设：联邦普通法院通过“积极侵害债权”制度来保护交往更多的是基于这样的现实——对交往权的侵害多来自于照顾权人，而“积极侵害债权”制度在保护交往权人的同时限制了责任的形态，即原则上不支持对精神的损害。不过这一制度对第三人而言并无适用的余地。承认债权对外的绝对效力似乎是不可避免的选择，

① [德] 迪特尔・梅迪库斯：《德国债法分论》，杜景林、卢谌译，法律出版社 2007 年版，第 622 页、第 666 页。

② Kautzor v. Germany, no. 23338/09, § 63, 22 March 2012.

③ See also e.g. Rasmussen v. Denmark, 28 November 1984, § 33, Series A no. 87 and Krisztián Barnabás Tóth v. Hungary, no. 48494/06, § 28, 12 February 2013.

④ [德] 迪特尔・梅迪库斯：《德国债法分论》，杜景林、卢谌译，法律出版社 2007 年版，第 669 页。

⑤ See Sonia Harris-Short and Joanna Miles, *Family Law: Text, Cases, and Materials*, Oxford, Oxford University Press, 2011, p.798; Margaret M. Mahoney, “The Enforcement of Child Custody Orders by Contempt Remedies”, *University of Pittsburgh Law Review* 68, 2007, p.875.

⑥ See e.g. Habie v. Habie, 654 So. 2d 1293, 1294-95 (Fla. Dist. Ct. App. 1995).

虽然这种承认可能会破坏教义学的传统体系。

四、小结

综上所述，债之概念在亲子关系内部的适用存在较高的契合性，但是在解释亲子关系的外部效力时却遇到了较大的困难，无论是司法实务还是学说见解均出现了较大的分歧。这表明，债法与亲子关系法的融合存在一定的困境。这种困境远比婚姻法要严重。这是由于，亲子关系中被注入了保护子女这样一个首要的目标。虽然，法律承认父母与子女的人格上的抽象平等，父母的任何权利都不能损害子女的人格尊严，但是，与婚姻法的不同之处在于，亲子关系法并不强调父母与子女之间的实质平等，而是将“儿童最大利益”作为首要目标。在亲子关系法领域的平等改革主要是婚生子女和非婚生子女的平等。正如托马斯·蒂德（Thomas Thiede）所指出的那样，“无论是以积极侵害债权还是以《德国民法典》第 823 条第 1 款作为侵害交往权民事救济的基础实际上都只具有边缘意义”。① 其中一个重要原因是，法律所意欲实现的目标重心并不在于如何实现对受害父母或者子女的金钱赔偿，而是现实地推动交往权的实现。换言之，亲子关系法比婚姻法包含了更多的社会目标，这些目标在很大程度上导致了“弱化权利”现象的产生。在亲子关系法中，“善”（good）优先于“权利”（right）的现象② 明显背离了作为民法教义学精神内核的“权利优先于善的假设”。③ 葡萄牙学者吉列尔梅·戴·奥利维拉（Guilherme

① Thomas Thiede, "German Perspective on OGH 4 Ob 8/11x", *European Review of Private Law* 2, 2012, p.595.

② Stephen Parker, " Rights and Utility in Anglo-Australian Family Law", *Modern Law Review* 5, 1992, p.312. 参见刘征峰:《善和权利之间的博弈：亲子关系法现代化中的法理基础转换》，载《法界天平》2015 年第 5 期。

③ See Ernest J. Weinrib, *The Idea of Private Law*, Oxford, Oxford University Press, 2012, p.109.

De Oliveira）教授从另外一个角度揭示了此种现象。他认为，“父母照顾的法律性更多地表现为满足照顾子女的目的而由法律确立的功能性权力（functional power），而不再是主观权利（subjective right）”。[①] 事实上，温德沙伊德早在一百余年前就观察到了家庭权从纯粹权利的形式向非纯粹权利形式转化的过程。[②] 虽然亲子关系法在过去一个多世纪发生了重大的调整，但是在传统民法教义学的概念体系内向纯粹的权利体系演进仍然存在极大的困难。

第三节　债之概念在婚姻法中的应用

一、婚姻法的契约化：从“类型法定”到“契约之债”

当我们谈论家庭法与债法的交汇及其合作时，婚姻法在过去一百余年间的变革或许相对于亲子关系法更适宜于这个主题。德国法学家克尼佩尔归纳了两种相对立的改革趋势：

可以用下述词汇将家庭法的改革精确地表述为——反制度化（De—Institutionisierung）、主观化（Subjektivierung）和自治化（Autonomisierung），而债法的改革则可以表述为制度化（Instituionisierung）、客观化（Objektivierung）、反自治化（De—Autonomisierung）。[③]

在亲子关系法中，除“婚生子女和非婚生子女”的平等化改革所表现

① Guilherme de Oliveira, *Family and Succession Law: Portugal*, Alphen aan den Rijn, Wolters Kluwer, 2012, p.169.

② 金可可：《温德沙伊德论债权与物权的区分》，载王洪亮、张双根、田士永主编：《中德私法研究》2006 年第 1 卷，北京大学出版社 2006 年版，第 170 页。

③ [德]罗尔夫・克尼佩尔：《法律与历史：论〈德国民法典〉的形成与变迁》，朱岩译，法律出版社 2003 年版，第 172 页。

出的反制度化趋势外，亲子关系法实际上并没有呈现出主观化的趋势，相反“儿童最大利益”这一霸王原则的普遍化使得亲子关系法呈现出一定制度化的倾向。当然，法律强化对儿童意愿的重视，与自治化可能存在一定的关联。正如英国法学家拉兹所言，“个人自治理念背后的支配性假设是人们应当决定他们自己的生活”。[①]让儿童更多地参与到对自己命运和生活方式（如宗教教育）的决定中无疑反映了个人自治的理念。与此相对，婚姻法的变化完整地契合了上述三个关键词。婚姻法与债法的交汇不仅仅是法定之债的使用（如配偶间的抚养义务），更为重要的是契约之债的扩大化。契约之债的扩大化背后反映了这样的假设——夫妻双方在选择生活方式并受这种选择约束方面享有了更多的自由。事实上，这种自由不仅表现在婚姻内，更反映在法律扩大了人们可选择生活形态的类型。以法国为例，改革后的法律中实际上出现了三种效力依次递减的共同生活形态：婚姻（mariage civil）、民事互助契约（pacte civil de solidarité，PACS，适用于同性或者异性）、单纯的同居（concubinage）。[②]与婚姻中相对较强的类型法定相对，后两种形态中契约之债可利用的空间更大。图4-1为法国经济统计局对2000年至2014年婚姻和登记伴侣数量情况的统计。

---

① Joseph Raz，*The Morality of Freedom*，Oxford，Oxford University Press，1986，p.369.

② See Frédérique Ferrand and Laurence Francoz-Terminal，“ National Report on Informal Relationships：France”，http://ceflonline.net/wp-content/uploads/France-IR.pdf，December 21，2015，pp.7-8. 需要强调的是，单纯同居从严格意义上来说并不是被类型化的共同生活形态，虽然《法国民法典》第515-8条对此概念存在界定。与其说是一种选择，不如说是一种事实。虽然是一种事实，但是仍然具有一定的法律效力，比如双方可以接受人类辅助生殖。

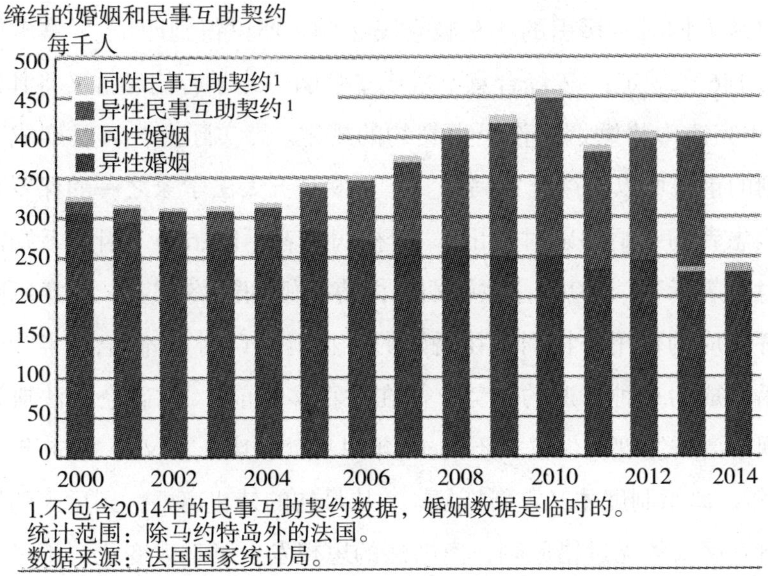

图 4-1①

从图 4-1 中我们不难发现，2000 年以来，婚姻总体数量正在降低以及民事互助契约总体数量正在增加。此种经验性的数据实际上表明，婚姻对年轻人的吸引力降低，人们更乐于选择更少内容强制的生活形态。特别是对于青年人而言，婚姻这种形态的吸引力更是大幅度降低。法国 2014 年的调查表明，25 岁以下成年人中的 84% 选择以单纯同居的方式共同生活。②

就婚姻制度而言，其大致可以分为婚姻的成立、婚姻内容和婚姻的终

① INSEE, TEF, édition 2015, http://www.insee.fr/fr/ffc/tef/tef2015/T15F033/T15F033.pdf, December 21, 2015, p.29.

② INSEE, TEF, édition 2014, http://www.insee.fr/fr/ffc/docs_ffc/tef2014.pdf, December 21, 2015, p.28.

止。过去，对于契约在婚姻中作用的理解往往局限于婚姻的成立。[①]这种观点可以从人们时常援引的《拿破仑民法典》那里得到印证。《拿破仑民法典》第146条规定："未经合意不得成立婚姻。"[②]学者们经常又将其追溯至1791年宪法中将婚姻视作民事契约的规定。[③]实际上，对婚姻成立中同意原则的重视可以回溯至罗马法。作为罗马五大法学家之一的保罗在分析精神病患者的结婚问题时指出，"精神病患者不能结婚，因为婚姻需要同意的意思表示"。[④]但是，在婚姻的内容和婚姻的终止上，同意原则并没有发挥相应的作用。特别是在婚姻的终止上，直到20世纪后半叶，无过错离婚才成为一种普遍的趋势。而在一百多年前，《拿破仑民法典》中昙花一现的离婚制度，仅仅在不到12年以后就被废止。又等了68年，直到1884年，离婚制度才又重新恢复。[⑤]从最初的禁止离婚，到后来的过错原则，再到后来的无过错原则，离婚法的思想发生了重大变化。不过，绝不能将现在流行的无过错原则理解为契约离婚。因为无过错原则事实上包含了两项具体原则：一为破裂原则，即婚姻无可避免地破裂，这是一项客观的原则；另外一项原则才是协议离婚，即配偶双方可以单纯通过协议的方式结束婚姻。就德国法而言，其现行的制度实际上是以破裂原则为基础的，但同时在一定程度上承认了协议离婚。[⑥]从比较法的角度来看，完

---

① 实际上，意大利学者桑德罗·斯奇巴尼教授对罗马法的考察发现，如同在契约中一样，婚姻的成立中，相互同意的交换（affectio maritalis）在形式的衰落中逐渐凸显了其重要性。参见［意］桑德罗·斯奇巴尼选编：《学说汇纂第二十三卷：婚姻与嫁资》，罗冠男译，［意］腊兰校，法律出版社2013年版，第5～6页。

②《拿破仑民法典》（法国民法典），李浩培、吴传颐、孙鸣岗译，商务印书馆1981年版，第23页。

③ 邓丽：《婚姻关系的契约分析》，中国政法大学2003年硕士学位论文，第5页。

④ D.23，2，16，2. 转引自［意］桑德罗·斯奇巴尼选编：《婚姻·家庭和遗产继承》，费安玲译，中国政法大学出版社2001年版，第31页。

⑤ Peter de Cruz, *Family Law, Sex and Society: A Comparative Study of Family Law*, New York, Routledge, 2010, pp.57-58.

⑥［德］迪特尔·施瓦布：《德国家庭法》，王葆莳译，法律出版社2010年版，第168页。

全承认双方可以通过单纯的协议来结束婚姻的国家还是较少的。[①] 更多国家仍然以破裂原则作为离婚法的基础。虽然婚姻法的法定主义（numerus clausus）[②] 在减弱，但是“婚姻和一般民事合同存在差异”的观点仍然是普遍有效的。虽然婚姻是通过法律行为缔结的，但是婚姻的终止却不能轻易通过法律行为进行。以德国为例，根据《德国民法典》第 1313 条规定，婚姻只能通过形成判决而终止。[③]

在选择婚姻生活的内容上，同意原则同样是受到限制的。婚姻法中类型法定主义的主要表现便在于夫妻双方对于婚姻内容的选择在过去是极为有限的。对家庭成员角色的预设使得法律强制婚姻生活的内容显得必要。法律对于“良家父”“良家母”角色的预设极大地压缩了夫妻双方通过契约之债来调整彼此间的关系的空间。正如前文所述，联邦德国于 1957 年通过的《德国平权法》仍然保留了“良家父”和“良家母”的角色分配。这种角色分配不仅贯穿于人身关系，而且反映在了财产关系上。首先，妻子有权要求丈夫的供养。即使是离婚，只要妻子没有过错，那么她就可以一直主张丈夫的供养。在夫妻财产制方面的情况更能反映这种角色分配。以德国和我国台湾地区过去采纳的联合财产制为例，虽然妻子在此制下保留了自己财产的所有权，但是需将管理权和收益权交给丈夫，当然夫亦需自行承担管理费用和家庭生活费用。妻子的财产处分权限仅限于家事代理

---

① 例如，我国大陆地区、我国台湾地区、比利时、希腊、克罗地亚和罗马尼亚均承认单纯通过协议的方式终止婚姻。See Frederik Swennen, “Private Ordering in Family Law: A Global Perspective”, in Frederik Swennen, ed., *Contractualisation of Family Law: Global Perspectives*, Switzerland, Springer, 2015, pp.34-45.

② 德国法学家维尔纳·弗卢梅认为类型法定（numerus clausus）是贯彻于整个私法的。私法自治只能在法律秩序所规定的有限行为类型和法律关系类型的框架内进行。参见［德］维尔纳·弗卢梅:《法律行为论》，迟颖译，法律出版社 2013 年版，第 2 页。从这种意义上来看，类型法定不仅出现在物权法中。

③ 杜景林、卢谌:《德国民法典：全条文注释本》(下册)，中国政法大学出版社 2015 年版，第 897 页。

权，这与将妻子界定为家务劳动承担者的角色相对应。虽然在选择婚姻生活内容上的自由现在仍然没有完全摆脱“类型法定”主义的影响（比如在多数国家，夫妻双方只能从已经类型化的财产制中选择一个作为约定财产制，而不能自由创设财产制类型），但是夫妻双方通过契约之债来选择自己婚姻生活方式的自由无例外地呈现出扩大趋势。当然，夫妻双方通过契约之债来调整双方的婚姻生活内容（特别是有关人身关系）时仍然受到了一定的限制，当然这种限制已经从传统的伦理道德转向了宪法和基本权利所确定的价值体系。特别是这种约定不能损害夫妻双方的尊严或者严重损害一方的发展。仅在2001年，德国联邦宪法法院就审查了两起有关夫妻协议效力的案件。[①]这两起案件涉及“个人人格自由发展”(《德国基本法》第2款第1条)、“母亲有请求社会保护及照顾之权利”(《德国基本法》第6条第4款）和“抚养与教育子女为父母之自然权利”(《德国基本法》第6条第2款)。有关人权公约和宪法对于债之概念使用的限制，将在后文进行详细的讨论。虽然夫妻之间达成的契约受到了法律的限制，但在斯文纳教授看来，“法律对此种契约所设定的审查标准甚至比一般的合同还要低，唯一的例外是在儿童利益受到威胁的情况下”。[②]德国法学家路德维希·伯格施奈德（Ludwig Bergschneider）认为，“无论是在纵向的还是横向的家庭，合同的使用程度都在增加”。[③]而相对于婚姻的成立和终止，人们在婚姻的内容上拥有更多的空间通过法律行为来调整婚姻生活的内

---

① BVerfGE 103，89；NJW 2001，2248.

② Frederik Swennen，“Contractualisation of Family Law in Continental Europe”，*Juli-September Familie & Recht*，2013，p.9.

③ Ludwig Bergschneider，Vertragsgestaltung，in Gerhardt，Peter，Bernd von Heintschel-Heinegg und Michael Klein，Handbuch des Fachanwalts Familienrecht，Köln，Hermann Luchterhand Verlag，2009.

容。[①] 例如，夫妻双方达成了通过捐赠的精子来受孕的协议，如果子女已经出生，丈夫不能主张协议无效。通常情况下，法律会承认此类协议的效力。

更为常见的情形是，夫妻双方通过契约来调整家庭中的分工安排。事实上，现代法律对此种行为是鼓励的。例如，根据《德国民法典》第 1356 条的规定，夫妻双方在处理家务时，应当取得相互一致。这是由于现在的法律不再强行规定配偶的角色。最为典型的例子是法律废除了妻子在“家政方面以及在丈夫之营业方面，在依婚姻生活关系而为惯常的限度内所负担的法定劳动义务”。[②] 不过，对于夫妻双方所达成的协议之性质和效力，却是存在争议的。最为核心的问题在于，这种约定是否属于法律行为。[③] 在德国学者迪特尔·施瓦布看来，这种约定不属于法律行为，但是却具有一定的法律效果。[④] 之所以这样的约定不属于法律行为，是因为夫妻双方在进行约定时缺乏义务意图（Verpflichtungswillen）。[⑤] 亦即双方在进行约定时缺乏受法律约束的效果意思。与其说双方通过契约形成了具有法律约束力的债权债务关系，毋宁说法律不再限制夫妻双方的生活自由。可能对这一概念的恰当理解必须要借助于美国法学家霍菲尔德的分析实证体系。[⑥] 夫妻双方享有特权（privilege），而不是请求权（claim）。也就是说，夫妻双方有安排生活的自由。这种自由来源于婚姻生活的一般内容。德国法学

---

① Frederik Swennen, “Contractualisation of Family Law in Continental Europe”, *Juli-September Familie & Recht*, 2013, p.12.

② Vgl. MünchKommBGB/Wagner, § 845, Rn.2f. 转引自杜景林、卢谌：《德国民法典：全条文注释本》（上册），中国政法大学出版社 2015 年版，第 688 页。

③ Vgl. Jochen Kurr, Vertragliches “Einvernehmen” der Ehegatten gemäß § 1356 I S. 1 BGB?, FamRZ 1978, S.2 ff.

④ [德] 迪特尔·施瓦布：《德国家庭法》，王葆莳译，法律出版社 2010 年版，第 68 ~ 69 页。

⑤ [德] 迪特尔·施瓦布：《德国家庭法》，王葆莳译，法律出版社 2010 年版，第 69 页。

⑥ [美] 霍菲尔德：《基本法律概念》，张书友译，中国法制出版社 2009 年版。

家维尔纳·弗卢梅在分析家庭关系性质的行为不属于法律行为时，援引了法国法学家波蒂埃在《论债》一书中的洞见——“父亲许诺学法律的儿子如果他充分利用自己的时间，则赠与其休闲度假的费用，显然，父亲在作出这一允诺时，并不希望在技术意义上对其儿子承担义务”。[①] 夫妻间对家务劳动分配的约定虽然可能也具有财产性质，但是其基本属于人际关系的约定，不属于法律行为的范畴。因而，在这层含义上，处于扩张状态的是自由，而不是契约之债。这种自由的扩张伴随的是国家权力的退缩。

夫妻财产关系是契约之债真正处于扩张的地方。欧洲家庭法学会在其制定的《有关于配偶财产关系的欧洲家庭法原则》（Principles of European Family Law Regarding Property Relations between Spouses）中将自由缔结婚姻财产合同作为一项原则予以确定。[②] 在该示范原则中，欧洲家庭法学会基本上采纳了自由约定模式。所谓自由约定模式是指，“法律不对财产制种类做任何限制，只要不违反法律关于财产契约的一般禁止性规定，即允许当事人以契约方式自由选择或者创设夫妻财产制类型，并且，法律对约定形式也无要求”。[③] 此种模式以英国和日本为典型。不过欧洲家庭法学会的示范草案出于保护第三人利益之需要设定了形式上的要求。[④] 此种形式上的要求对于确保协定的公平性也起到了一定的作用，因为公证人或者具有类似作用的法律专业人士应当分别向配偶提供公证的建议并确保每一

---

① [德] 维尔纳·弗卢梅：《法律行为论》，迟颖译，法律出版社 2013 年版，第 98 页。

② Principle 4: 9 of Principles of European Family Law Regarding Property Relations between Spouses. See K. Boele-Woelki et al., *Principles of European Family Law Regarding Property Relations Between Spouses*, Oxford, Intersentia, 2013.

③ 巫昌祯、夏吟兰主编：《婚姻家庭法学》，中国政法大学出版社 2007 年版，第 109 页。

④ See Principle 4: 11 of Principles of European Family Law Regarding Property Relations between Spouses.

方配偶对于财产协定的法律后果都有清晰的认识。① 欧洲家庭法学会的示范草案建立在对欧洲主要国家的专家国别调查报告基础之上，实际上代表了欧洲家庭法未来的改革趋势。这种改革趋势就是逐渐消除类型化上的限制。在德国法学家维尔纳·弗卢梅看来，亲属法如同物权法、继承法一样，私法自治设权的内容通常由法律秩序规定，这与债法中的合同自由原则相对立。② 那么现在的情况是，债法中的合同自由在夫妻关系法中发挥的作用日趋扩大。

在程序上，现在的法律鼓励夫妻双方自行或者在第三方（如法官、调解员、律师、社会福利机构成员）的帮助下达成协议。特别是在离婚程序中，如果诉讼双方通过非诉纠纷解决机制达成协议，其现实效果往往比法院直接裁判并采取强制执行措施要好。法院通常也会赋予这些协议类似于法院裁判的效力。在法院主导的调解之外，独立的第三方也广泛参与到有关于婚姻生活的非诉纠纷解决机制中。2006 年，德国南部甚至成立了家庭仲裁庭（Süddeutsches Familienschiedsgericht）来解决有关于婚姻生活的纠纷。这一实践被认为是成功的。③ 调解和仲裁这些非诉纠纷解决方式出现的一个重要背景是从过错离婚向无过错离婚的转换。④ 因为法律不再将道德上的过错判断视为重心，而是将婚姻的治疗和争议的有效解决作为首要目标。夫妻双方不仅在自由约定实体权利方面拥有了更多的自由，在程序方面也呈现出更为私人化的特征。当然，程序中的私人化与债之概念的应用是存在一定关联的。这种关联主要表现在双方通过调解或和

---

① See Principle 4：13 of Principles of European Family Law Regarding Property Relations between Spouses.

②［德］维尔纳·弗卢梅：《法律行为论》，迟颖译，法律出版社 2013 年版，第 13 ~ 15 页。

③ Vgl. Doris Kloster-Harz, Alternative Streitschlichtungsverfahren, in：Peter Gerhardt/Bernd von Heintschel-Heinegg /Michael Klein（Hrsg.）, Handbuch des Fachanwalts Familienrecht, 7 Aufl., Köln 2009.

④ Jana B. Singer, "The Privatization of Family Law", *Wisconsin Law Review*, 1992, p.1497.

解所达成的协议通常具备一定的法律效力，甚至可能形成完整的契约之债。

综上所述，契约的概念在现代婚姻法中已经从单纯的婚姻缔结扩展到了婚姻生活的内容、婚姻的终止乃至于婚姻之外的其他共同生活形式。特别是在关于婚姻生活内容的选择上，法律的假设从父权结构[①]转向了商谈型结构。法律对于婚姻生活类型化强制的减少与契约之债的扩张是同一个事实的两个方面。不过，前文的分析同样表明，对于婚姻生活内容的某些约定可能并不是法律行为，不能将其纳入契约之债的范畴。一个主要的原因在于这些协议不可被强制执行。恰如波兰学者 Tomasz Sokołowski 所言，“这种协定不具有民法的性质，而只具有家庭法的某些特征”。[②]换言之，它并不是完全不具有法律上的意义。

二、以债为视角分析配偶权

（一）配偶权的观念基础：共同生活与身份合伙

配偶权来源于婚姻的基本法律效力。《德国民法典》第 1353 条是对此种基本效力的典型归纳——婚姻系以终身而缔结的，配偶双方互相有义务进行婚姻上的同居，配偶双方互相为对方负担责任。依据第 1314 条的

---

① 在父权制的家庭结构中并不存在契约之债的生存土壤。因为在这种假设中，家庭的内在结构是权力体系，而外在的结构是由家父所代表的市民社会中的独立法律主体。婚姻的内在秩序是通过权力意志或同意原则来确定的。See William E. Conklin, Hegel's Laws, *The Legitimacy of a Modern Legal Order*, Stanford, Stanford University Press, 2008, pp.199-200. 在早期的罗马法中，家父的权力完全类似于国家的主权。历史的发展使得对人和对物的权力产生了分离，对妇女的夫权（manus）出现。参见［意］朱塞佩·格罗索：《罗马法史》，黄风译，中国政法大学出版社 2009 年版，第 83 页。

② See Tomasz Sokołowski, “Poland Report on Contractualisation of Family Law”, The XIXth International Congress of Comparative Law 2014, quoted in Frederik Swennen, “Private Ordering in Family Law: A Global Perspective”, in Frederik Swennen, ed., *Contractualisation of Family Law: Global Perspectives*, Switzerland, Springer, 2015, p.270.

规定，如果双方并不以此项目的为目标，则构成婚姻的废止。这表明，婚姻的缔结产生了一般化的相互照顾和共同生活的权利义务。这种权利义务不仅是道德上的，更是法律上的，[①] 即使这中间包含的人身上的权利不具有或者只具有有限的执行力。配偶权背后仍然隐含了一体主义的思想。正如意大利佩鲁贾大学教授马雷拉所言，"虽然家庭法的制度一直处于迈向私人秩序范式的不断调整之中，但是一体主义的路径无论是在法律规范中还是在社会陈见中都存活了下来"。[②] 事实上，与配偶权（conjugal rights）紧密相连的另外一个概念是配偶的地位和权利（英语 consortium，法语 consortium，德语 Konsortium，意大利语 consorzio，西班牙语 consorcio），在词源上即包含了这种一体主义的假设。配偶权在词源上可以追溯至拉丁语的 consors。根据意大利著名罗马法学者桑德罗·斯奇巴尼教授的考察，con—sortium 由一起（con）和命运（sors）组成，是一个非常古老的名词，表示的是一种非常古老的共同体——父亲死亡后，兄弟之间的合伙变成了法律上自治的团体，共有家庭财产，每个人都有完全的处置权。这一项即《布莱克法律词典》对 consortium 一词解释的最后一项含义。夫妻合伙（soceietas coniugalis）是这一概念的一项发展。[③]

现在，配偶权的观念基础中不再包含人身支配性的内容，夫权（manus）逐渐淡出了婚姻法的视野，尤其是将妻子视为丈夫财产的理念已经在婚姻法中被涤除。在普通法中，妻子被视为丈夫的动产（chattle），丈夫不仅有权支配妻子的人身，而且有权支配妻子的服务。因而，丈夫可以

---

① HK-BGB/Rainer Kemper BGB § 1353 Rn. 1.

② Maria Rosaria Marrella, "The Contractualism of Family Law in Italy", in Frederik Swennen, ed., *Contractualisation of Family Law: Global Perspectives*, Switzerland, Springer, 2015, p.242.

③ ［意］桑德罗·斯奇巴尼选编：《学说汇纂第二十三卷：婚姻与嫁资》，罗冠男译，［意］腊兰校，法律出版社 2013 年版，第 3 ~ 4 页。

向诱拐妻子的第三人主张类似于侵害财产的损失，[①] 并且丈夫可以申请“拐夺令状”（writ of ravishment），要求第三人像归还财产一样归还妻子，即使妻子的离开是出于自愿的。[②] 这与早期罗马法将妻子视为丈夫财产的做法如出一辙。在普通法系的美国，现代法中关于配偶权的诉讼已经不同于过去的离间感情之诉（alienation of affections）和诱拐之诉（seduction）。这二者都相继被美国多数州废除。其中一个重要原因在于，二者都是建立在陈旧的性别歧视观念基础上的，并且也是违反宪法的。[③] 现在，只有作为派生诉因的丧失配偶权（loss of consortium）仍然被保留。[④] 这一转变表明，性别歧视理念现在已经基本从配偶权的观念基础中消失。但是，需要注意的是作为配偶权基础的身份合伙观念（区别于普通的民事合伙）仍然滥觞于婚姻法。现代的法律废除了带有支配属性的具体权利义务，但并没有废除以夫妻共同生活（omins vitae）为内核的婚姻法理念。将婚姻界定为“男女的结合，是生活各方面的结合”[⑤] 仍然是不过时的。唯一的差别是，婚姻不再被认为是“神法和人法的结合”，而是转换成了“人权公约、宪法和民法的结合”。合伙内部的平等，而不是彻底废除这种合伙仍然是当下婚姻法改革的主线。综上，共同生活和身份合伙是配偶权最为核心的理念基础。

（二）配偶权的范畴

配偶权不是单个的权利，而是利益束。换言之，除了法律的特殊规定，配偶权包含了为满足共同生活这一目的的权利和义务。实际上，它

---

① See Veeder v. Kennedy, 589 N.W.2d 610, 614 (S.D. 1999).

② See Guy v. Livesey, 79 Eng. Rep. 614 (1619).

③ See Judge Dismisses Seduction Charge against Va. Pastor, Washington Post, 1993-06-05 (B3).

④ See John H. Arnold, “Clergy Sexual Malpractice”, *University of Florida Journal of Law and Public Policy* 8, 1997, p.41.

⑤ D.23, 2, 1. 转引自［意］桑德罗·斯奇巴尼选编：《学说汇纂第二十三卷：婚姻与嫁资》，罗冠男译，［意］腊兰校，法律出版社 2013 年版，第 11 页。

是一项原则性的规定，而非具体的权利。也就是说，配偶权本身并不是一项独立的请求权。[①] 但是这并不表明配偶权这一概念不具有任何法律意义。配偶权作为一项上位原则对于解释在共同生活中所产生的具体权利义务具有重要的指导作用。这种指导作用既表现在限制权利，也表现在扩张权利。特别是在解释婚姻合同的效力时，这一原则会起到关键的作用。[②] 需要注意的是，通常的理解是配偶权虽然是一项原则，但是其并不指代婚姻的全部效力。夫妻财产制即通常被划到配偶权的范畴之外。就德国法而言，配偶权大致包含以下五个方面：第一，使用婚姻住宅和家庭生活设施；第二，相互尊重，参与到共同生活的事务中；第三，相互协助和辅佐；第四，体谅义务；第五，排他性的性关系。[③] 我国学者归纳了配偶权这一原则项下的典型权利形态，如夫妻姓名权、居所决定权、同居义务和家事代理权等。[④] 德国法院在判例中指出，配偶权包含了夫妻生活的许多方面，如在可能的情况下确定婚姻住宅、婚姻的忠诚义务、承担与婚姻生活共同体相关的共同任务，如家务劳动和抚养子女。[⑤] 但是，这些归纳绝不能涵盖配偶权的所有内容。共同生活这一概念所衍生出的一般化的照顾和协助同样可能会产生具体的义务。[⑥] 例如，联邦普通法院的判例确认，如果配偶一方在婚姻住房中允许第三人窃取另外一方配偶的隐私是违反婚姻义务的。[⑦] 联邦普通法院在另外一起案件中确认了配偶一方有权要求另外

---

① 参见德国联邦议会第 13/9416 号出版物。转引自［德］迪特尔·施瓦布：《德国家庭法》，王葆莳译，法律出版社 2010 年版，第 62 页。

②［德］迪特尔·施瓦布：《德国家庭法》，王葆莳译，法律出版社 2010 年版，第 62 页。

③ HK-BGB/Rainer Kemper BGB § 1353 Rn. 3 - 5.

④ 马强：《试论配偶权》，载《法学论坛》2000 年第 2 期；韩延斌：《浅议配偶权》，载《人民司法》2001 年第 4 期。

⑤ BGH JZ 1960, 371, quoted in Dieter Schwab, Peter Gottwald and Saskia Lettmaier, *Family and Succession Law: Germany*, Alphen aan den Rijn, Wolters Kluwer, 2012, p.55.

⑥ Jauernig/Budzikiewicz BGB § 1353 Rn. 3.

⑦ BGH NJW 70, 1848.

一方提供有关婚姻共同生活及其个人重要事务信息的权利。[①]这项权利的基础同样来自第1353条第1款。“法律只是提供了一项宗旨性的表述，而将决定婚姻内容的权利交给配偶双方。”[②]但容易引起冲突的是，法律应当如何平衡配偶双方的自治范围并确定哪些义务是不能通过契约之债进行削减。[③]“配偶权本身并不创造新的权利，而是间接地描述了婚姻的某些强制特性。”[④]这些强制特性构成婚姻最为根本的特性，从而个人自治的范围受到了极大的限制。比如，夫妻双方不能通过协定免除相互的扶养义务。“虽然根据个人对婚姻理解和相应规划的差异，婚姻的开放性大幅度增加，但是只要法律还保留婚姻这一制度而不将其完全归结为个人的安排，配偶权的意义就是明显的。”[⑤]简言之，配偶权决定了法律上的婚姻和非婚姻的其他生活形式之间的差别。[⑥]虽然其总体权利和义务不是固定的，但是作为内核的一般性权利义务却是强制的。婚姻作为一种类型强制的方式，如同物权法定，其效力是由法律所预设的。如果夫妻双方不欲产生这些效力，那么他们实际上构成了虚伪的意思表示。[⑦]与一般虚伪行为的效力略有不同的是，这种虚伪的表示产生的是婚姻被废止的效果（面向将来的无效，ex nunc）。[⑧]换言之，欲缔结婚姻的双方不能只选择婚姻的形式，而排除婚姻的实质——配偶权。即使夫妻双方向主管婚姻登记的官方机构作出了表

---

① BGH FamRZ 11，21.

② BeckOK BGB/Hahn BGB § 1353 Rn. 2.

③ Jauernig / Budzikiewicz BGB § 1353 Rn. 2.

④ MüKoBGB / Roth BGB § 1353 Rn. 22-24.

⑤ Vgl. Bericht des Rechtsausschusses BT-Drucks 13/9416 S. 29.

⑥ 值得注意的是，在分居状态的婚姻中，配偶权在内容上被严重削减，其与非婚姻的其他生活形式逐渐靠近。参见《德国民法典》第1357条第3款、第1361条、第1361b条、第1362条。

⑦ 需要注意的是，法律允许夫妻双方调整婚姻的某些效力，比如就财产制进行约定。

⑧《德国民法典》（下册），陈卫佐译注，法律出版社2010年版，第419页。See also Dieter Schwab, Peter Gottwald and Saskia Lettmaier, *Family and Succession Law: Germany*, Alphen aan den Rijn, Wolters Kluwer, 2012, p.51.

示，也不能掩盖婚姻被废止的后果。

（三）配偶权的内向维度

虽然配偶权作为利益束，本身并不是一项独立的请求权。但是，那些已经被类型化的具体权利却基本上属于请求权的范畴。在内向维度，夫妻之间的权利义务可以化约为债权债务关系。鉴于人身性配偶权和经济性配偶权的巨大差异，有必要对二者进行区分讨论。

就人身性配偶权而言，需要明确的一项前提是——婚姻并不产生一方对另外一方人身的支配，婚姻也不会减损法律对于另外一方的一般性法律保护。① 因而，从这一特性来说，债无疑是较为可取的工具。正如萨维尼所指出的那样，债不是对整个人身的支配，而只是对他人特定行为的支配。② 也就是说，夫妻一方只是有权请求另外一方履行其义务。法律禁止通过强力来实现配偶权的人身性内容。比如，配偶一方不能通过威胁暴力等手段来实现同居生活。同理，法院也不会通过直接强制手段来实现另外一方的同居权。③ 从这种意义上来看，同居义务欠缺可执行性。不过，在德国法上，虽然这些义务缺乏可执行性，但配偶一方仍然可以向法院提起诉讼（Herstellungsklage），④ 主张另外一方对于这些人身义务的违反并要求另外一方履行这些义务。但是，违反人身性的义务不会产生损害赔偿，权

---

① [德] 迪特尔·施瓦布:《德国家庭法》，王葆莳译，法律出版社 2010 年版，第 79 页。

② [德] 萨维尼:《当代罗马法体系》（第 1 卷），朱虎译，中国法制出版社 2010 年版，第 263 页。

③ ZPO § 888.

④ 原《德国民事诉讼法》（ZPO）第 606 条规定此种诉讼。该条文现在已经废除，其请求权基础为《德国民法典》第 1353 条。但是一般认为，此种诉讼并没有废除。根据 2009 年 9 月生效的《关于家庭事件和非诉事件程序的法律》（FamFG）第 120 条第 3 款的规定，过婚姻生活的义务如同缔结婚姻的义务一样都是不可以强制执行的。See Dieter Schwab, Peter Gottwald and Saskia Lettmaier, *Family and Succession Law: Germany*, Alphen aan den Rijn, Wolters Kluwer, 2012, p.57.

利人也不能从《德国民法典》第1359条中推导出违反人身义务的请求权。[①]这实际上表明，配偶之间并不存在一种完整意义上的债权债务关系，而是一种不完全债权。如果我们采纳康德对于婚姻的理解的话，这种不完全债权具有一种保有的效力，而被排除了债务。[②]不过，按照现在的观点，婚姻同居义务不过是基于双方同意的一种自由。但是，绝不可将配偶间的人身义务视为一种完全不具有法律意义的宣示规则。至少在离婚法中，它是具有意义的。不履行这些人身义务可以被用来证明婚姻已经不可避免地破裂。[③]另外，就德国法而言，它同样会对离婚后的扶养产生一定的影响。[④]

从上面的分析中，我们不难发现，人身性配偶权的实现完全依赖于双方的合意，并且违反义务也不会产生直接的损害赔偿。这让人们很容易质疑其债的性质。这主要是由于“法律难以通过有效的法律制裁，来确保这些权利的效力”。[⑤]在伦理上，这些权利和义务的意义远远超过财产方面的权利和义务。但是在法律上，在确保个人人格尊严受尊重的前提下（必须考虑宪法的个人主义背景），人身性权利和义务的意义远远逊色于财产方

① BeckOK BGB/Hahn BGB § 1359 Rn.1.

② 康德认为，婚姻就是两个不同性别的人，为终身互相占有对方的性官能而产生的结合体。参见［德］康德:《法的形而上学原理：权利的科学》，沈叔平译，林荣远校，商务印书馆1991年版，第94～95页。黑格尔批判康德将婚姻作为民事契约进行处理的方法，认为婚姻是具有法的意义的伦理的爱。参见［德］黑格尔:《法哲学原理》，范扬、张企泰译，商务印书馆1961年版，第177页。

③ 以日本为例，大阪地方高等法院的判例确认如果配偶一方过度参与宗教活动而忽视对家庭成员的照顾可被认为是违反了婚姻义务，从而表明婚姻不可避免地陷入了破裂状态。See Osaka HD Dec. 14, 1990 Hanji, pp.1384-1385, Satoshi Minamikata, *Family and Succession Law: Japan*, Alphen aan den Rijn, Wolters Kluwer, 2015, p.93.

④《德国民法典》第1579条。

⑤ Castán Tobeñas, Derecho civil español, común y foral, Vol. V, Derecho de familia, 1° ‘Relaciones conyugales’ 12a ed.(revisada y puesta al día por G. García Cantero, y J.M. Castán Vázquez), Madrid, 1994, p.261, quoted in Gabriel García Cantero, Joaquín Rams Albesa and Cristina de Amunátegui Rodríguez et al., *Family and Succession Law: Spanish*, Alphen aan den Rijn, Wolters Kluwer, 2012, p.113.

面的权利和义务。西班牙学者 Gabriel García Cantero 对 2005 年 7 月 8 日第 15 号法令改革意义的分析恰当地反映了这种反差。他认为，“将婚姻状态的主要内容界定为私人的生活（人身义务）而将财产内容确定为附带性质似乎是理所当然的，然而 2005 年 7 月 8 日第 15 号法令所带来的改革使得配偶间的人身义务丧失了法律上的重要性，并且让财产方面的内容比人身方面的内容更为重要”。①

相比人身性配偶权法律性质的模糊，经济性配偶权的法律性是相对完整的，特别是其具有人身性配偶权所不具有的执行力。又特别是，法律通过设置家事代理权在一定程度上确保了经济性配偶权的可自力救济性。职是之故，民法教义科学在此具有相对重要的意义。法学家们更乐于进行此类分析，甚至专注于此类分析。例如，墨西哥学者何塞·安东尼奥·马克斯·冈萨雷斯（José Antonio Márquez González）在讨论婚姻的效果时，认为婚姻的首要含义是在配偶间产生了满足对方经济需求的义务。② 事实上，他对婚姻效果的讨论几乎都放在了经济方面。③

需要注意的是，如同其他专属性的债权债务关系那样，其处分权能是受到极大限制的。原则上，此种债权是不可让与的，配偶一方也不能面向未来放弃自己被扶养的权利。④ 一般认为，经济性配偶权中除包含供养给付之外，还包含了其他指向经济内容的权利，特别是对婚姻住宅的使用、

① Martínez de Aguirre, Curso de Derecho Civil IV: Derecho de Familia, Madrid, 2005, p.138 and seq., quoted in Gabriel García Cantero, Joaquín Rams Albesa and Cristina de Amunátegui Rodríguez et al., *Family and Succession Law: Spanish*, Alphen aan den Rijn, Wolters Kluwer, 2012, p.113.

② José Antonio Márquez González, *Family and Succession Law: Mexico*, Alphen aan den Rijn, Wolters Kluwer, 2014, p.49.

③ See José Antonio Márquez González, *Family and Succession Law: Mexico*, Alphen aan den Rijn, Wolters Kluwer, 2014, pp.45-52.

④《德国民法典》第 1360a 条第 3 款和第 1614 条第 1 款。但是法律赋予配偶双方通过协议来适当调整经济性配偶权的自由，特别是允许配偶双方约定高于法律标准的经济性配偶权。

对家庭用具的使用。当然，家事代理权也是经济性配偶权的重要内容，不过此项内容的效力主要是对外的，其内部效力主要表现为对效果的限制或者排除。事实上，经济性配偶权的内容涵盖了与满足共同生活需求这一内涵相关的一切经济方面的内容。过去，经济性配偶权的内容往往是单向的，现在以男女平等为目标的改革废除了对于家庭角色的定型非配，从而经济性配偶权的权利主体并不是固化的，而是根据每个家庭具体的情况而定。至少在权利层面，夫或者妻都有权主张经济上的配偶权。就扶养请求权而言，债务的履行方式并不一定限于金钱给付，而应当考虑家庭的具体分工。《德国民法典》第1360条特别强调了承担家务也是适格的债务履行方式。这实际上是强调了过去被忽视的家务劳动的价值。配偶一方承担家务或者照顾未成年子女与金钱上的给付具有同样重要的意义。实际上《德国民法典》第1365条规定了夫妻双方都有在择业时考虑另外一方配偶及家庭利益的义务。法律鼓励双方通过协商的方式来确定分工。每一方配偶都有义务尽力满足共同生活体本身以及夫妻双方某些个人需要的义务。“因而，每一方配偶都必须使用自己的人力或者资产来实现这一目的。”[①] 这体现了夫妻平等协力的思想。

另外，婚姻所产生的扶养债务的履行、给付障碍所产生损害赔偿以及债务的消灭应当类推血亲抚养中的某些特殊规则。[②] 这些特殊规则的存在表明，从内向维度来看，虽然经济性配偶权的基本性质为债权债务关系，但是家庭生活的特殊性以及利益平衡之思想产生了法律进行特别调整的必要性。

（四）配偶权的外向维度

婚姻和家庭为受人权公约和宪法的保护。例如，《世界人权宣言》第

---

① HK-BGB/Rainer Kemper BGB § 1360 Rn.5.

②《德国民法典》第1360a条第3款、第1613条、第1615条。

12条、《欧洲人权公约》第8条和《德国基本法》第6条均涉及对婚姻和家庭的保护。当然，一般认为承担此项义务的是国家，而非具体的私人。国家保护婚姻和家庭的义务不仅体现在国家不得不当干涉婚姻和家庭（消极义务），更表现在国家应当采取必要的积极措施来促进婚姻和家庭的发展（积极义务）。[①]不能从人权公约和宪法的规定中类推出私人也负担此种义务。私人是否承担保护婚姻和家庭的义务属于私法的范畴。这一问题的关键在于确定配偶权的外在法律结构，而这种外在法律结构的确认又与内在的法律结构之间存在紧密的关联。如果内部结构是一种支配关系，那么其外在的对世性自毋庸讳言。如果内部的结构是一种请求权关系，那么相对性是其基本性质，原则上并不具备对世性。与亲子关系法的外在结构的一个典型差别是，从外向维度来看，配偶权并不当然具有对世性。依据配偶权，既不能主张类似于子女返还的请求权，也不能当然地将《德国民法典》第823条第1款作为请求权基础。

笔者以为，进行人身和经济上的区分是理解配偶权外向维度的关键。因为二者在内向维度结构上的差异决定了其外向维度结构上的差异。就前者而言，德国联邦普通法院一直以来对此都持否认态度。[②]德国联邦普通法院坚持认为，"婚姻的忠实性不在侵权法的保护范围之内，亲属法上的规定是终结性的"。[③]"唯有在配偶一方的配合下才会发生这种损害赔偿，所以其在本质上属于婚姻内部事件，故而对婚姻的干扰不适用第823条第1款规定的侵权保护。"[④]不过联邦普通法院的意见并没有终结学者对于这一

① 欧洲人权法院在诸多案件中都对此问题进行过详细的阐述，See e.g. the Keegan v. Ireland judgment of 26 May 1994, Series A no. 290, p.19, § 49.

② BGH JZ 1973, 668; BGHZ 23, 279.

③［德］迪特尔·梅迪库斯：《德国债法分论》，杜景林、卢谌译，法律出版社2007年版，第662页。

④［德］迪特尔·施瓦布：《德国家庭法》，王葆莳译，法律出版社2010年版，第82页。

问题的争论，他们也只是主张有限的侵权法上的保护。[①] 从联邦普通法院的意见中，我们很容易洞悉人身性配偶权的关键——人身性配偶权的实现需要配偶双方的合意。如果我们将权利的核心界定为意志（参见康德、萨维尼和温德沙伊德等人对权利的界定），那么人身性配偶权的实现依赖于合意。换言之，法律不能在缺乏配偶双方共同合意的情况下保护配偶权。在配偶一方同第三人通奸的情形中，参与通奸的配偶与另外一方配偶之间明显缺乏这种合意。就法国法而言，将通奸视为共同侵权行为的做法已经出现松动，法院通过强化责任构成要件的方式限制了第三人的责任，并且日益增长的个人主义诉求使得第三人责任有进一步衰退的迹象。[②] 通奸不仅从刑法的规制中逐渐淡出，而且其在民法上所能获得的救济也逐渐式微。法律淡化了道德审判者的角色，个人的自由处于日益增长的状态。当然，根据德国学者施瓦布的观点，法律淡出此领域的真正原因在于婚姻破裂是由于内部原因导致的。[③]

事实上，如果我们承认配偶一方对另一方的人身性配偶权是绝对权，那么至少就德国法而言，“存在类推适用第985条返还请求权、第1004条的妨害除去请求权与妨害防止请求权的可能，在另一方配偶遭受损害的情况下，还可以适用第823条第1款的侵权保护”。[④] 现在“婚姻并不消解法律的一般性保护”这样一项前提实际上已经排除了第一项请求权（注意与子女返还请求权的区别）。真正存在争议的是后两项内容。持第三人效力说的学者的论点也主要是针对后两者。在笔者看来，人身性配偶权内向维度上法律形态的弱化影响了外在维度的绝对性。在内向维度中，法律弱

---

① Basil S. Markesinis and Hannes Unberath, *The German Law of Torts: A Comparative Treatise*, 4th ed., Oxford, Hart Publishing, 2002, p.70.

② 叶名怡:《法国法上通奸第三者的侵权责任》，载《华东政法大学学报》2013年第3期。

③ [德] 迪特尔·施瓦布:《德国家庭法》，王葆莳译，法律出版社2010年版，第83页。

④ 朱庆育:《民法总论》，北京大学出版社2013年版，第499页。

化了个人意志之权力，相应地，在外向维度中给予个人意志之绝对性也是不妥的。就我国而言，司法实践对于此问题与德国联邦普通法院的意见相似，即否认无过错方配偶针对第三人的损害赔偿请求权。[①]

在另外一种情形中，并不存在配偶一方的配合。换言之，在此种情形中，内向维度的配偶权中的合意是完整的。一种常见的情形是，由于第三人对配偶一方的侵害从而产生对另外一方配偶的给付不能。例如，配偶一方可能因第三人的侵害导致身体残疾，进而无法履行同居义务。对于这种情况，支持非直接受害一方的配偶的权利主张存在一定的合理性。我国司法实践对此亦多持支持态度。[②]就美国而言，虽然直接侵害婚姻关系之诉在各州都相继被废除，但是间接侵害婚姻关系之诉仍然得到保留。所谓间接侵害婚姻关系，是指加害人以侵害一方配偶身体的方式间接侵害了另外一方配偶在陪伴、性生活以及生育等方面的利益。[③]法律之所以承认配偶在间接侵害婚姻关系中的权利的一个重要原因在于此时配偶双方并不存在无合意的状况。值得注意的是，在美国法上，由于丧失配偶权之诉的非独立性，其成立依赖于作为本诉的侵权之诉的成立。[④]这实际上从反面印证了人身性配偶权的实现需要配偶双方的合意。

就经济性配偶权而言，其在内向维度上的债权债务结构同样对其外向维度的结构产生了影响。这种影响主要表现在外向维度上的结构可以从相对完整的法律视角出发进行分析，而无须受制于合意这样一项前提。这是

---

① 参见最高人民法院民一庭负责人就《中华人民共和国婚姻法》司法解释一答记者问。当然，虽然司法实践采纳了否定说，但是学界对此问题形成了与德国学界类似的争论。赞成人身性配偶权绝对性的代表性论文如杨立新:《论侵害配偶权的精神损害赔偿责任》，载《法学》2002年第7期。否认人身性配偶权绝对性的代表性论文如周安平:《性爱与婚姻的困惑:“第三者”民事责任的理论与现实之探讨》，载《现代法学》2000年第1期。

② 典型的案例如李明方诉成都市第二人民医院其他人身权案。

③ See Restatement (Second) of Torts, § 693 comment f (1977).

④ See Restatement (Second) of Torts, § 693 comment e (1977).

由于经济性配偶权从个人的意志而非从结合的意志出发。不过，在对经济性配偶权的问题进行分析中，将权利视为利益的学说（参见耶林、海克等人的学说）似乎比意志论更为妥当。因为经济性配偶权的相对性决定了一方配偶的意志不可能及于第三人。如果我们承认经济性配偶权在外向维度上的绝对性，那么这实际上保护的是夫妻一方在配偶权中的利益，而非意志。

第三人对于经济性配偶权的影响通常表现在第三人对一方配偶的侵害影响到了该方配偶对于另外一方配偶及家庭的供养。特别是，由于人身损害所产生的债权在性质上通常是专属的，不得代位，如果受害一方配偶不主张上述债权，另外一方配偶的利益可能遭受严重的损害。因而，法律直接授予非直接受害方配偶赔偿请求权在目的上存在合理性和必要性。但是，法律需要处理的是双重赔偿问题，即在直接受害方配偶已经主张侵权赔偿的情况下，另外一方配偶能否主张赔偿。如果本诉之中的赔偿已经足以让夫妻双方的经济扶养关系回归常态，那么双重赔偿明显是不公平的。如果本诉之中的赔偿不足以弥补非直接受害配偶一方因另外一方配偶受害而产生的经济上的不利，那么法律承认经济性配偶权的绝对性是有必要的。

另外一个重要的问题是，德国司法实践承认婚姻在空间和内容上的受保护权利（Recht auf den Schutz des räumlich gegenständlichen Bereichs der Ehe）（又特别是家庭住宅受保护的权利）[①] 的合理性问题。有意见认为，这种权利来源于人格权。[②] 但是，笔者认为家庭住宅受保护而人身性配偶权不受保护的区别在于前者属于经济性配偶权的范畴。在此种情形中，经济性配偶权所支配的客体是物（婚姻住房），因而其可以产生对世效力。与

① 德国联邦普通法院的判例将其扩展到了由配偶一方提供经济上的协作的营业场所。Vgl. BGHZ 34, 80.

② ［德］迪特尔·施瓦布：《德国家庭法》，王葆莳译，法律出版社2010年版，第79页。Vgl. auch aA Deutsch VersR 1993, 1, 7 = FS Gernhuber, 1993, ss. 581, 594.

人身性配偶权最大的不同在于，这种权利的实现不依赖于合意。依此类推，对家庭生活用具的支配同样具有对世效力。家庭住宅与家庭生活用具的这种对世效力反映为配偶一方的有权占有（即使该方配偶不享有共同所有权）。[①] 依王泽鉴先生之意见，"不论夫妻财产制，对于婚姻同居房的房屋及屋内共同使用的家具应成立共同占有"。[②] 通过占有，配偶一方的债权性权利得到加强，从而产生类似于准物权的效果。[③] 从这一角度来看，配偶一方无疑享有占有法上的保护。另外一类值得探讨的情形是，如果配偶一方只是房屋的承租人，而非基于物权取得房屋的占有，此时共同占有是否成立呢？此时，租赁关系并没有产生类似于《德国民法典》第 1568a 条中所规定的依法律而生的租赁权转移情况。换言之，缔结婚姻并不会发生租赁关系的转移。但是德国联邦普通法院的判例承认了配偶一方对另一方所租赁的婚姻住宅的占有。[④] 在由一方配偶对婚姻住宅或者家庭生活用具享有所有权的情形中，另外一方配偶的地位为间接占有人。[⑤] 但是如果一方配偶只是承租人，那么另外一方配偶的法律地位是否与前一种情形相同呢？如果承认，则会产生所有权人和另外一方配偶的兼占有状况。学理上对于兼占有存在一定的分歧，而帝国法院对此则持否定态度。[⑥] 从法律效果上来看，非直接承租夫妻一方的间接占有依附于直接承租的另一方的直接占有。如果直接占有消灭，那么间接占有也相应地消灭。与配偶一方

---

① 对家庭生活用具的共同占有从搬入婚姻住宅时起算，Vgl. BGHZ 12，380. 对于家庭住宅的共同占有则从双方确定婚姻住宅并搬入婚姻住宅时起算。

② 王泽鉴：《民法物权》，北京大学出版社 2010 年第 2 版，第 443 页。

③ [德] 鲍尔・施蒂尔纳：《德国物权法》，张双根译，法律出版社 2004 年版，第 107 ~ 108 页。

④ [德] 迪特尔・施瓦布：《德国家庭法》，王葆莳译，法律出版社 2010 年版，第 64 页。

⑤ BGH，FamRz 1979，282；BGHZ 71，216，223. 同见 [德] M. 沃尔夫：《物权法》，吴越、李大雪译，法律出版社 2004 年第 2 版，第 78 页、第 97 页。

⑥ Vgl. MünchKommBGB/Joost，§868，Rn.18f. 转引自杜景林、卢谌：《德国民法典：全条文注释本》（下册），中国政法大学出版社 2015 年版，第 704 页。

为所有权人的情况相似的是，在此种情形中，占有媒介关系同样为配偶权（《德国民法典》第1353条第1款）。作为间接占有人的配偶一方有权依据《德国民法典》第869条之规定，主张对第三人的占有保护请求权。① 因而，间接占有的配偶一方可以要求第三人排除妨碍、停止侵害，在第三人存在过错的情况下，主张《德国民法典》第823条第1款项下的损害赔偿。

综上，人身性配偶权并不当然具备对世效力，其对世效力依赖于其内部的合意。这也是美国法院会考察诉讼发生之前配偶权状况的重要原因。究其根本而言，人身性配偶权的外向维度同内向维度一样都不是从个人权利的角度来理解的。就经济性配偶权而言，由于经济利益的可支配性、可占有性，经济性配偶权无论是从内向维度还是外向维度都是从个人权利的角度来理解的。经济性配偶权的外向维度的扩张主要是通过侵权法上的保护来实现的。例如，配偶一方就第三人对于经济供养、经济协作以及对婚姻住房和家庭生活用具权利的侵害都可主张侵权法上的损害赔偿。就婚姻住房和家庭生活用具而言，法律还通过赋予占有的方式来强化夫妻间的债权债务关系。

三、债之概念在夫妻财产制度中的应用

（一）债权进路和物权进路：法定夫妻财产制的两种选择

欧洲家庭法学会在对欧洲24个国家的夫妻财产关系进行调

① 需要注意的是，对于间接占有保护请求权的效力，学说上有一定的分歧。据王泽鉴先生的考察，德国通说认为，《德国民法典》第859条、第861条、第862条中的占有人仅指直接占有人，对于二者的保护应当作一定的区分。孙宪忠考察认为，间接占有人与直接占有人同时享有因占有剥夺的请求权和因占有妨害的请求权。沃尔夫认为，在民法典中，间接占有原则上和直接占有同等处理，因而其和直接占有人一样免受遭禁止的自力行为的保护，不仅可以主张第861条、第861条规定的占有保护请求权，还可以主张第859条规定的自助权（在间接占有人受到自力行为侵犯时）。同时针对第三人，他还可以依据第823条第1款主张侵权法上的保护。以上观点，分别参见王泽鉴：《民法物权》，北京大学出版社2010年第2版，第553页；孙宪忠：《德国当代物权法》，法律出版社1997年版，第128页；[德]M. 沃尔夫：《物权法》，吴越、李大雪译，法律出版社2004年第2版，第79页。

查后，制定了示范原则——《关于配偶财产关系的欧洲家庭法原则》。就夫妻财产制而言，该示范原则推荐了两种财产制作为法定财产制：一为所得参与制（Participation in Acquisitions）；一为所得共同制（Community of Acquisitions）。[①] 前者基本上以德国为典型的增益共同制（Zugewinngemeinschaft）为范本，而后者基本上以法国的婚后所得共同制（communauté réduite aux acquêts）为范本。与分别财产制中所隐含的"个人主义，自己责任"[②] 理念不同，这两种财产制都是建立在"夫妻协力，公平分享"这一大的理念之下的。不同的地方在于，前者的法律结构建立在债权这一请求权的基础上，而后者的法律结构建立在所有权这一支配权的基础上。换言之，此两种财产制均承认双方对于婚姻存续期间获得的财产（有限的财产，通常将继承或者受赠与等途径获得的财产排除在外）的分享是公平的，但是二者对如何分享却采纳了不同的路径。所得参与制的路径是，在财产制终止或者法律规定的提前增益补偿条件实现时，在配偶间产生一项债法上的请求权（schuldrechtlichen Ausgleichsanspruchs）。亦即分享发生在财产制终止时，通常为离婚时。与此相对，所得共同制的路径是，在婚姻缔结那一刻（被学者形象地比喻为逻辑上的一秒），[③] 夫妻双方对于共同财产即产生了物权法上的共同所有权。由于二者均建立在男女实质平等的理念基础上，因此二者是当今法定夫妻财产制的两种主要选择。需要注意的是，在采用分别财产制的国家，如普通法系的英格兰、威尔士和大陆法系的日本，法官在相关的离婚诉讼中有根据情况适当调整财产（特别是婚姻住房）的权力。因而，虽然如林秀雄先生所推断的那样分

---

① See K. Boele-Woelki, F. Ferrand, C. González-Beilfuss et al., *Principles of European Family Law Regarding Property Relations Between Spouses*, Oxford, Intersentia, 2013, pp.348-356.

② 林秀雄:《夫妻财产制之研究》，中国政法大学出版社 2001 年版，第 39 页。

③ 贺剑:《论婚姻法回归民法的基本思路：以法定夫妻财产制为重点》，载《中外法学》2014 年第 6 期。

别财产制可能是未来法定夫妻财产制的理想形态，[①] 但是在目前状态下完全贯彻分别财产制的国家是相对少见的。[②] 出于公平的考虑，分享制仍然是当下较为普遍接受的理念。此处所言公平分享并不当然地推导出基于物权的分享规则，而是指份额上的均衡。除非平均分配制可能产生难以忍受的不公平，多数认可分享机制的国家采纳了平均分配制。[③] 正如波斯纳所指出的那样，虽然平均分配的机制可能带有武断性，但"由于决定配偶对家庭财富所作出的贡献所需要的成本和将他们的经济收入比率作为其相对贡献替代品的明显不恰当，也许使这一规则很难得到改进"。[④] 事实上，这里所言的公平实际上是指最终结果上的公平。现实的情况也似乎能印证这一点，多数的夫妻只有在婚姻终止时才意识到法定财产制的存在。即使在所得共同制模式下，如果缺乏配套的辅助机制，财产（特别是缺乏登记的动产）也一直处于流动状态。财产共有不过是浮于规范层面，对于实现"公平分享"这一最终目的不一定具有优势。与此相对，所得参与制如果存在

① 林秀雄：《夫妻财产制之研究》，中国政法大学出版社 2001 年版，第 35 ~ 36 页。

② 英国的苏格兰地区采用了相对严格的分别财产制。正如苏格兰法院院长在 Millar v. Millar 一案中所言，法院在处理夫妻财产关系时，应该按照陌生人之间的规则进行。See *Millar v. Millar*, 1940 SC 56. 但随后司法实践在这一问题上出现了缓和。1985 年颁布的苏格兰家庭法（Scots Family Law Act 1985）确立了婚姻关系不影响夫妻间财产关系的一般性原则，但允许有限的例外以防止极端的不公平。See Katharina Boele-Woelki, Bente Braat and Ian Curry-Sumner, eds., *European Family Law in Action. Volume IV: Property Relations between Spouses*, Cambridge, Intersentia Publishing Ltd., 2009, pp.73-74.

③ 特别注意英格兰和威尔士在 *Miller v. Miller*（[2006] UKHL 24）和 *McFarlane v. McFarlane*（[2006] 2 AC 618）这两起代表性的案件之后，将平均分配制作为了默认模式，从而彻底改变了原有模式中的论证逻辑。在此之前，需要充分的理由来证明平均分配的合理性，而现在，分析的起点已经被预设为平均分配制，除非有足够的理由来证明这是不合理的。See Stephen Gilmore and Lisa Glennon, *Hayes & Williams' Family Law*, Oxford, Oxford University Press, 2014, p.187. 此种改变使得法定夫妻财产制与大陆法系采用增益共同制的德国、瑞士、我国台湾地区以及采用延迟共同制的北欧国家（如瑞典、丹麦）逐渐靠拢。

④ [美] 理查德·A. 波斯纳：《法律的经济分析》，蒋兆康译，中国大百科全书出版社 1997 年版，第 98 页。

合理的配套机制（如对财产处分的限制机制以及相互的报告义务），反而有利于实现结果意义上的公平。

（二）债权进路的优越性

即使是作为所得共同制代表的法国，在“二战”后修法时，政治家们曾一度偏好于所得参与制，这足以表明这一制度本身的优越性。①与此相对的是，德国在“二战”后改革法定夫妻财产制时，也曾考虑过所得共同制（Errungenschaftsgemeinschaft），但最终选择了增益共同制。②事实上，以债为框架来构建法定夫妻财产制的优势不仅可以从教义学的分析中得到支持，而且可以从非教义学（特别是法经济学）的分析中得到论证。

1. 债权进路在夫妻关系内部的优越性

（1）债权进路充分体现了夫妻间的独立平等关系

共同所有体系被诟病的一个重要原因在于它在推动夫妻双方人格特别是妇女人格的发展上是不彻底的。它为女性提供了拒绝走向社会的可能。因为物权进路的典型特征在于“一开始的平等”。甚至在极端情况下，共同所有制沦为一方谋取另外一方财产的工具。债权进路正好与此相反。正如德国学者迪特尔·马丁尼（Dieter Martiny）所言，“所得参与制（CEFL推荐的债权进路类型，participation in acquisitions regime）意在推动夫妻双方的自足、性别平等和自治”。③这三项目标恰好是现代夫妻法律关系的基

---

① See Frédérique Ferrand and Bente Braat, “National Report on Property Relations Between Spouses：France”，http://ceflonline.net/wp-content/uploads/France-Property.pdf，December 21，2015，p.4. See also Max Rheinstein, “The Transformation of Marriage and the Law”，*Northwestern University Law Review* 68，1973，p.473.

② BT-Drs.0 2/3409，S. 2.

③ Dieter Martiny，“The Participation in Acquisitions Regime”，in Kathatina Boele-Woelki，Nina Dethloff and Werner Gephart，eds.，*Family Law and Culture in Europe*，Cambridge，Intersentia Publishing Ltd.，2014，p.27.

石。在请求权产生之前，夫妻双方处于分别财产制状态。原则上，夫妻双方对其各自财产的所有和管理状态不受婚姻的影响。[①]当然，法律为了保护另外一方配偶增益请求权的实现，对某些极其重要的财产处分或负担行为设定了限制。除了对婚姻家庭物品的限制外，其他的限制只是为了确保责任财产不会急剧减少进而危及增益请求权的实现。这种限制与物权进路下的处分限制是存在显著区别的。

实际上，在夫妻财产制消解时，增益请求权并不意味着财产的必然分割。它只是产生一项金钱上的债权。认清债权进路的此项特征是极为重要的。这项特征使得它区别于物权进路，也区别于由主管机关分配的分别财产制（separation of property with distribution by the competent authority）。在债权进路下，法院在夫妻财产制消解时并不会裁定财产所有权的转移，而只是会确定带有强制执行力的债权数额。如果一方配偶拒绝履行对另外一方配偶的增益补偿，另外一方配偶可通过强制执行程序来实现其增益补偿权。

由此可见，在债权进路下，夫妻双方各自拥有并管理各自财产，各自对各自债务承担责任。夫妻双方均应当努力工作，增进各自的财产，满足家庭的需要。法律不再按照身份区分谁应当为家庭提供经济来源，谁应当照顾家务，而是把进行具体分工安排的权利交给夫妻双方。夫妻双方在人格上完全独立平等，他们均有权利和义务负责任地生活。与物权进路相比，债权进路更有利于促进夫妻双方在婚内的独立自主和平等发展。《德国民法典》在1958年引入增益共同制时实际上并非没有考虑其他方案。其立法理由书表明，委员会实际上曾经考虑过共同所有制［包含一般共同制（Gütergemeinschaft）和所得共同制（Errungenschaftsgem--einschaft）］，但委员会经过细致的讨论最终否决了这些方案，而将增益共同制的基本原

① 例如，《德国民法典》第1364条第2款、第1364条。

则确立为改革的方向。[①] 当时德国进行夫妻财产制法律改革的主要动因在于确保《德国基本法》第 3 条所确立的男女两性平等原则在夫妻法律关系上的实现。增益共同制恰好体现了两性之间的完全平等。与分别财产制不同，增益共同制既维护了夫妻双方的独立平等，又兼具共同所有制所具有的实质平等精神。这种债权进路充分体现了“平等伴侣型”的家庭结构。[②]

（2）债权进路减少了夫妻内部的财产管理和处分纠纷

在夫妻双方法律地位不平等的年代，无论是吸收财产制、统一财产制，还是联合财产制均赋予丈夫财产单方管理之权，夫妻双方不存在管理权纠纷的可能。只有在承认两性平等的法律理念之后，才可能发生夫妻间的管理权纠纷。亦即在权利垄断的情况下是不可能发生同种权利之间的纠纷的。物权进路在经历性别平等的改造后，适用的是一般的共同所有权管理规则。由于法律确定夫妻双方对共同财产的平等管理权，如果夫妻双方就财产的管理不能达成一致，或者未将财产管理权委托给另外一方，纠纷的发生实际上难以避免。这也是“家庭关系法律化”的一个重要背景。原先的家庭结构是父权支配下的体系，是典型的金字塔结构，而平等性改造之后破坏了这种金字塔结构，因此，在双方产生纠纷时不得不求助于外部司法结构进行裁定。以现在最为普遍的婚后所得共同制为例，除非能证明财产不属于共同财产，否则均推定为共同财产。在多数情形中，共同财产涵盖了夫妻双方绝大部分甚至几乎所有的财产。在家事代理权之外，对财产的管理和处分均需要夫妻双方的共同参与。亦即在物权进路下，通常的

---

① BT-Drs.0 2/3409, S. 2.

② 德国学者迪特尔·施瓦布认为，当代家庭关系法律化的一个重要背景便是平等伴侣型家庭结构的形成。参见［德］迪特尔·施瓦布:《德国家庭法》，王葆莳译，法律出版社 2010 年版，第 3 ~ 4 页、第 126 页。

状态是绝大部分财产的管理和处分均需要双方的共同参与。[①] 而在债权进路下，除极为少数的限制，对财产的管理和处分均是自由的，不会形成对司法的过度依赖。

（3）债权进路避免了在夫妻内部确定财产性质的难题

物权进路面临的一项重要难题在于划分财产的性质，亦即决定哪些财产应当属于双方共同所有，哪些财产应当属于配偶双方各自所有。如果婚姻的持续时间较长，要进行这种区分是十分困难的。法律不得不设定一项推定规则——无法证明为个人财产的，推定为共同财产。这样的推定可能造成不公平。但是在共同所有权体系下，法律必须要对财产的性质作出准确的界定。判断性质的标准通常有两个：一是财产取得的时间；二是财产的来源。但伴随着当代夫妻财产形态的多样化，两项标准并不能准确地确定某项财产的性质。物权进路不得不设置大量的细致规则来对这些财产的性质进行区分。在债权进路下，只有在夫妻财产制消解时，才需要划定计算范围。它关注的是总体的价值，而非单个权利本身。

（4）债权进路避免在夫妻内部划分债务的难题

物权进路面临的另外一个重要问题在于确定对第三人债务的性质。物权进路必须在债权人保护和配偶保护之间进行平衡。在确定债务性质时，债务形成的时间和债务的用途是判断债务性质的两个重要标准。与财产性

① 很多采用物权进路的国家在一定程度上修正了物权进路这种共同管理的特征，如比利时、法国、葡萄牙。在这些国家，法律将共同财产的管理区分为日常性管理和非日常性管理。就日常性管理而言，夫妻双方均有权利单独进行，而不需要取得另外一方配偶的同意。 非日常性管理通常涉及重大的财产处分行为，这类管理行为需要取得另外一方配偶的同意。这一修正实际上弱化了物权进路的特征。在夫妻财产制解体前，财产的状态都是流动的，而没有完全按照一般的物权规则进行处理。当然，也有相当多数的国家仍然按照一般性物权规则来规制物权进路下的财产管理问题，如奥地利、匈牙利、俄罗斯、西班牙。如果套用一般性物权规则，可能产生的一个严重问题是，由于一般性物权规则规制的是单个物权的变动，即使是对价值不大的共同共有的财产进行处分，也需要经过双方的共同同意，而这给夫妻双方的共同管理带来了严重的难题。故而，在这些国家，法律或者司法实践确立了在某些情况下推定另外一方配偶会同意的规则，以缓和一般性物权规则所带来的不便。

质判断的推定规则相对应，法律将不能证明为个人债务的债务推定为共同债务。这一推定饱受诟病。因为这一推定可能带来的严重后果是，如果法律不设置特殊的限制性规则，债务不仅会危及共同财产，而且可能危及另外一方配偶的个人财产。实际上，在物权进路下，即使债务被划分为个人债务，也同样可能威胁到另外一方配偶的利益。在多数实行婚后共同所得制的欧洲国家，一方配偶的个人债务不仅能从该方配偶的个人财产中获得清偿，而且能从夫妻双方的共同财产中获得清偿。[①] 为了避免一方恶意负债侵害共同财产情况持续发生，采用物权进路的国家普遍引入了非常财产制。

此外，在物权进路下，如果一方配偶因侵害另外一方配偶而负担债务，在加害方的个人财产不足以清偿该债务时，从共同财产中进行偿付实际上侵害了另外一方配偶的利益。即使受害配偶从加害配偶个人财产中获得清偿，如果法律没有明确将获得清偿的部分确定为个人财产，而重新归入共同财产，实际上损害了受害配偶的权利。为了解决这一问题，物权进路不得不再次修正。方式是引入非常法定夫妻财产制，或者设立净值扣减制度。这些改革使得物权进路不仅体系繁杂庞大，而且逐渐偏离了物权进路的核心。

在债权进路中，由于夫妻双方各自对其债务承担责任，夫妻双方债务承担规则是相对清晰的，一方的负债并不会危及另外一方的财产。除非存在法定的情形，否则增益补偿请求权是不会产生的。一方配偶的债权人自然无法主张代位求偿权。至于婚内侵权产生的债权只会对最后的增益额确定产生影响，而不会对财产制本身产生变更。公平的方式是将受害方获得的这部分赔偿进行初始财产补算，而将加害方支付的这部分赔偿计入终结

① See Katharina Boele-Woelki et al., *Principles of European Family Law Regarding Property Relations between Spouses*, Cambridge, Intersentia Ltd., 2013, p.266.

财产补算（除非加害方以增益之外的财产支付赔偿）。[①] 需要注意的是，并不是说夫妻双方在债权进路中就不会产生共同债务。在一方配偶为满足家庭日常需要而行使家事代理权的情况下，由此产生的债务属于双方的共同债务。但在债权进路下，原则上债务都是个人债务，而不需要进行繁琐的性质划分。

综上，就夫妻内部关系而言，债权进路吸收了分别财产制的优势，避免了物权进路下繁琐的财产性质划分和债务承担规则，解决了夫妻一方债务危及夫妻另一方财产的问题。同时，债权进路充分体现了夫妻双方平等独立的新型家庭关系。债权进路营造了这样一种家庭氛围：除非法定夫妻财产制解体（通常为离婚），否则夫妻双方均应当勤奋工作，增进自己的财产，发展自己的现实人格。在法定夫妻财产制解体前，婚姻原则上不影响夫妻双方的财产关系。

2. 债权进路在夫妻关系外部的优越性

（1）债权进路有利于促进市场交易效率

如前文所述，夫妻财产制所要回答的根本性问题在于，婚姻关系是否会导致夫妻双方财产关系的变化，导致什么样的变化，以及在何时发生这种变化。物权进路下的这种变化通常发生在婚姻缔结之时，婚姻这一法律行为导致了财产权状态的变化。按照大陆法系民法的术语，婚姻这一身份行为产生了物权效力。与物权进路不同，在债权进路下，婚姻这一身份行为并不会产生物权效力。虽然在某些情况下，它会产生限制物权处分的效力，[②] 但增益补偿请求权的产生本身并不是婚姻这一法律行为的后果。相反，婚姻这一身份行为只是导致了法定夫妻财产制的适用，而法定夫妻财

---

① 值得注意的是，无论是采用债权进路的德国、瑞士还是我国台湾地区，均没有将婚内侵权产生的债权排除增益计算。CEFL 制定的《关于夫妻财产关系的欧洲家庭法原则》在婚后共同所得制中除了夫妻间侵权或者犯罪所产生的债务清偿规则，在所得参与制中并未涉及。

② 例如《德国民法典》第 1365 条。

产制的终止才是增益补偿请求权产生的基础。物权进路在婚姻缔结那一刻开始就产生了物权法效果，而法定夫妻财产制本身通常是不用进行登记的。在法定夫妻财产制存续期间，大量财产可能处于登记与实际归属状况不一致的状态。这种不一致实际上导致了类似于欧洲中世纪双重所有权所导致的那种混乱，而这种权利归属上的模糊状态对市场交易的妨碍甚大。如果法律选择优先保护另一方配偶的利益，则必然会限制第三人善意取得制度的适用。即使是法定夫妻财产制需要进行登记，第三人可以查知交易人的婚姻状态，此做法也会严重妨碍交易的效率，增加交易的成本，十分不可取。当代社会交易匿名化趋势日益明显，一方交易主体可能完全不认识另外一方，遑论查询其婚姻财产制状况。在债权进路下，婚姻关系原则上不对夫妻各自财产的归属状况产生影响，夫妻双方的权属状况是十分清晰明确的，而清晰的权属状况是高效市场交易的前提。由于分别财产制是“市民社会之典型的夫妻财产制”，①而债权进路吸收了分别财产制的优点，因此可以说债权进路同样是市民社会发展之使然。

（2）债权进路有利于增进财产的流转速度

法经济学的分析认为，对财产权自由转让的限制越小，那么资源由较小价值用途向较大价值用途转移的可能性就越大，资源配置的帕累托最优就越可能出现。越多人对一项财产主张权利，财产的流转效率就越低。只需要稍微回顾公司形式的商业形式在近代以来崛起，而合伙制商业形式却逐渐衰落的事实，就很容易印证这一假设。有权对公司财产主张权利的只有公司这一个主体，在合伙中却不然，多个主体均对合伙财产享有权利。正如波斯纳所言，“原始社会精心编织的亲属关系网络是为什么权利在这样的社会缓慢产生的另一个重要原因”。②亲属之间可能出现坚持不合作的

---

① 林秀雄：《夫妻财产制之研究》，中国政法大学出版社 2001 年版，第 22 ~ 35 页。

②［美］理查德·A. 波斯纳：《法律的经济分析》，蒋兆康译，中国大百科全书出版社 1997 年版，第 64 页。

问题，从而降低转让的效率。在物权进路下，共有财产的转让按照一般的物权规则，需要征得夫妻双方的同意。除非法律通过拟制同意的方式假定交易不会损害配偶的利益以获得同意豁免，否则一致同意规则就会严重影响财产的流转，滋生大量的诉讼纠纷。

日本法学大家我妻荣先生在考察了法国和德国所有权观念的发展后，认为单纯而自由的所有权代表了历史变迁的趋势。[①] 所有权的这一单纯化过程实际是所有权上所附加的身份关系逐渐消亡的过程。正如亨利·梅因所言，“在运动发展过程中，其特点是家族依附的逐渐消灭以及代之而起的个人义务的增长”。“‘个人’不断地替代了‘家族’，成为民事法律所考虑的单位。”[②] 个人之所以逐渐成为法律所考虑的单位，所有权逐渐摆脱诸多身份上的限制，乃是因不附加身份限制的所有权是资本主义社会之所需。物权进路实际上是“从身份到契约社会运动”的最后一点历史残迹。当维系这一残迹的最后一点理由能通过债权进路实现时，法律的改革不可避免。

（3）债权进路有利于保护市场交易安全

法定夫妻财产制对市场交易安全的影响主要是由该财产制偏离一般性财产规则的幅度决定的。偏离越大，对市场交易安全的影响就越大。这种偏离既对权利的转移发生影响，也对交易本身产生影响。前者表现为财产的权属不发生移转，后者表现为合同无效（包含绝对无效和相对无效）。即使是在债权进路中，法律出于保护配偶特殊利益的考虑，也会设定一些对财产处分的限制。当然这些限制是作为例外存在的，亦即法律原则上不设置限制，除非存在特殊的目的。维持家庭生活需要是其中一项目的。各国均或多或少对家庭住宅和家庭生活用品的处分设定了限制，而不

---

① ［日］我妻荣：《债法在近代法中的优越地位》，王书江、张雷译，谢怀栻校，中国大百科全书出版社1999年版，第9～10页。

② ［英］梅因：《古代法》，沈景一译，商务印书馆1996年版，第96页。

管它们的权属状况。当然这种限制在涉及第三人时，争议是巨大的。英国法律委员会（Law Commission）在拟定家庭住房法定共有改革草案时，拒绝了一方配偶有权阻止另一方配偶对家庭住房的任何处分，而不管双方配偶是否对该住房共有的观点。法律委员会认为，承认配偶的"此项权利会对公认的财产权概念带来严重的冲击"。[①] 实际上，正如布朗恩·威尔金森（Browne-Wilkinson）法官在 *Barclays Bank v. O'Brien*[②] 中所阐明的那样，英国法不禁止或者限制将家庭住房作为商业贷款担保是因为这样可以最大化财产的市场价值。更为准确地说，强制性地限制规定妨碍了交易的预期和安全，进而阻碍了最大化财产的价值。在物权进路下，这种限制是作为一般性原则存在的，不仅仅局限于家庭住房和家庭生活用品，而且局限于极为特殊的财产处分行为（如处分全部财产）。为了实现特殊情况下保护配偶利益或者家庭生活需要的目的，法律通常需要排除合同的效力，或者至少使合同处于相对无效的状态，甚至排除善意取得制度的适用。这些措施越严厉，所适用的范围越广，对交易安全的妨碍就越大。

交易安全与交易的预期密切相关。物权进路的最大弊病在于，它严重降低了交易的可预期性，除非法律规定更为严厉的登记制度。为了弥补这一缺陷，法律不得不增设善意取得的相关制度来缓和这一问题。即使善意取得的相关制度能缓和这一问题，大量的纠纷也仍然不可避免地会涌向法院。

（4）债权进路与女性走向社会的趋势相符合

如前文所述，现代夫妻关系法不再按照夫妻双方的身份确立双方的角色。法律中的婚姻形象是平等的伴侣型婚姻。这种平等的伴侣型婚姻具有三大特征：夫妻间独立的地位、个人自治和分工的自由协商。很多人诟病这种理念脱离了社会现实。以欧洲为例，社会学对夫妻双方行为的研究表

① Law Commission, "The Implications of Williams & Glyn's Bank Ltd v Boland, London", HMSO, Law Com No 115, 1982a, para. 111 (iii).

② [1994] 1AC 180, 188.

明，时至今日现时的婚姻状态仍然与家庭法所预设的伴侣型夫妻关系存在较大的差距。[①]无论是在家庭还是劳动力市场，妇女处于经济弱势地位的状态都没有发生根本性改变。[②]但是，两方面的趋势值得我们注意。第一，妇女受教育的程度大幅度上升。以美国为例，美国白宫经济顾问委员会发布的报告显示，美国25～34岁取得学士及以上学位的女性比例已经超过男性，并且这一趋势正在逐渐扩大。图4-2反映了美国接受高等教育（大学本科和研究生教育）男女比例的变化。

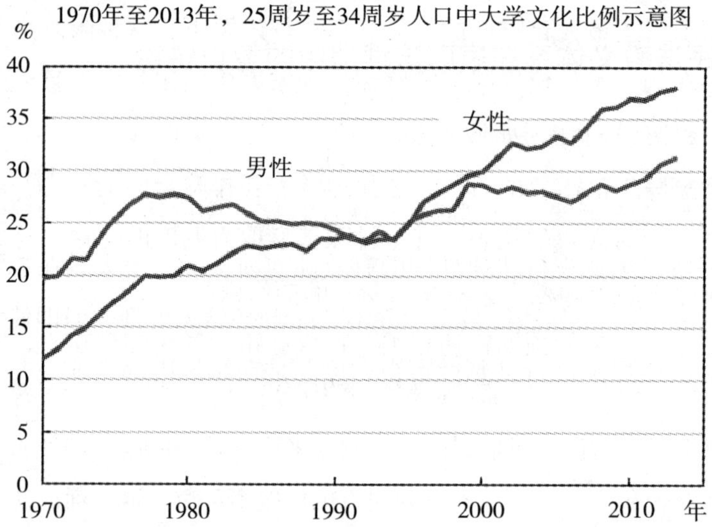

图4-2[③]

数据来源：美国统计局。

① Brank Re etar, "Matrimonial Property in Europe: A Link between Sociology and Family Law", *Electronic Journal of Comparative Law* 12.3, 2008, p.18.

② See McGLYNN, C., *Families and the European Union Law, Politics and Pluralism*, Cambridge, Cambridge University Press, 2006, pp.30-35.

③ Council of Economic Advisers, "Women's Participation in Education and the Workforce", http://www.whitehouse.gov/sites/default/files/docs/council_economic_advisors_slides.pdf, December 22, 2014.

第二，妇女劳动参与率也呈现增长趋势，其收入在家庭收入中所占比例亦呈现上升趋势。同样以美国为例，在 2013 年已婚妇女的收入总体上已经占家庭总收入的 45%。相关增长趋势如图 4–3 所示：

1970年至2013年，工作的已婚妇女对家庭收入的贡献比例示意图

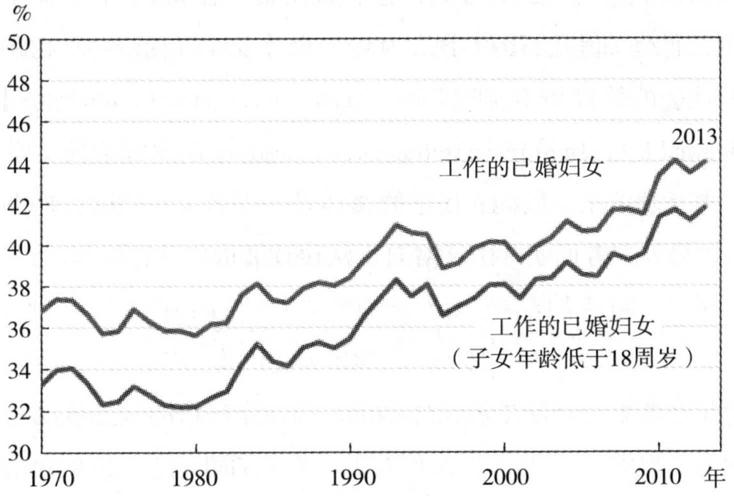

图 4–3[①]

数据来源：美国统计局。

这两方面的趋势变化反映了这样一个社会现实，妇女走向社会的程度日益加深。这些变化似乎使得制定于 20 世纪 80 年代的《统一夫妻财产法》（Uniform Marital Property Act）失去了某些社会背景方面的合理性。如果按照《统一夫妻财产法》序言所宣称的那样，“它是一部反映美国八十年

① Council of Economic Advisers, “Women’s Participation in Education and the Workforce”, http://www.whitehouse.gov/sites/default/files/docs/council_economic_advisors_slides.pdf, December 22, 2014.

代婚姻现实和公平理念的法律”，[①]那么从某种意义上来说，它或许已经不能反映当代美国的婚姻现实和公平理念。《统一夫妻财产法》采用了所有权体系而非债权进路。《统一夫妻财产法》基于两项前提：第一，婚姻立即创设了共同共有状态；第二，婚姻期间的共有状态在婚姻结束时就已经存在。[②]迄今为止，《统一夫妻财产法》只在威斯康星州获得了采纳。虽然原因是多方面的，但是不得不说，其中一个重要原因在于这种物权进路与妇女走向社会的趋势是不相吻合的。实际上，美国的上述变化并非个案。国际劳工组织（International Labour Organization）的研究表明，女性与男性劳动参与率差距已经从1990年的28.6个百分点降至2017年的26.5个百分点。[③]德国学者尼娜·德泽洛夫（Nina Dethloff）认为，根植于增益共同制的分别财产制理念暗含了对女性的严重不利。因为传统的两性分工体系仍然占据主流。[④]当这种分工体系正发生重大变化并且趋势日趋明显时，对债权进路的此种指责自然会失去基础。相反，法律应当引导这种趋势。正如日本学者桥本文雄所言，“有社会就有法律，法一方面随着社会的进化而进化，但一方面又有引导社会走向某方向之机能”。[⑤]市民社会之婚姻，首先是以承认市民人格为基础的，而不是用婚姻这一制度遮蔽市民社会中人的理念。

---

① National Conference of Commissioners on Uniform State Laws, “Uniform Marital Property Act with Prefatory Note and Comments”, http://www.uniformlaws.org/shared/docs/marital%20property/umpa_final_83.pdf, December 22, 2014.

② National Conference of Commissioners on Uniform State Laws, “Uniform Marital Property Act with Prefatory Note and Comments”, http://www.uniformlaws.org/shared/docs/marital%20property/umpa_final_83.pdf, December 22, 2014.

③ International Labour Organization, “ILO Labour Force Estimates and Projections (LFEP) 2017: Key Trends”, http://www.ilo.org/ilostat-files/Documents/LFEPbrief.pdf, May 29, 2018.

④ Nina Dethloff, “Reform of German Family Law: a Battle against Discrimination”, *European Journal Law Reform* 3, 2001, pp.228-229.

⑤ [日]桥本文雄：《社会法と市民法》，有斐阁1957年，第9页。转引自林秀雄：《夫妻财产制之研究》，中国政法大学出版社2001年版，第40页。

四、小结

通过以上分析，我们不难发现，债作为民法教义学中的一种科学概念在婚姻法中的应用呈现出扩大化的趋势。这不仅表现在契约之债（如婚姻财产合同）方面，而且表现在法定之债（如夫妻法定财产制）方面。当然，需要承认的是，如同在亲子关系法中所面临的困境那般，债之体系的利用在婚姻法中同样面临一些困境。虽然婚姻法所面临的这些困境要远远小于亲子关系法所面临的困境，但是绝不应当忽视它们的存在。需要强调的是，债权债务关系实际上也并不能融贯于婚姻的所有法律效果。一个典型的例子是，《德国民法典》第 1362 条所规定的所有权推定规则就很难通过债之概念得到解释。但是，这不能否认债为婚姻法所提供的基本框架。总体而言，相对于亲子关系法，“有物权性质的债权”在婚姻法中发挥了更为重要和基础的作用。

第四节　融合之局限

一、债权工具必须屈从于人权和基本权利的框架

我们易于发现这样一个事实，债权这一民法教义学的核心概念在家庭法中所面临的诸多困境实际上可以追溯至人权和基本权利所确定的价值框架。易言之，债虽然是相对契合的框架，但与家庭法也并不是完美匹配的。职是之故，本书从不主张将家庭法归入债法，而只是表明二者的交汇逐渐扩大。对于现代家庭法的分析，没有学者会忽视处于实证体系中母法地位的宪法和人权公约。由于家庭法与前两者的紧密关系，合宪性往往是家庭法现代化更新的直接动力，甚至有学者将这一现象直接描述为家庭法

的宪法化（constitutionalization of family law）。[①] 在此，我们需要考察的是，宪法和人权公约到底确立了怎样的价值秩序体系，从而造成了债与家庭法融合中出现的某些困难。

大体而言，宪法和人权公约所确定的三类价值目标与家庭法这一范畴密切相关。首先，人作为独立个体的生命、身体、人格尊严和自由发展应受保护。其次，人格是平等的，尤其是强调性别平等。最后，婚姻和家庭应当受到保护。前两项目标实际上奠定了家庭关系的内在结构。亦即任何家庭法规则的确定都必须能经过此两项价值目标的检视。抽象平等和非支配，毫无疑问是作为私法范畴的家庭法的预设前提，但是，在亲子关系法中，抽象平等和非支配被更为重要的目标——国家对儿童利益的特别保护——掩盖了。亦即权利这一私法的核心概念处于次要地位，或者更为准确地说，处于屈从地位。“善优先于权利”这一原则已经滥觞于当今的亲子关系法。普通法的信托结构相对于债更能恰当地解释当今的父母子女关系。但是在大陆法系，传统民法教义学并没有提供这样的工具。如前文所述，债实际上成为了大陆法系民法为当代家庭法所能提供的唯一工具。宪法和人权公约所确立的前两项原则与债之特性存在高度的匹配。支配性关系中不可能实现此两项原则。正是由于人权公约和宪法在价值秩序上接受了康德哲学的论调，将人从权利客体的范畴中排除，从而确立了现代家庭法的禁区——将子女或者妻子视为财产。例如，即使是在保护儿童或者保护亲子关系这一大前提之下，我们也不能将子女作为父母返还请求权的客体，而必须寻找其他的私法学说基础。[②] 当下较为可行的学说是，第

---

① See e.g. Marisa Herrera and Natalia de la Torre, *Family and Succession Law: Argentina*, Alphen aan den Rijn, Wolters Kluwer, 2015, pp.19-22. As regards the common law system, see David D. Meyer, “The Constitutionalization of Family Law”, *Family Law Quarterly* 42, 2008, pp.529-572.

② 大陆法系国家或继受罗马法之传统，将子女交还类推适用物之返还，或沿袭日耳曼法之传统，将其请求权基础确定为对占有的侵害。此两项见解皆有不尊重子女人格之嫌。

三人之拐带行为侵害了权利之行使，故而返还子女不过是排除妨碍的一种方式。[①]不过对于具体妨碍何种权利，学说见解上似有争议。如前文所述，德国法之实务将其基础确定为对居所决定权的妨碍。日本法实务之通说却以对亲权人之教育监护行使的妨碍为基础。[②]如果以债权债务为视角，则从子女的角度出发，将其视为法定代理人代子女要求第三人排除对权利（有权得到父母照顾）行使之妨碍较为妥当。此项见解在解释返还诉讼中子女之意愿的重要性时更为可行，但却涉及债权物权化之难题。实际上，无论作为妨碍居所决定权、亲权人之教育监护行使的妨碍还是从债权债务的视角进行理解，在逻辑上必然逊色于传统支配权之理论。当然，法律也可以另辟蹊径，彻底放弃教义学提供的概念体系，进而转向父母责任这样极具张力的概念。然而，这样的概念对于民法教义学而言无疑是致命的，因为其无法在权利的谱系中找到合适的定位，进而会破坏整个体系的融贯性。可以明确的一点是，债实际上与前两项原则之间存在高度的融洽性。国家在家庭中的利益特别是在亲子关系中所具有的利益，使得作为私法的家庭法还必须服务于其他目的。例如，抚养义务人拒绝支付抚养费不仅是对子女利益的损害，更会加重社会福利系统的负担，因而，抚养关系不能单纯地理解为一般民法上的债权债务关系，特别是契约之债的使用受到了极大的限制。这种限制与当代契约法对缔约能力差异的关注如出一辙，“在家庭中的亲密关系的动态变化可能扭曲缔约过程”，[③]进而造成契约内容本身的不公平。在契约之债相对发达的夫妻财产制中，许多国家法律

---

① 沼邊愛一，子の引渡，谷口知平等編，現代家族法大系 2，婚姻・離婚，有斐閣，第 275 頁。转引自魏大喨:《论子女之交还与交付》，载林秀雄主编:《民法亲属继承实例问题分析》，五南图书出版股份有限公司 2009 年第 2 版，第 150 页。

② 太田武男，判例・學說: 家族法（增補版），有斐閣 1991，第 186 頁。转引自曾建豪:《子女交付请求之研究: 以日本法为中心》，国立政治大学 1998 年硕士学位论文，第 80 页。

③ Barbara A. Atood, “Marital Contracts and the Meaning of Marriage”, *Arizona Law Review* 54, 2012, p.11.

仍然对可约定的夫妻财产制进行了类型化处理。其中一项重要原因便在于避免亲密关系对缔约能力造成的不当影响。[①] 特别是，夫妻财产合同可能会对一方经济上产生过度的压迫，从而妨碍一方人格的自由发展。在2001年发生的一起有关配偶间合同效力的案件中，德国联邦宪法法院认为，由于协议违反了《德国基本法》第2条第1款所规定的人格自由发展权、第6条第2款有关抚养与教育子女为父母之自然权利，亦为其至高义务，其行使应受国家监督之规定以及第6条第4款所规定的母亲有权请求社会保护和照顾之权利，因而此项协议是无效的。[②] 而其核心观点在于身处怀孕状态的母亲在此特殊状态下的别无选择，配偶双方交易能力是不平等的。"此案的关键在于男女双方在缔约时的结构性不平等，而宪法法院实际上划定了此种情形下宪法所允许的意思自治的空间。"[③] 单从这一点来看，家庭法和债法在破除家庭——市场对立模型的情况下出现了相似的发展趋势。

实际上，债之概念及其体系在面对前两项原则时还能基本应付，真正带来挑战的是第三项原则——国家负有保护婚姻和家庭的义务。这项原则实际上要求私法必须在一定程度上将对内的权利和义务绝对化。当然，也有例外，由于人格尊严的首要性，其要求人身性配偶权不能在缺乏合意的情况下作个人视角的绝对化。在"二战"后的初期，联邦宪法法院甚至认为《德国基本法》第6条所规定的对婚姻及家庭的保护是优先于第3条有关于男女平等的规定的。换言之，性别平等的目标必须和保护婚姻与家庭

---

① 另外一个重要因素是开放型的约定模式可能会对交易安全带来危险。参见陈棋炎、黄宗乐、郭振恭：《民法亲属新论》，台湾三民书局2004年版，第173页。

② BvergGE 103, 89.

③ Peer Zumbansen, "Public Values, Private Contracts and the Colliding Worlds of Family and Market", *Feminist Legal Studies* 11, 2003, p.83.

的目标相协调。[①]而在彼时，保护婚姻和家庭的首要含义并不是对外的，而是对内的，即保护由权威和权力所建构的家庭内部秩序。[②]保护婚姻和家庭并不是保护个人在婚姻和家庭中的利益，而是保护这个人身性的整体秩序免受法律的干涉。而现在，正如施瓦布所指出的那样，"家庭关系的法律化是子女和妇女解放不可避免的前提"。[③]职是之故，宪法中所确立的保护婚姻和家庭原则的内涵已经发生了变化，从保护免于侵蚀的家庭伦理整体转向了从个人角度来理解的家庭成员的相互关系。此外，伴随着对同居伴侣特别是对同性伴侣地位的承认，宪法上对婚姻和家庭的保护总能引起诸多争议。去伦理性的家庭生活事实似乎逐渐成为了宪法所真正保护的对象。

国家保护婚姻和家庭的义务在私法中体现为赋予婚姻和家庭中某些权利以对世性，即私法为第三人设置了不得侵害的一般性义务。典型的情形是德国联邦宪法法院赋予配偶一方禁止另外一方配偶的情人侵入婚姻住宅的权利来源于《德国基本法》中保护家庭的有关条款。[④]由此，私法面临这样的任务，在家庭内部承认人之间的抽象平等，并以债为调整家庭成员关系的主要工具。在家庭外部，承认家庭成员对外权利的绝对性，准确地说是其在成员相互关系中所具有的利益的绝对性（利益说）。在第一层含义上，这些权利通常能够获得侵权法上的保护。在例外的情形中，这些权利还能通过诸如占有之类的机制获得物权法上的保护。在更为例外的情形中，法律甚至规定高于一般物权的保护。例如，根据德国联邦普通法院的意见，《德国民法典》第 1365 条第 1 款和第 1369 条所规定的限制为绝对

① BVerfG FamRZ 1957，82.

② BVerfG FamRZ 1957，326.

③ [德] 迪特尔·施瓦布：《德国家庭法》，王葆莳译，法律出版社 2010 年版，第 3 ~ 4 页。

④ BGHZ 360，6.

的处分禁止。[①] 因而，不适用于物权法上的善意取得制度。这些具体的制度安排都与国家对婚姻和家庭的保护这一宪法目标存在一定的关联。

显而易见，不是宪法和人权公约所确立的客观价值秩序去适应民法教义学，而是民法教义学必须要适应宪法和人权公约所确立的客观价值体系。因此，在家庭法与民法融合的过程中，我们首先需要警醒的便是我们不应该回到潘德克吞民法体系所创造的那种封闭而精美的体系中。彼时，正如德国法学家康拉德·海瑟（Konrad Hesse）所言，“1896 年《德国民法典》作为专制国家中的自由私法，在某种程度上成为了德意志帝国民事宪章的替代品”。[②] 而现在的情况已经发生重大的变化，宪法和人权公约不再仅仅具有宣示意义，与此相反，它在主观权利和客观法两个方面具有效力。故而，“过去那种建立在代表‘市民社会’的私法与代表‘国家’的公法相对立前提下，由潘德克吞法学的封闭体系及其实证科学方法所造就的私法的独立王国”[③] 已经远去。正如荷兰学者玛莎·安托克斯卡娅所总结的那样，“欧洲人权法院通过《欧洲人权公约》演绎出了一整套家庭法典”。[④] 与此类似的是，被维亚克尔所褒扬的“德国司法机关在 1953 年到 1957 年之间的工作”实际上是“一套法官的平权法”。[⑤] 法官从《德国基本法》的抽象条款中演绎出了一整套家庭法规则。家庭法中的权利谱系不仅可以被人权公约和基本权利所确定的客观价值秩序演绎，并且应当被其决定。

---

① BGHZ 40，218.

② Konrad Hesse，Verfassungsrecht und Privatrecht，Heidelberg 1988，S.10.

③ Gert Brüggemeier，“Constitutionlisation of Private Law：The German Perspective”，in Tom Barkhuysen and Siewert Lindenbergh eds.，*Constitutionlisation of Private Law*，Leiden，Martinus Nijhoff Publishing，2006，p.61.

④［荷］玛莎·安托克斯卡娅：《比较家庭法：与时俱进？》，王淇译，载［英］埃辛·奥赫绪、［意］戴维·奈尔肯编：《比较法新论》，马银剑、鲁楠等译，清华大学出版社 2012 年版，第 275 ~ 276 页。

⑤［德］弗朗茨·维亚克尔：《近代私法史：以德意志的发展为观察重点》（下册），陈爱娥、黄建辉译，上海三联书店 2006 年版，第 508 页。

二、社会科学进路和社会法对主观权利概念的削弱

社会科学是以弱化权利的姿态在家庭法中出现的。与规范分析相比，社会科学更加关注人们行为的偏好。以法经济学为例，其对家庭法的分析首先考虑的是动机的作用（the role of incentives）。[①] 其通常将家庭法划入公共家庭政策（除了作为私法的家庭法，通常还包含会对家庭产生影响的税法、劳动法、社会福利法等）的范畴，并分析这些政策可能产生的后果。其出发点既不是《德国基本法》或者人权公约所确定的基本权利，也不是实证化的民法教义学体系，而是家庭法对人们行为所产生的影响。一个典型的例子是，如果学者意图使用法经济学的方法来分析以宽松自由为特征的离婚法之弊端，其不会求助于家庭伦理或者爱，抑或是宪法应当保护家庭之类的概念，而是会将分析的视角拉入离婚法所产生的激励机构。学者发现，“现代家庭法实际上创造了一种鼓励机会主义和在人际关系义务中进行相互欺骗的激励结构”。[②] 特别是，宽松的离婚政策可能导致人们减少对婚姻的投入。[③] 法律的经济分析特别关注人们通过实际行为对法律的规避。这是法律影响人们行为最为典型的反映。例如，如果我们意欲通过法律的经济分析来论证作为荷兰法定夫妻财产制的一般共同制的弊端，一个极为有利的论据便是在该国通过夫妻财产合同来排除法定财产制的比例要远远高于其他国家，而不是用人格独立、男女平等之类的形而上的概念。更为常见的一个例子是，如果只允许过错离婚或者过错离婚的成本较

---

① Antony W. Dnes and Robert Rowthorn ed., *The Law and Economics of Marriage and Divorce*, Cambridge, Cambridge University Press, 2002, p. Ⅱ.

② Antony W. Dnes and Robert Rowthorn ed., *The Law and Economics of Marriage and Divorce*, Cambridge, Cambridge University Press, 2002, p.2.

③ Antony W. Dnes and Robert Rowthorn ed., *The Law and Economics of Marriage and Divorce*, Cambridge, Cambridge University Press, 2002, p.3.

大（通常反映在快捷性上），一方配偶甚至可能通过收买对方的方式来制造过错离婚所需要的证据进而规避禁止协议离婚的法律初衷。[①] 在这种意义上，我们不难发现，与权利所确立的应然状态相比，社会科学进路实际上更关心实然状态，特别是家庭的现实运行状况与作为规范的家庭法之间的互动关系。

当然，对家庭法影响最深刻的社会科学并不是经济学，而是社会学、教育学和心理学，又特别是在亲子关系法中。"法院很少在其他法律领域中，像在处理亲子关系并决定儿童的利益上如此这般依赖于社会科学的数据。"[②] 这些主要来自社会学、心理学和教育学的数据本质上影响了家庭法规则的设计。社会科学对于家庭法最深刻的影响便是弱化了"权利"的概念。权利及由此带来的对抗性特征并不能产生令人满意的结果。出于这种考虑，家事程序法在许多国家进行了根本性的调整，不仅取得了独立性的地位，而且由诉讼式的对抗机制变为非诉式的申请机制（如德国于2009年颁布的《关于改革家庭事件和非诉事件程序的法律》）。这样，法院的作用发生了重要变化：法院倾向于提供程序性的措施，权利救济的首要性逐渐淡化。正如澳大利亚学者桑德拉·伯恩斯（Sandra Berns）所观察的那样，家庭法呈现出了向程序共和国（Procedural Republic）演化的趋势。[③] 她分析道：

家庭法是一种难以理解的现象。很少的家庭法案件是诉讼对抗式的。政府意在减少此类案件数量的公共政策仍然有很长的路要走。从过错离婚

---

① [美] 理查德·波斯纳:《法律的经济分析》(第7版)，蒋兆康译，法律出版社2012年版，第212页。

② G. S. Goodman, R. E. Emery and J. Haugaard, "Developmental Psychologyand Law: Divorce, Child Maltreatment, Foster Care, and Adoption", in I. Siegel and A. Renninger eds., *Child Psychology in Practice*, in W. Damon ed., *Handbook of Child Psychology (Vol. 4)*, New York, Wiley, 1998, p.775.

③ Sandra Berns, "Folktales of Legality: Family Law in the Procedural Republic", *Law and Critique* 11, 2000, pp.1-24.

主义制度向非过错离婚主义制度的转变消除了多数情况下法院介入的必要性。如果还有极少的事项需要法院裁判的话，法院的此种介入也只不过是最为形式和程序化的。唯一的例外是对婚姻所涉及的复杂财产问题和有关儿童的诉讼。澳大利亚家庭法在将离婚视为行政化和官僚化而非诉讼事务上的坚持不懈成为其显著特征。最终，离婚只是形式程序化的事项——填写分配财产的文书，如果涉及儿童的话，父母双方还需要就儿童的抚养和接触进行适当的安排。①

单从这点来看，通过何种概念来建构家庭法似乎变得没有那么重要。与此相反，家庭法的重要任务从判断是非曲直，转向了对家庭关系的修补和支持，其首要目的是减少家庭成员间的冲突。由此，社会福利机构不可避免地作为支持机构参与到法院的司法程序中。在某些国家，这种支持可能是强制的，特别是在亲子关系法中。部分司法域甚至在离婚法中加入了强制性的咨询和培训。以美国宾夕法尼亚州为例，法院有权根据离婚的不同类型（侮辱、相互同意、无法挽救的破裂）要求当事人参加强制咨询。② 在德国，青少年局不仅为法院提供支持，而且在法定情形下，可以参与特定的司法程序。③ 从这个角度来看，家庭法已经超越了纯私法的范畴，与社会法出现了重叠和交叉，并且，这种交叉的趋势越明显，私法中“权利”的意义就越弱。这里，有必要回顾帕夫洛夫斯基（Hans-Martin Pawlowski）对于社会法的界定。他认为，“应当将私法中决策受到约束的那部分内容，从整个私法中分离出来，并用‘社会法’（Sozialrecht）这一

① Sandra Berns, “Folktales of Legality: Family Law in the Procedural Republic”, *Law and Critique* 11, 2000, p.9.

② See Pa. C.S.A. § 3302.

③ § 52 SGB Ⅷ.

术语来描述”。[1] 梅迪库斯对此持批评态度，理由主要有两点：第一，“社会法”的用法已经固定；第二，要在私法内作出准确的区分是困难的。[2] 从家庭法的角度来看，似乎呈现出两种相互对立的趋势。一是个人自治原则的扩大。这种扩大不仅表现在婚姻法中，而且表现在亲子关系法中，特别是父母必须根据子女身心的发展状况考虑子女的意愿。根据英国学者赫林教授的考察，自治（autonomy）在家庭法中扮演愈发重要的作用不过是最近几十年才发生的事，无过错离婚和对调解的强化应用是这一趋势的典型代表。[3] 从这方面来看，如果我们遵从梅迪库斯对于私法的定义——“公法是指受约束的决策的法，而私法是指自由决策的法”，[4] 那么可以说家庭法的现代发展使其进一步导向了私法的范畴。在这一层含义上，“家庭法在整体上趋向于债法，趋向于长期债之关系”。[5] 与此相对的是，来自社会科学的研究成果使得权利在家庭法中的地位进一步式微。例如，父母和子女的自治依赖于第三方的评估，呈现出客观化的趋势。法官作出裁判的依据不再是父母和子女的权利，而是依赖于心理学和教育学的调查报告。“社会科学的发现已经经常出现在有关离婚、监护和收养的司法判决中，这很大程度上是由于诸如心理学之类的学科在这方面的研究已经十分成熟。”[6]

---

① [德] 帕夫洛夫斯基：《德国民法总论》，边码 17 以下。转引自 [德] 迪特尔·梅迪库斯：《德国民法总论》，邵建东译，法律出版社 2001 年第 2 版，第 10 页。

② [德] 迪特尔·梅迪库斯：《德国民法总论》，邵建东译，法律出版社 2001 年第 2 版，第 10 ~ 11 页。拉伦茨在批判夫洛夫斯基观点的同时，也承认公法与私法交错的现象愈加普遍，参见 [德] 卡尔·拉伦茨：《德国民法通论》(上册)，王晓晔、邵建东、程建英等译，法律出版社 2003 年版，第 7 页。

③ See Jonathan Herring, *Relational Autonomy and Family Law*, London, Springer, 2014, pp.5–8.

④ [德] 迪特尔·梅迪库斯：《德国民法总论》，邵建东译，法律出版社 2001 年第 2 版，第 14 页。

⑤ [德] 罗尔夫·克尼佩尔：《法律与历史：论〈德国民法典〉的形成与变迁》，朱岩译，法律出版社 2003 年版，第 182 页。

⑥ Bette L. Bottoms, Margaret Bull Kovera and Bradley D. McAuliff, *Children, Social Science, and the Law*, Cambridge, Cambridge University Press, 2002, p.5.

社会科学对于家庭法的影响不仅体现在司法上，更是体现在立法上。社会科学对于家庭法立法最为重要的影响在于其将家庭法带入了功利主义的模型。在这里，社会效用的最大化取代了主观化的个人权利，成为作出判断的准绳。家庭法被融入了社会控制的巨大工程之中。“控制是社会科学的一项主要目标，它主要涉及如何改变某种对象而非某种对象是否应当被改变的知识。”①“虽然社会控制经常给人造成压迫的感觉，但是它对于将有关如何控制社会的科学问题与是否应当存在控制的道德和政策（通常为法律）问题区分开来是（至少就当下而言）极为重要的。”②社会科学不仅为立法者将家庭法纳入社会控制工程创造了事实上的正当性，更提供了如何实现这种控制的功利化论证。虽然社会科学和法律都将人类的行为作为研究对象，但是社会科学在研究人类的行为时使用了完全不同的方法。这种方法通常包含某种程度的计量（measureement）。这一概念主要由三部分内容组成——变量、可操作的定义、有效性和可靠性。③因此，社会科学影响下的家庭法立法不可避免地会导向功利化的特征。社会科学在解决两种权利冲突时应当保护何种权利方面几乎不能发挥任何作用，但其在如何控制离婚率，进而减少离婚造成的社会福利压力上却能发挥重要作用。④就家庭法立法而言，社会科学在精于算计方面的特点与家庭法中社会利益

---

① John Monahan and Laurens Walker, *Social Science in Law: Cases and Materials*, 5th ed., New York, Foundation Press, 2002, p.51.

② John Monahan and Laurens Walker, *Social Science in Law: Cases and Materials*, 5th ed., New York, Foundation Press, 2002, p.51.

③ John Monahan and Laurens Walker, *Social Science in Law: Cases and Materials*, 5th Ed., New York, Foundation Press, 2002, p.51.

④ 在这方面，总是存在巨大的争议。这实际上涉及这样一个问题——社会作为一个整体在家庭生活以某种方式存在上所具有的利益能否作为法律鼓励人们以特定方式进行他们家庭生活的正当化基础。一个典型的例子是，缩减司法系统的开销毫无疑问能带来公共利益，但是是否能将这种利益作为强制人们继续维持其婚姻关系而不是选择离婚的理由呢？See James Dwyer, *Family Law: Theoretical, Comparative, and Social Science Perspectives*, Maryland, Wolters Kluwer Law & Business, 2012, p.3.

渐长的趋势之间存在默契。庞德在半个多世纪前就观察到了“关于未成年子女的社会利益到处被估量为重于父母的个人利益的现象”以及“给予夫妻双方个人的各种要求或把婚姻作为一个社会制度看待的社会利益之间以相应的比重时所产生的困难”。[①] 如果家庭法中社会利益的比重日益增长，则必然导致个人利益比重的减弱，国家以保护社会利益为由介入家庭的程度就会越深。就帕夫洛夫斯基对社会法的定义而言，国家介入的加深势必会对私人的自由决策产生影响。因而，家庭法更偏向于帕夫洛夫斯基定义上的社会法。

即使我们不采用帕夫洛夫斯基的定义，而将社会法作“固定用法”[②] 的理解，家庭法也仍然偏向于此种意义上的社会法。这是因为，正如德国学者贝尔恩德·巴龙·冯·麦戴尔所观察的那样，“社会法排挤了家庭法”。[③] 更为准确地说是家庭功能的变化（从生产场所转变为消费场所，对比“家庭”的拉丁语表达 famulus 的原初概念）使得家庭供养结构发生了变化。[④]

---

① ［美］罗斯科·庞德：《通过法律的社会控制》，沈宗灵译，楼榜彦校，商务印书馆 2008 年版，第 36 ~ 37 页。

② 事实上，《德国社会法典》并没有对社会法的范畴进行准确的概念界定。但是《德国社会法典》开篇即界定了其任务——保障有尊严的生存、创造人格自由发展的平等环境（特别是为青少年）、保护和促进家庭、通过自由择业来谋生以及帮助自助者预防和弥补特殊的生活负担（Vgl. SGB § 1）。一般认为，如果按照将“社会法”的范畴仅仅局限于《德国社会法典》，那么它在性质上大致属于行政给付的范畴，因而应当归属于公法。但是作此种理解明显将劳动法等特征显著的部门法排除在外了。有关社会法范畴的讨论，参见［德］贝尔恩德·巴龙·冯·麦戴尔：《德国社会（保障）法：定义、内容和界定》，陈蔚如译，载《社会保障研究》2005 年第 2 期；赵红梅：《第三法域社会法理论之再勃兴》，载《中外法学》2009 年第 3 期；郑尚元：《社会法的定位和未来》，载《中国法学》2003 年第 5 期。

③［德］贝尔恩德·巴龙·冯·麦戴尔：《德国社会（保障）法：定义、内容和界定》，陈蔚如译，载《社会保障研究》2005 年第 2 期。

④ 家庭内部经济结构及供养结构的变化一直是社会科学所关注的焦点。事实上，对于家庭的早期法律经济分析就是从应用传统的生产及消费理论来分析由家庭内部在就业和内部分工上所形成的决定开始的。See Antony W. Dnes and Robert Rowthorn ed., *The Law and Economics of Marriage and Divorce*, Cambridge, Cambridge University Press, 2002, p.2.

社会法挤入家庭并逐渐替代了由家庭成员所承担的抚养责任。当然，在血亲抚养特别是对未成人的抚养上，私法中的抚养规定仍然是具有意义的。即使如此，我们仍然可以觅得社会法挤入家庭法相当多的证据。例如，根据《德国民法典》第 1612b 条第 1 款的规定，在计算父母对未成年子女的抚养费标准时，应当减去子女从国家处获得的援助金的一半。另外一个典型的例子是前文所述的日趋普遍的抚养费请求权的法定转移现象。这样，抚养费请求权超越了私法的范畴，进入更为宏观的领域。因而，对抚养费规则的设计实际上必须进行通盘的考虑，而这种考虑所依据的立法事实（legislative facts）主要是由社会科学所提供的。社会法挤入家庭法的另外一个例证在于社会福利机构的运行实际上是作为一种社会给付的形式而存在的。即使我们将社会法的含义限制在《德国社会法典》的狭小范围内，社会法挤入家庭法的趋势也是明显的。尤其是在考虑《德国社会法典》第 8 编所规定的青少年局的任务与《德国民法典》的规定存在对接的情况下，得出这样的结论是合适的。[①] 青少年局的行为不仅仅是物质上的社会给付，同样包含了私法上的效果（如青少年局在辅助范围内所具有的法定代理权）。

这些事实表明，家庭法两种似乎相互对立的发展趋势实际上也决定了主观权利的两种命运。在后一种趋势中，即迈向社会法的方向中，主观权利毫无疑问地呈现出了衰落的趋势。社会科学所提供的功利主义化的利益算计（准确地说是对如何实现最大社会利益方面的算计）使得“权利”这一抽象的概念逐渐式微。社会法与作为私法的家庭法无非都是为实现某一社会目的而进行的社会控制的手段。

---

① 根据德国学者来汉瑞教授的观察，青少年局已经从消极被动的机构演变为积极主动的机构，在采取措施保护未成年方面十分积极。参见［德］来汉瑞：《联邦宪法法院 60 年：一个来自德国的成功故事？》，谢立斌译，载《中国宪法学刊》（2012 年），第 210 页。

第五章　家庭法与民法教义体系的融合之二：民法教义体系与家庭法续造

第一节　家庭法的续造和民法教义体系的智识供给

一、法律续造对于家庭法之特殊意义

法律的续造（准确地说是司法的续造）（richterliche Rechtsfortbildung）的必要性来源于法律的不完美性。正如德国法学家海克所言，“每个法律从一开始就是有漏洞、欠缺和矛盾的”。[①] 虽然近代法典背后隐含了肇始于莱布尼茨的社会数学精神，但是法典不可能实现数学那样的完美和精确性。首先，由于法律必须借助于自然语言而非数学语言进行内涵表达，故而涵摄三段论并不能完美地确保结果的一致性。其次，社会生活的演进，使得过去看上去臻于完美的法律变得漏洞百出。无论是法学家还是立法者都不是上帝，无法将处于变动中的包罗万象的生活作事先抽象地归纳安排。承认法律的漏洞无疑是进行法律续造的前提。法官在“漏洞”领域扮

---

① Ph. Heck，Rechtsgewinnung，S. 6f. 转引自吴从周：《概念法学、利益法学与价值法学：探索一部民法方法论的演变史》，中国法制出版社 2011 年版，第 290 页。

演着“立法者”的角色，形成了“法官造法的权力”。[①] 根据分权原则，至少在大陆法系，法官的首要任务不是造法，而是适用法律。但是，法官禁止沉默原则（Rechtsverweigerungsverbot，最为著名的是《法国民法典》第 4 条的规定）的存在使得法官“被迫”造法。与此同时，在适用法律的过程中，不可避免地会产生对法律规范的解释。在拉伦茨看来，“法官从事的这种解释工作与法律的续造并非本质截然不同之事，毋宁应视其为同一思考过程的不同阶段”。[②] 考夫曼得出了类似的结论，“法律适用”与“法律发现”之间并不是泾渭分明的。“不同的法律发现形式事实上的区别，不在于质上，而在于法律扩大的程度：数字概念——明确的字面含义——可能的词语含义——法律目的（Gestzestelos）——类比 / 反向推论——法官自由续造法律。”[③] 不过，拉伦茨还是做了两种基本的区分：法律内的法律续造，即“超越狭义解释，但仍在立法者原本的计划、目的范围内，性质上乃是漏洞填补”的法律续造；超越法律的法的续造，即“超越法律内的法律续造，惟仍在整体法秩序的基本原则范围内者”之法律续造。[④]

齐佩利乌斯承认了类似的分类。他指出，“对那些欠缺必要的法律规

---

① Ph. Heck, Gesetzeauslegung und Interesssenjurisprudenz, AcP 112（1914）, S.227, S.250 ff. 转引自［德］魏德士:《法理学》，丁晓春、吴越译，法律出版社 2013 年版，第 235 页。魏德士本人将漏洞比喻为通向法官立法的大门（上引书，第 349 页）。反对的意见则认为：“如果承认法官的造法功能，就等同于认可法官和立法者的相同地位。” Vgl. etwa Mertens, Die Spaltgesellschaft als methodisches Problem, JuS 1967, 97, 100. 转引自刘飞:《大陆法系判例制度及其借鉴意义》，载《华东政法大学学报》2009 年第 1 期。

②［德］卡尔·拉伦茨:《法学方法论》，陈爱娥译，商务印书馆 2003 年版，第 246 页。

③［德］阿图尔·考夫曼、温弗里德·哈斯默尔主编:《当代法哲学和法律理论导论》，郑永流译，法律出版社 2013 年版，第 185 ~ 186 页。

④［德］卡尔·拉伦茨:《法学方法论》，陈爱娥译，商务印书馆 2003 年版，第 246 页。黑克则认为这种区分将导致徒劳的概念争论，参见［德］魏德士:《法理学》，丁晓春、吴越译，法律出版社 2013 年版，第 353 页。

定的事实状态，它（司法活动）通过将法律的某一概念（Gedanken）——尤其是借助同等对待原则——作‘扩展思考’（weiterdenken），对法律加以补充（offene Rechtsfortbildung praetor legem，法律旨意内的法律续造）”。[①] 需要特别强调的是，齐佩利乌斯指出了解释与续造之间的界限——语义空间。“如果法学要超越可能之语义之界限，则不能再通过法律解释，而只能借助法律补充性的（gesetzesergänzende），或法律纠正性的（gesetzesberichtigend）法律续造，尤其是通过‘漏洞填补’来实现。”[②] 与法律旨意内的法律续造相关的种类是“超越法律的法律续造（die offene Rechtsfortbildung contra legem）——尽管它与法律旨意内的法律续造有时候无法加以清晰地区别：当法律照其字面含义适用将导致十分不正义或无意义的结果之时，这种法律续造偏离法律字面含义，并对法律加以矫正”。[③] 齐佩利乌斯的定义中实际上隐含了填补法律续造的基本方法，即法律内的法律续造的基本方法主要是类推。[④] 法律内的法律续造的方法还应包括目的之限缩与扩张。[⑤] 至于利益衡量，其通常为宪法法院和人权法院所经常适用的一种法律续造方法。就超越法律的法的续造而言，拉伦茨归纳了三种类型：“基于法律交易上的需要”的法律续造、“鉴于事物的本质”的法律续造和“鉴于法伦理性原则”的法律续造。[⑥] 总体而言，漏洞的类型决定了漏洞续造的方法。

就家庭法而言，法律续造的特别意义起源于近现代社会观念持续性调

---

① [德] 齐佩利乌斯：《法学方法论》，金振豹译，法律出版社 2009 年版，第 115 页。

② [德] 齐佩利乌斯：《法学方法论》，金振豹译，法律出版社 2009 年版，第 66 页。

③ [德] 齐佩利乌斯：《法学方法论》，金振豹译，法律出版社 2009 年版，第 115 ~ 116 页。

④ 吴香香：《民法的演进：以德国近代私法理念与方法为线索》，世界知识出版社 2002 年版，第 262 ~ 263 页。

⑤ [德] 卡尔・拉伦茨：《法学方法论》，陈爱娥译，商务印书馆 2003 年版，第 267 页；同见舒国滢、王夏昊、梁迎修等：《法学方法论问题研究》，中国政法大学出版社 2007 年版，第 409 页。

⑥ [德] 卡尔・拉伦茨：《法学方法论》，陈爱娥译，商务印书馆 2003 年版，第 286 ~ 298 页。

整，并且这种调整的频率超过以往任何时代。马克思和恩格斯在《共产党宣言》开篇对资本主义生产爆发现象的描绘实际上同样适用于生活观念领域。工业社会不仅为社会带来了物质的繁荣，也带来了言论和观念相互竞争的市场（marketplace of ideas）。人们来不及悲痛惋惜“上帝之死”，就已经陷入社会变革的巨大历史洪流。人们打着“解放”的标语，将旧有的家庭伦理秩序鞭挞得体无完肤。社会形成的强大变革压力导致立法更新的速度严重滞后。立法的更新往往赶不上家庭生活更新的步伐。在狭义解释的范畴内，司法亦不能获得计划内的完整性，从而产生法律漏洞。就德国过去一百年间的家庭法改革而言，法律续造相对于立法而言经常处于一种先行先试的地位。立法经常从判例规则中汲取营养，并将其纳入法典的体系中。德国法院的法官并不是执行民法典的机器，与此相对，他们对于法律的续造使已经年逾百年的民法典仍然能保持生机。特别是在“二战”后对于极端实证主义的反思过程中，法律续造获得了前所未有的氛围与活力。米夏埃尔·马丁内克教授恰当地指出了法律续造的扩大化趋势。他指出，“在德国民法典的发展史上，法官通过判例法而对法的续造所起的作用越来越大”。①

特别是对于家庭法而言，“欧洲人权法院——德国联邦宪法法院——德国联邦普通法院——地方高级法院——区法院”② 的体系对于家庭法的续造都产生了重要影响。又特别是，欧洲人权法院、德国联邦宪法法院和德国联邦普通法院的判例在形成家庭法新规则方面的作用在“二战”后与

---

① [德] 米夏埃尔·马丁内克:《德国民法典与中国对它的继受》，载《德国民法典》(上册)，陈卫佐译注，法律出版社 2010 年版，第 13 页。

② 需要说明的是，在德国，家事法院并不是与普通法院平行的法院，而是普通法院的组成部分。普通法院包含对刑事、民事和家事的管辖，区别于专业法院（劳动法院、行政法院、财政法院和社会法院）。家事案件的上诉程序区别于一般的民事上诉程序，在地区法院一级不存在家事法院。因而，区法院一级的家事案件被直接上诉至地方高等法院级的家事法院。

日俱增。如前文所述，欧洲人权法院通过解释《欧洲人权公约》，特别是《欧洲人权公约》第 8 条的内容，对成员国家庭法的发展产生了重大影响。德国联邦宪法法院在有关父母照顾权纠纷的 Görgülü 一案中恰当地指出了《欧洲人权公约》和欧洲人权法院判决对德国法律秩序的影响：

在德国的法律体系中，欧洲人权公约具有联邦法律的性质，在解释国内法，特别是基本权利和宪法保障时必须将其纳入考虑的范畴。欧洲人权法院判决的约束力及于所有国家机关。原则上，他们有在各自的权力范围内，并在不违反立法权和法律（《基本法》第 20 条第 3 款）的前提下，结束持续性违反公约的状态并创造与公约相适应状况的义务。①

这表明即使是欧洲人权法院的案件与德国不存在直接的关联，联邦宪法法院在解释《德国基本法》中基本权利条款时也必须要考虑欧洲人权法院的意见。欧洲人权法院在家庭方面的意见对于德国家庭法的续造具有明显的意义。以亲子关系中非婚父亲的权利为例，在经历 Zaunegger② 案以后，德国联邦宪法法院终于宣布《德国民法典》第 1672 条第 1 款有关于生母同意的强制性规定违反了《德国基本法》第 6 条第 2 款所规定的父母抚养和教育子女的自然权利。③ 正如安德里亚斯 · H. 汉克（Andreas T. Hanke）在分析上述案件后认为，“在欧洲人权法院判决对家庭法影响日益扩大的背景下，联邦宪法法院像遵从欧洲人权法院在 Zaunegger 一案中的意见那样，将 Anayo v. Germany④ 一案转化为自己的判决意见是值得期待的”。⑤

---

① Vgl. BVerfG FamRZ 2004, 1857 ff. See also Görgülü v. Germany, no. 74969/01, 26 February 2004. 关于此案的详细分析参见刘征峰：《在儿童最大利益原则和父母人权保护间寻找平衡：以〈欧洲人权公约〉第 8 条为考察中心》，载《广州大学学报》（社会科学版）2015 年第 7 期。

② Zaunegger v. Germany, no.22028/04, 3 December 2009.

③ BVerfG FamRZ 2010, 1403.

④ Anayo v. Germany, no. 20578/07, 21 December 2010.

⑤ See Andreas T. Hanke, “Custody and Visitation Rights in Germany After the Decisions of the European Court on Human Rights”, *Family Law Quarterly* 45, 2011, p.360.

联邦宪法法院通过解释《德国基本法》就可以发展出一整套家庭法的说法虽略有夸张，但是恰当地表明了这些法律续造行为的重要性及其扩大趋势。又特别是联邦宪法法院对于家庭法的续造在相当多的情形中实际上均属于超越法律的续造，甚至是对现行立法条文及其目的之否定。但是这种续造仍然是在现行宪法框架秩序的范围内进行的。不过，从联邦宪法法院对于宪法中关于婚姻和家庭条款的续造来看，基本属于法律内的续造。因为联邦宪法法院也不能抛弃《德国基本法》的条文，因而就不可能解释出条文不可能包含的含义。[①] 但是这并不表明宪法法院只能进行狭义的语义解释，与此相反，联邦宪法法院根据社会的发展状况进行了带有创造性的法律续造活动。例如，联邦宪法法院对于《德国基本法》第 6 条中“家庭”的规范内容的解释相比于《德国基本法》颁布时已经呈现出了明显的变化。《德国基本法》中家庭的概念毫无疑问与《德国民法典》中的规定存在关联。依据“1949 年《德国基本法》颁行时《德国民法典》的规定，家庭实际上仅指由已婚父母和他们的子女以及单身母亲和她的子女之间的关系”。现在，联邦宪法法院认为非婚关系产生的父子关系可能同样具有宪法保护的价值。[②]《德国基本法》第 3 条所设定的平等原则在价值位阶上逐渐取得了优先地位。这也是德泽洛夫教授直接将德国家庭法的改革史归纳为“反歧视斗争”的重要原因。[③] 至少就“二战”后而言，整个德国家庭法的改革主要是以反抗对女性的歧视、对同性伴侣的歧视以及对非婚生子女的歧视为主线的。德国对平等的重视远超于对个体自主和自由的重视。

联邦宪法法院的续造行为对家庭法的改革具有特别的意义。“二战”

---

① Heike Stintzing, “Constitutional Values and Social Change: The Case of German Marital and Family Law”, *International Journal of Law, Policy and the Family* 13, 1999, p.138.

② BVerfGE 84, 168ff.

③ See Nina Dethloff, “Reform of German Family Law: A Battle against Discrimination”, *European Journal Law Reform* 3, 2001, pp.221-241.

后，联邦宪法法院一直是推动家庭法改革的中流砥柱。事实上，“在许多情形中，联邦宪法法院的判决创造或者加速了家庭法的改革”。[①]联邦宪法法院的判决在宪法的范畴内可能只是法律内的续造，但是就家庭法而言，其通常产生的却是超越法律的续造，并且现行的家庭法规则可能因违宪而无效。与此同时，联邦宪法法院还会为立法机构的改革设定时间表。“二战”后，与宪法法院的主动性相比，德国家庭法的立法改革在总体上呈现的是一种被动状态。需要注意的是，联邦宪法法院的续造行为不仅对个案有效，而且具有普遍的约束力。换言之，联邦宪法法院的判例不仅提供一种说理性的论据，而且整个德国（无论是联邦法院，还是各邦法院）都有服从的义务。联邦宪法法院的续造行为早已超越了单纯的漏洞填补，其主要功能并不在于弥补现行家庭法的漏洞，而是审查现行家庭法的合宪性，并且时常产生与现行家庭法背道而驰的结果。在前文的分析中，我们不难发现联邦宪法法院的部分判决最后转换为立法。例如，联邦宪法法院在判例中所确定的对父母代理权的限制规则即被后来的《关于限制未成年人责任的立法》吸收。更为典型的例子是联邦宪法法院在 1982 年的判决中宣告了 1979 年《重新规定父母照顾的法律》（Gesetz zur Neuregelung des Rechts der elterlichen Sorge）单独照顾权分配模式的违宪性。[②]1997 年颁布的《修改子女权利的法律》（Geserz zur Reform des Kindschaftrechts）吸收了联邦宪法法院的上述判决。

与此相对，联邦普通法院的判例虽然同样具有影响力，但是在实证秩序中，这种影响是间接的，主要是提供一种说理性的依据，只针对个案

---

① Heike Stintzing, “Constitutional Values and Social Change: The Case of German Marital and Family Law”, *International Journal of Law, Policy and the Family* 13, 1999, p.144.

② BVerfGE 61, 358.

有效。即使是下级法院，也没有必然遵从上级法院判例的法律义务。[①]这与《德国基本法》第20条所确立的分权原则——司法受立法权和法律的限制——密切相关。加之德国学界长期以来弥漫的对法官和司法的不信任态度（对比概念法学的乌托邦设想），联邦普通法院在从事法律续造时保持了相对于联邦宪法法院更为谨慎的态度。即使是联邦宪法法院，也是承认“来源于立法权和司法权的功能划分而生的界限”[②]的，遑论并无宪法审查权（普通法院必须将违宪的法律提交给联邦宪法法院）[③]的联邦普通法院，但是决不可忽视联邦普通法院判例的影响力。在德国，完善而发达（无论是民间的还是官方的）的判例集对于扩张联邦普通法院的影响力产生了重要作用。整个家庭法领域处处都有联邦普通法院判例的身影。相比于联邦宪法法院，联邦普通法院的法律续造基本上属于法律内的续造。方法上主要是类推（例如，在第三人侵害婚姻空间和父母照顾权时，类推适用《德国民法典》第985条、第1004条之规定）和以目的为基础的法律续造（例如，通过考察《德国民法典》第1353条之旨意，基于目的论的限缩，排除了第三人因侵害配偶一方婚姻生活不受干扰地继续存在而产生的损害赔偿请求权[④]）。

综上，我们不难发现，相对于其他法域，家庭法领域的法律续造之重要性更为突出。范剑虹教授认为，“在劳工法和特别行政法领域，立法的逻辑性不能完全适合于变化的法的生活的发展”，进而产生了较大的法律续造空间。[⑤]对于家庭法而言，情形大致与前两类领域类似。正如威勒肯

---

① 在实践中，下级法院并非完全遵守联邦普通法院的判例。例如，联邦普通法院在判例（BGH FamRZ 1999，1646）中认为父母分居后共同照顾并不比单独照顾权优越，即不必优先考虑照顾权的统一性，但是地方法院在审判实践中并没有接受这一观点。参见［德］迪特尔·施瓦布：《20世纪德国婚姻家庭法改革综述》，王葆莳译，载《家事法研究》2012年卷，社会科学文献出版社2012年版，第383页。

②［德］卡尔·拉伦茨：《法学方法论》，陈爱娥译，商务印书馆2003年版，第298页。

③ 参见《德国基本法》第100条。

④ BGHZ 23，279.

⑤ 范剑虹：《论法官适用法律的空间及其司法独立：以德国法为例》，载《“一国两制”研究》2010年第3期。

斯和沙伊韦所指出的那样，“在过去三四十年间，家庭法一直处于一种动荡的状态……过去几百年间那些支配家庭法的信条突然陷入混乱”。[①] 这种动荡和混乱毫无疑问来自思想观念和社会生活的动荡和混乱。相对于冗长繁琐的立法，更为灵活的法律续造承担了适时调整家庭法的重任。此外，科学技术（特别是人类辅助生殖技术和变性人等技术）的迅猛发展导致法律规范“不能给予清楚的答案”，[②] 漏洞的相继产生强化了法律续造的意义。又由于私法范畴内家庭权利义务与宪法和人权公约中基本权利条款的交织，法律续造对于家庭法的改革具有特别之意义。

二、家庭法续造方法之特别性

在我国台湾地区学者吴从周看来，台湾地区“最高法院”全盘接受德国学者拉伦茨所创设的法学方法论上三阶层法律发现构造论实值赞赏。[③] 所谓三阶层法律发现构造论指“法律解释——法律内的法律续造（法律漏洞的填补）——超越法律的法的续造（超越法律计划之外的法的续造）”所构成的完整法律发现体系。拉伦茨在其《法学方法论》一书中对法律内的法律续造和超越法律的法的续造方法有过完整的论述。就法律漏洞的填补而言，其主要方法包含“个别及整体的类推、回归内存于法律中的原则、目的论限缩、目的论扩张以及其他以目的为根据的法律更正”。[④] 就超越法律的法的续造而言，拉伦茨归纳了“鉴于法律上的需要从事之法的续

---

① Harry Willekens and Kirsten Scheiwe, “Introduction: The Deep Roots, Stirring Present, and Uncertain Future of Family Law”, *Journal of Family History* 28, 2003, p.5.

② 黄茂荣:《法学方法与现代民法》，中国政法大学出版社 2001 年版，第 129 页。

③ 吴从周:《2013 年民事法发展回顾》，载《台大法学论丛》2014 年第 11 期。

④ [德] 卡尔·拉伦茨:《法学方法论》，陈爱娥译，商务印书馆 2003 年版，第 298 页。与拉伦茨略有不同的是，魏德士归纳了五种工具，分别是类推、反向推理、目的性限缩、法律概念或者机构的本质、自由的法官造法。之所以出现这五种工具，很大程度上是由于魏德士采纳了较为宽泛的漏洞概念。参见 [德] 魏德士:《法理学》，丁晓春、吴越译，法律出版社 2013 年版，第 353、366 页。

造”“鉴于事务的本质从事法的续造”和“鉴于法律伦理性原则从事法的续造”三种形态。[①]

就欧洲人权法院和德国联邦宪法法院在家庭领域的法律续造而言，利益衡量乃最为重要之方法。在家庭关系中，我们随处可见相互冲突的利益。这些相互冲突的利益甚至可能表现为人权公约和宪法中基本权利之间的相互冲突。利益衡量不仅解决法律原则间的冲突问题，对于基本权利之间的冲突同样适用。利益衡量并不代表利益平衡。根据乔德里和赫林的考察，利益平衡只是适用比例原则（proportionality principle）的一种形态，并且是其中最为宽松的形态。[②]在家庭领域，儿童利益的首要性伴随着《联合国儿童权利公约》的普遍签署而产生了普遍性的效力。毫无疑问是法院在进行法律续造时所必须要首先考虑的因素，但此项因素并非绝对化的因素。例如，就子女照顾权的分配而言，过去法院对于子女利益的过度强调促使联邦普通法院和联邦宪法法院重新评估共同照顾权分配政策的合理性。联邦宪法法院认为有必要在分配照顾权时平衡子女和父母的利益。[③]法院进行利益衡量的目的并不是要创设新的主观权利类型，与此相对，利益衡量在多数情况下是解决既存权利的冲突问题的。

需要注意的是，利益衡量也可能带来一种显而易见的危险，即法官扮演了立法者的角色，并导致法律的不安定性。因而，并非所有的案件中都需要使用利益衡量，相反它主要是在宪法和人权公约层面适用。普通民事法院的法官不能借利益衡量之名，用空泛的原则去否定主观权利所寄生的

---

① [德] 魏德士：《法理学》，丁晓春、吴越译，法律出版社 2013 年版，第 287 ~ 298 页。

② Shazia Choudhry and Jonathan Herring, *European Human Rights and Family Law*, Oxford, Hart Publishing, 2010, p.33. 对比联邦宪法法院所采用的比例测试方法。See Susanne Baer, “Equality: The Jurisprudence of the German Constitutional Court”, *Columbia Journal of European Law* 5, 1999, pp.263-267.

③ BVerfG FamRZ 2004, 1015.

规则。即使是联邦宪法法院也不能轻易僭越法律续造的界限，去创设私法上的权利。联邦宪法法院自己也承认，“虽然它可以宣布抵触宪法的法律规范无效，但并不能借裁判事件之便，自己制定可以完全实现宪法命令，然而内容并不明确，因此需要立法者加以精确规定的、新的法规定，就好像这个新的法规范本来就是现行法的样子”。[①] 虽然学者们对于1953—1957年法官在家庭法领域的造法津津乐道，并认为优于仓促制定且充满妥协意味的1957年《德国平权法》，[②] 但是将这种例外情形视为常态并不可取。[③] 如前文所言，虽然家庭法中法律续造（法律发现）的地位更为突出，但是坚持传统实证主义观点，进而反对“法官的自由法律续造”（freie richterlich Rechtsfortbildung）仍然是必须的。[④] 拉伦茨正确地指出，“只有在立法者为行使其具体化的优先权，亦即普通的成文法中存在缺漏，以及对法律规定无法作出和谐的解释，因而必须否定其效力的情况下，法院才能对宪法原则作出直接的具体解释”。[⑤] 因而宪法法院通过利益衡量的方法从《德国基

---

① BVerfGE 20，162，219. 转引自［德］卡尔·拉伦茨：《法学方法论》，陈爱娥译，商务印书馆2003年版，第286～287页。

② ［德］弗朗茨·维亚克尔：《近代私法史：以德意志的发展为观察重点》（下册），陈爱娥、黄建辉译，上海三联书店2006年版，第508页。Vgl. auch F. W. Bosch, Entwicklungslinien des Familienrechts in den Jahren 1947 bis 1987, NJW 1987, S. 2617 ff. 事实上，联邦宪法法院在此期间的造法行为并不总是得到学者的褒奖。卡尔·恩吉斯就尖锐地指出，“如果由法官法（代替拖拖拉拉的立法者）来填补由基本法第117条所撕开的漏洞，在一个简直不能再承受的程度上，陷入于法的确定性和分权的冲突之中，那么第117条最好必须被视为违宪”。参见［德］卡尔·恩吉斯：《法律思维导论》，郑永流译，法律出版社2013年版，第210页。

③ 对比联邦宪法法院主席Wolfgang Zeidler教授所描述的司法谦抑主义。See Wolfgang Zeidler, “The Federal Constituional Court of the Federal Republic of Germany: Decisions on the Constitutionality of Legal Norms”, *Notre Dame Law Review* 62, 1987, p.522.

④ ［德］阿图尔·考夫曼、温弗里德·哈斯默尔主编：《当代法哲学和法律理论导论》，郑永流译，法律出版社2013年版，第185页。

⑤ ［德］卡尔·拉伦茨：《德国民法通论》（上册），王晓晔、邵建东、程建英等译，法律出版社2003年版，第114～115页。

本法》的少数几条规定中演绎出整个家庭法并不是一种常态。此外，在家庭法领域，问题本身的敏感性使得法律的安定性和确定性显得尤为重要，利益衡量的方法并不是一种范式。

在利益衡量的方法中，尤为令人瞩目的是法官对于今天社会经济状况变化的考察的必然性。[①] 某些争论（例如《德国基本法》第 3 条所规定的男女平等原则与第 6 条所规定的婚姻和家庭受保护二者之间的冲突所带来的悬而未决的问题）[②] 的平息并不能依赖于宪法法院的一次判决。虽然都是使用利益衡量的方法，但是在不同的时期，联邦宪法法院可能会作出不同乃至于截然相反的裁判。社会经济变化状况往往是联邦宪法法院调整自身观点的依据。例如，联邦宪法法院在 1963 年和 1975 年有关“配偶一方死亡情况下另外一方配偶对其社会保险利益的继承”的两起相似案件中作出了不同的判决。1963 年，联邦宪法法院认为，“《德国社会保险法》所导致的极个别的、非典型的不平等现象可以被忽略”。[③] 而在十余年后的 1975 年，联邦宪法法院就承认了与 1963 年相比，相关的社会经济状况已经发生变化的事实。[④] 这种方法容易产生这样的疑问，男主外、女主内的社会现状 [⑤] 是否能作为论证家庭法规则合理性的基础。正如德国学者尼龙·科伦尼克（Ninon Colneric）所观察到的那样，虽然基本法早就确定了男女平

---

① 联邦宪法法院认为，我们身处的社会关系和所持的“社会—政治”观点都在发生变化，因而相关标准的内容也可能随之发生变化，Vgl. BVerfGE 34，269（288）.

② Wolfram Müller-Freienfels，“Equality of Husband and Wife in Family Law”，The International and Comparative Law Quarterly 8，1959，pp.251-252.

③ BVerfGE 17，1.

④ BVerfGE 39，169.

⑤ 德国马普外国与国际刑法研究所学者 Dina Hummelsheim 于 2009 年发表的研究成果表明，从目前的状况来看，“男主内女主外”模式（male bread winner model）在德国仍然是较为普遍的。See Dina Hummelsheim，“Germany：Will the Male Bread Winner Model Survive?”，in Hans-Jürgen Andreß and Dina Hummelsheim，eds.，*When Marriage Ends：Economic and Social Consequences of Parternership Dissolution*，Cheltenham，Edward Elgar，2009，pp.51-77.

等的原则，但是联邦宪法法院却一直以男女两性客观生理上的和分工上的差异来维护民法典对家庭角色的分配直至1976年。[①] 从这一角度来看，社会科学似乎扮演了阻碍法律续造的帮凶。但是从相反面来看，社会科学所提供的经验性论据已经成为超越法律的法的续造的重要论据。现代法律科学要求法律不能只是命令，而且必须说明理由。[②] 社会科学所提供的经验性的论据恰当地扮演了这一角色。它有利于法官发现事物的本质。法官在法律续造中过度依赖社会科学并非是不存在问题的。即使法官对于这些成果不存在误用，这些成果本身往往也不可避免地带有偏见。但是在家庭法的续造过程中，对这些成果的采用又是不可避免的。德国宪法法院强调，有关婚姻和家庭自然的理念或者宗教的理念本身不能再作为宪法讨论的基础。[③] 法官造法时能用作讨论基础的素材实际上已经十分有限。家庭法领域内的社会现实主义化趋势十分明显。社会科学在法律续造中不仅仅提供了用以确定逻辑三段论中的需要被涵摄的事实（裁判事实），而且提供了一种立法事实（legislative facts）。在约翰·莫纳汉（John Monahan）和劳伦斯·沃克（Laurens Walker）看来：[④]

立法事实就是法院用以造法的事实，而不是单纯地通过应用既定法律规则解决特定当事人之间的争议。如果说确定裁判事实（adjudicative

---

① Ninon Colneric, “Making Equality Law More Effective: Lessons from the German Experience”, *Cardozo Women's Law Journal* 3, 1996, p.231.

② 这种说明理由实际上主要包含了两种进路：一种是诉诸经验化的社会科学；一种是诉诸教义学体系（或者分析实证法学）。作为这两种实证的对立面，理由亦可能来自形而上的自然法或者类似的东西。而这恰好是近代法律科学所极力反对的东西。在拉萨尔·希丁格尔戏谑的口吻中，（持前两种实证主义论调的）法学学者只不过暂时满足于尽力让实证法立足于某些别的东西之上而不是自身之中。参见［德］海因里希·罗门：《自然法的观念史和哲学》，姚中秋译，上海三联书店2007年版，第7页。

③ BVerfGE 10, 59 81.

④ John Monahan and Laurens Walker, *Social Science in Law: Cases and Materials*, 5th ed., New York, Foundation Press, 2002, p.181.

facts）只是影响诉讼中的当事人，那么确定立法事实则影响了法律规则本身的内容，由此影响除案件当事人之外的其他人。

如前文所述，社会经济状况的持续波动使得家庭法领域的法律续造显得尤为必要。而与此相对应的是家庭法续造方法上对社会科学的高度依赖。如果要进行超越法律的续造，法官的首要任务便是确定社会经济状况是否真实地发生了变化。单纯诉诸基本法所确立的客观价值秩序是不充分的。但是，也绝不能认为社会经济状况发生了变化，家庭法就有续造的必要性。始终需要注意的是，"法院欠缺社会形成的权限"。[①] 至少在大陆法系，绝不能将法官的造法与法治国中的民主立法作等同处理。由于超越法律的续造本身的争议，如何把握"适法"和"造法"的界限成为关键。诸如同性恋、变性人婚姻等问题本身极易引发社会争论。法院在造法时保持沃尔夫冈·齐德勒（Wolfgang Zeidler）教授所说的谦抑是必要的。社会经济状况的变化往往只是超越法律续造的必要而非充分条件。

就法律内的续造而言，家庭法续造之典型特征表现为对财产法规则的类推适用。这在很大程度上是由于"《德国民法典》主要在前三编中包括了一些一般的规则和法律制度，私法中其他领域的规定都是以这些一般的规则和制度为基础建立起来的"。[②] 法官在进行法律发现时倾向于向财产法的理论靠拢这一现象实际上从另外一个方面印证了家庭法在整体上向债法迈进的大趋势。此外，法官通过将基本原则或者概念具体化的方式来进行法律续造在家庭法中同样是一种极为常见的方法。例如，联邦普通法院通

---

① Picker, JZ 1988, 71. 转引自［德］卡尔·拉伦茨:《法学方法论》，陈爱娥译，商务印书馆 2003 年版，第 299 页。有必要比较普通法系的美国最高法院在有关同性恋婚姻合法化问题的 Obergefell v. Hodges 一案中的判决所引发的争议。特别注意罗伯茨大法官在反对意见中的忠告——在一个民主的共和制国家中，这个决定应当属于人民，通过他们的民选代表做出，还是属于五个被授权根据法律解决法律纠纷的法官？ See Obergefell v. Hodgesm, 576 U.S. ____ (2015).

②［德］卡尔·拉伦茨:《德国民法通论》(上册)，王晓晔、邵建东、程建英等译，法律出版社 2003 年版，第 10 页。

过具体化《德国民法典》第1353条第1款的方式，认可一方配偶对另外一方配偶所有的婚姻住房的共同使用权。① 值得一提的是，反向推理方法的适用。反向推理常适用于立法者有意沉默之场合。学者们常以《德国民法典》第1601条为例来讨论反向推理的问题。在拉伦茨看来，《德国国民法典》第1601条未规定兄弟姐妹间的抚养义务，并不构成漏洞，也并不妨碍法律的圆满性。② 而贝恩德·鲁瑟斯（Bernd Ruethers）则认为，如果法院突破《德国民法典》第1601条的规定，确立兄弟姐妹间的抚养义务，那么法院的这一行为很明显地违背立法者所设定的无形界限。③ 魏德士则尖锐地指出，问题的关键不在于逻辑上的悖论，而是《德国民法典》第1601条所设定的目的。④ 与此形成对比的是联邦宪法法院处理的一起有关非婚同居法律地位的案件。⑤ 在该案中，地方法院扩展了第569a条（现已废除）所规定的家庭生活的范畴，将非婚同居关系也作为承继租赁关系的基础。出人意料的是，联邦宪法法院第一审判委员会竟然驳回了出租人方提起的宪法上的异议。事实上，这里并不存在法律漏洞。法官在此案中的"续造"行为明显是超越了该条文的目的。⑥ 魏德士对此提出了严重的批评，认为此案在多处违背了《德国基本法》的规定。⑦ 此案给我们的启发是在

---

① BGH FamRZ 1977，38.

②［德］卡尔·拉伦茨:《法学方法论》，陈爱娥译，商务印书馆2003年版，第252页。

③ Bernd Ruethers，Rechtstheorie，verlag.C.H.Beck OHG，Muenchen，Rn.838. 转引自范剑虹:《论法官适用法律的空间及其司法独立：以德国法为例》，载《"一国两制"研究》2010年第3期。

④［德］魏德士:《法理学》，丁晓春、吴越译，法律出版社2013年版，第370页。

⑤ BVerfGE 82，6.

⑥ 联邦宪法法院对此的意见是，尽管类推方法在扩张法律规则适用范围（条文不包含的语义）上超出了狭义上的解释范畴，但是法官适用类推的方法是符合宪法要求的。在既定的宪法秩序下，这种法律续造是可行的。法官在任何方面都没有以本案诉争的法律发现替代立法机关的根本性意见，而不过是局限于特定的案件。这些案件只不过是涉及房东在选择合同相对人时是否应当考虑与去世承租人共同生活在同一公寓中的人的利益的权利问题。Vgl. §22 und §28 BVerfGE 82，6.

⑦［德］魏德士:《法理学》，丁晓春、吴越译，法律出版社2013年版，第362页。

欧洲人权法院和联邦宪法法院之外，其他法院的法律续造应当基本上局限于法律内的续造。由于家庭法在过去很长一段时期内的改革都是由判例所推动的，[①]这极易导致对法律续造地位的清醒认识。虽然帝国法院在"马克案"中的造法活动被视为法律续造的经典案例，但是"德国法院法官在该案中所做的恰好是大陆法系法官被禁止的，他们以自己的视角来观察当下社会的需求，并通过改写法律的方式来满足这种需求"。[②]至少就法律内的续造而言，家庭法的续造不应当超越类型法定原则（numerus clausus）。联邦宪法法院也承认,《德国基本法》第6条所指的家庭概念不包含非婚同居生活。[③]

三、民法教义体系在家庭法续造中的智识供给

（一）法律续造与民法教义体系

法律的续造不可能完全摆脱现行法律秩序，家庭法之续造亦无例外。教义学恰好是以承认现行法律秩序的有效性为前提的。考夫曼在总结教义学的特征时指出，"虽然法律教义学并不意味着必然无批判，但即使它是在批判，如对法律规范进行批判性审视，也总是在系统内部论证，并不触及

① Carl Baudenbacher 教授注意到德国法院通过判例法改写了竞争法、劳动法、公司法和商业组织法的大部分内容的现象。See Carl Baudenbacher, "Some Remarks on the Method of Civil Law", *Texas International Law Journal* 34, 1999, p.341. 法国著名比较法学家勒内·达维德亦将"某些部门法受判例操纵"归纳为德国法发展之特征。参见［法］勒内·达维德:《当代主要法律体系》，上海译文出版社 1984 年版，第 118 页。从这种意义上来看，家庭法也明显是受到判例操纵的特别是联邦宪法法院判例的操纵。

② See Richard B. Cappalli, "At the Point of Decision: The Common Law's Advantage over the Civil Law", *Temple International and Comparative Law Journal* 12, 1998, pp.102-103, quoted in Carl Baudenbacher, "Some Remarks on the Method of Civil Law", *Texas International Law Journal* 34, 1999, p.341.

③ BVerGE 36, 146, 165 ff.

现存体制”。[①]“而法官在填补‘法律漏洞’时，也必须将一切有效的法视为其法律续造的具有约束力的界限。”[②]因而，现存法律秩序对于法律续造的价值是不言而喻的。尤其是，法律内的法律续造本身即包含了“承认现行法律秩序”这一前提。虽然学说体系本身在大陆法系通常并不能再像罗马五大法学家的意见那样被视作法律渊源，但是教义体系与法律续造之间存在不可忽视的密切关联。正如佩策尼克所指出的那样，“如果一个科学描述不符合世界，这个描述是错误的，并且世界不变，但是不符合法源的法律描述，却能改变法”。[③]“此为评价在法教义学中的特别作用。”[④]恩吉施的归纳或许更为明确。他认为，“法学在人文科学中无与伦比的优越性在于：其并非屹立于法秩序之旁，亦非追随其后，毋宁得直接参与法秩序本身即法律生活的形成”。[⑤]教义学作为现行实证法之科学，其对法律的续造的影响并不是“来源于法学家的权威，而是来源于理论自身的科学性”。[⑥]“个别的经验要被清楚地把握得依赖普遍有效的法律概念，而不是相反。”[⑦]在大陆法系由耶林、黑克等人所主张，在普通法系则由庞德、布兰代斯等人所主张的利益分析方法更为准确地说是以批评而非建构为视角的。“像布兰代斯那样鼓吹社会学法学的人士要求法官不管法律的机械和形式化的逻辑，而是参考经济与社会状况来阐释法律”[⑧]的观点不过是一种极端化的理

① [德] 阿图尔·考夫曼、温弗里德·哈斯默尔主编:《当代法哲学和法律理论导论》，郑永流译，法律出版社 2013 年版，第 4 页。

② [德] 魏德士:《法理学》，丁晓春、吴越译，法律出版社 2013 年版，第 267 页。

③ [德] 乌尔弗里德·诺伊曼:《法律论证学》，张青波译，法律出版社 2014 年版，第 118 页。

④ [德] 乌尔弗里德·诺伊曼:《法律论证学》，张青波译，法律出版社 2014 年版，第 118 页。

⑤ [德] 卡尔·拉伦茨:《法学方法论》，陈爱娥译，商务印书馆 2003 年版，第 278 页。

⑥ [德] 扬·施罗德:《19 世纪的德国法律科学：理论及其与法律实务的联系》，载米健主编:《中德法学学术论文集》(第 2 辑)，中国政法大学出版社 2006 年版，第 109 页。

⑦ R. Stammler 语，转引自 [德] 海因里希·罗门:《自然法的观念史和哲学》，姚中秋译，上海三联书店 2007 年版，第 170 页。

⑧ [德] 海因里希·罗门:《自然法的观念史和哲学》，姚中秋译，上海三联书店 2007 年版，第 6 页。

想而已。德国利益法学集大成者黑克实际上将自己与“自由法”运动划清了界限，其中一项重要原因便在于自由法学者“主张法律解释的‘客观理论’，将法律的效力局限在字义，就是主张法律解释不必受制定法拘束”。[①] 无论是利益法学，还是后来的评价法学都没有完全抛弃概念。这些学派在批评概念法学的同时也发展了教义体系。

人们对于法律续造的一项重要怀疑来源于法官可能存在的个人主观偏见（特别是基于政治立场的偏见）。这种偏见可能侵蚀原本应由立法机关通过民主方式行使的权力。[②] 因而，法律续造最为核心的界限在于法官必须遵守一定的客观标准，从而避免恣意造法。美国法学家本杰明·卡多佐在讨论法官裁判的客观性问题时援引了德国法学家洛伦茨·布鲁特（Lorenz Brutt）在《适用法律的艺术》（Die Kunst Der Rechtsanwendung）一书中有关于“情感法学”（Die Gefuhlsjuruisprudenz）[③] 的生动比喻来说明主观判决的危险性。[④] 作为民法教义学结晶的民法教义体系正是限制法官主观偏见的重要工具。它一定程度上确保了法官造法标准的客观性，进而提升了被续造的法律规则的科学性。正如施瓦布所指出的那样，

在（裁判）论证中所使用的概念和法律制度（Rechtsfiguren）必须最大限度地与一般法律语言和法律体系保持一致，以便能够对不同的案件加以比较并在同一个规范体系内加以解释。由于司法审判很容易陷入把具体

---

① Philipp Heck, Begriffsbildung und Interessenjurisprudenz, Tübingen. J. C. B. Mohr. 1932, S.10. 转引自吴从周：《概念法学、利益法学与价值法学：探索一部民法方法论的演变史》，中国法制出版社 2011 年版，第 231 页。

② 高鸿钧先生在对哈贝马斯《关于法律和民主法治国的商谈理论》一书的研究札记中指出，没有民主的法律裸奔是“通往奴役之路”。虽然高鸿钧先生在此讨论所针对的对象并不是法官的造法行为，但此忠告对于警惕法官的越权造法行为同样适用。参见高鸿钧：《通过民主和法治获得解放》，载《政法论坛》2007 年第 5 期。

③ Lorenz Brutt, Die Kunst der Rechtsanwendung: Zugleich Ein Beitrag Zur Methodenlehre der Geisteswissenschaften, Berlin 1907, S. 101 ff.

④［美］本杰明·卡多佐：《司法过程的性质》，苏力译，商务印书馆 1998 年版，第 65 ~ 66 页。

争议案件同一般关联关系相割离的危险，因此，法学界的一个重要任务就在于，把包括法官判例在内的全部法律素材纳入一个尽可能协调一致的体系、概念和观念的关联关系之中（教义学，Dogmatik）。[①]

拉伦茨注意到了法官在应用不确定条款或者一般条款进行法律续造时必须遵守的基本要求。最为基本的便是“法官应当参考与本案相似的先例，借鉴那些法律科学认为对判断本案具有重要意义的指导性观点”。[②] 这里所言的法律科学（Rechtswissenschaft）正是法教义学（Rechtsdogmatik）。从另外一个角度来看，判例也在发展着教义学，二者之间是一种互动关系。故而，民法教义体系一方面为法律续造提供科学的论证理由，另外一方面实际上又对自由法律续造构成一种限制。

（二）民法教义体系通过“类推”进入家庭法的续造

由于家庭法本身是缺乏教义体系的，因而家庭法的续造从民法教义体系中汲取营养既是必要的，也是可行的。在联邦普通法院的法律续造中，随处可见这种从“民法教义学体系”这一知识谱系中汲取营养的现象。虽然家庭法对于社会科学成果的依赖性逐步增加，但是法律的续造必须对这些社会科学所揭示的事实进行类型化处理，转换为规范上的概念体系。在规范上的概念体系中，尤为重要的是由权利所组成的概念体系。康德即认为，“没有权利的概念，法律仅仅是纯粹的经验现象，这就好比费德鲁斯寓言中用木头雕刻的头，精美但却没有思维”。[③] 时常可见的一种续造模式是法官通过分析家庭法规范的目的，把握规范中权利的性质，并将其置于第二编和第三编的体系之中。例如，联邦普通法院在判例中认为，《德

---

① [德] 迪特尔·施瓦布：《民法导论》，郑冲译，法律出版社 2008 年版，第 80 页。

② [德] 卡尔·拉伦茨：《德国民法通论》（上册），王晓晔、邵建东、程建英等译，法律出版社 2003 年版，第 99 页。

③ Immanuel Kant, *Metaphysic of Morals*, Cambridge, Cambridge University Press, 1991, p.55.

国民法典》第1626条规定的父母照顾权实际上具有第823条第1款项下绝对权利的性质。[①] 又如，联邦普通法院通过分析《德国民法典》第1353条，发展出了婚姻在空间和内容上受保护的权利，并将权利归入第823条第1款项下，同时类推适用第1004条之规定。[②] 很明显，法官在进行家庭法的续造时，存在一种在以财产法为基础的民法教义体系中寻找依据的自觉。这种自觉来源于这样的认识——“家庭首先表现为其成员相互主张权的各种权利，其次才是一个整体”。现代家庭法的基础已经不再是萨维尼在一百余年前所主张的“伦理有机体”。我们观察到的不过是个人主义式的，与债法不断趋近的冰冷图景。拉德布鲁赫恰当地描述了此种变化：

德国这首自由契约的高歌却恰恰没有将婚姻理解为个人主义的自由契约，而是将其理解为一种超个人主义式的，用其立法理由书中的话来说，“不取决于夫妻双方意志的、道德的和法律的秩序”，是“婚姻生活”。不过时至今日，人们不断地趋向于越来越有目的地强调婚姻法中的契约思想，也就是趋向于婚姻双方在人身和财产关系中的平等地位和离婚的简单化。同时，在使非婚生子女和婚生子女的法律地位尽可能接近的努力中，也间接地表明了这样的趋势，即婚外性关系的拘束力近似于一种松散的婚姻。[③]

“成文法不能够保持被视为超自然秩序的共同体（家庭），并且在长期徘徊之后，成文法顺应了社会的发展。”[④] 事实上，不仅立法的改革日益趋向于债法（注意：是债法，而不局限于合同法），法官在进行法律续造时也自觉地向债法寻求素材。这才是法官在续造中进行法律类推的根本性前

① BGH FamRZ 1990, 966.

② BGHZ 34, 80.

③［德］拉德布鲁赫：《法学导论》，米健译，法律出版社2012年版，第80页。

④［德］罗尔夫·克尼佩尔：《法律与历史：论〈德国民法典〉的形成与变迁》，朱岩译，法律出版社2003年版，第182页。

提。如果我们仍然秉持“伦理有机体的观点”，那么这种“法律的类推适用”自然是无可能的。根据拉伦茨的定义，法律的类推适用是指“将针对一构成要件而定之规则转用于类似（即应作相同评价）的案件事实上”。[①] 由此可见，类推存在一项前提——“应作相同评价的类似案件事实”。王泽鉴先生的阐述或许更为明确，他认为“(类推）中的转移适用，乃是基于一种认识，即基于其类似性（Ahnlichkeit)”。[②] 债法和家庭法均作为人与人关系的趋近使得家庭法中的关系和债权债务关系产生“类似性”，从而创造了类推适用的前提。[③] 在家庭法的续造中，这种类推适用的一个典型是对《中华人民共和国合同法》的类推适用。在我国，《中华人民共和国合同法》第 2 条第 2 款明确将身份协议排除适用。但这并不妨碍对《中华人民共和国合同法》相关规定的准用。例如，对于一方父母在离婚后违反探望协议的约定，能否适用违约金的问题。我国即有法院类推适用了《中华人民共和国合同法》有关违约金的相关规定，支持了当事人的请求。[④]

此外，是否将家庭法中的某些权利作为绝对权利纳入侵权法体系（尤其是类推适用第 823 条的规定）的保护一直是家庭法续造的热点问题。例如，“法院在原则上只对婚姻的法律利益提供第 823 条第 1 款项下的有限保护”。[⑤] 这种有限保护主要是指婚姻在空间和内容上受保护，但是，并不存在对“婚姻共同生活不被干扰”的一般性保护。联邦普通法院认为，其

---

① [德] 卡尔·拉伦茨:《法学方法论》，陈爱娥译，商务印书馆 2003 年版，第 260 页。

② 王泽鉴:《法律思维与民法实例》，中国政法大学出版社 2001 年版，第 253 页。

③ 对比前文讨论的萨维尼对家庭关系和债之关系的严格区分。事实上，施瓦布在讨论父母违背了其对子女所负担的义务的责任构成时，反对适用“积极侵害债权”制度的主要理由与萨维尼不存在本质的区别。所谓的“人身属性”不过是萨维尼所称“道德的和自然的形态”的另外一种表达，不能直接适用，但并不妨碍类推适用之可能。参见 [德] 萨维尼:《当代罗马法体系》(第 1 卷)，朱虎译，中国法制出版社 2010 年版，第 265 页及以下;[德] 迪特尔·施瓦布:《德国家庭法》，王葆莳译，法律出版社 2010 年版，第 353 ~ 354 页。

④ 如周某与李某甲探望权纠纷，(2016) 浙 0382 民初 6509 号民事判决书。

⑤ MüKoBGB / Wagner BGB § 823 Rn. 230.

理由在于“婚姻中不忠实行为在财产方面的后果已经由家庭法做终局性的规定”。[①] 不过梅迪库斯认为，这一理由是不充分的。[②]“在法学文献中，有不少学者呼吁通过侵权法来保护婚姻免于第三人的干涉。”[③] 但是法院似乎并没有理会这些呼吁。法院在此拒绝将婚姻共同生活不受干扰地纳入第823条进行保护的主要理由在于共同生活本身已经不具有法律上的执行力。配偶要求进行共同生活的裁判的主要目的在于“确认被告的义务，并敦促被告当事人履行其义务”。[④] 并且，如前文所分析的那样，如果没有一方配偶的配合，作为情人的第三人是不可能干预婚姻关系的。[⑤] 这些争议表明，在家庭法与债法交汇的过程中，法院通过类推适用债法的规定来进行法律续造仍然面临巨大的争议。但从另外一个角度来看，这恰好表明，债法至少为法官的法律续造提供了思考的方向。

事实上，法官在进行家庭法的续造时，不仅将目光投向了债法，而且投向了整个财产法。当涉及家庭关系中的财产时，还存在对物权法规则的类推适用（如前例中对第1004条的类推适用）。例如，杜塞尔多夫地方高等法院即认为《德国民法典》第1632条第1款所规定的交出子女请求权应当类推适用第859条有关于占有人自助的规定。[⑥] 当然，正如前文所讨论的那样，无论是类推适用第985条所有人的返还请求权还是类推适用第859条之规定，都存在将子女做客体化理解之嫌。暂不论这种类推适用的

① BGHZ 23, 215, 217 f. = NJW 1957, 670 f.; BGHZ 26, 217, 220 ff. = NJW 1958, 544 f.; BGHZ 57, 229, 231 f. = NJW 1972, 199.

②［德］迪特尔·梅迪库斯：《德国债法分论》，杜景林、卢谌译，法律出版社2007年版，第662页。

③ Gernhuber/Coester-Waltjen § 17 Rn. 22 ff.; Jayme, Die Familie im Recht der unerlaubten Handlungen, S. 263 ff.; Fabricius AcP 160 (1961), 273, 318 ff.; Struck JZ 1976, 160; Medicus/Lorenz SchR II Rn. 1303; Medicus/Petersen BR Rn. 619; Soergel/Spickhoff Rn. 105 f.; Erman/Schiemann Rn. 45.

④［德］迪特尔·施瓦布：《德国家庭法》，王葆莳译，法律出版社2010年版，第77～78页。

⑤ BGHZ 6, 360, 363 ff. = NJW 1952, 975.

⑥ OLG Düsseldorf FamRZ 1974, 99.

科学性，这至少表明了法院试图从财产法中得到论证依据的倾向。

正是法院在法律续造中对财产法的这种类推适用，为民法教义体系进入家庭法的续造创造了条件。法院在类推适用时并不是单纯地比附援引法条本身，而是将与法条紧密相连的理论作全盘的考虑，而作为财产法实证科学的民法教义体系毫无疑问为家庭法的续造提供了充分的智识基础。

第二节　民法教义体系对家庭法续造的约束

一、教义体系对法律续造的约束

一如法律解释的界限在于条文本身所能包含的所有含义，法律续造本身也是存在界限的。正如前文所述，教义学和法律续造之间的关系是互动的。一方面，二者是相互依赖的。法官的判例毫无疑问是教义学所研究的实证法律体系的一部分。在耶林看来，“法学技术的三个基本操作包含（drei Fundamental-Operationen）——法学之分析即法律字母（Juristische Analyse = Rechtalphabet）、逻辑的集中（Logische Concentration）以及法学的建构（Juristiche Construction）”。[①] 作为初级方法的法律分析正是建立在对包含法院判例在内的实证法律素材分析的基础之上的。与此相对，法官在进行法律续造时也不可能摆脱教义学所提供的智识基础。换言之，教义学与法律续造之间又是相互制约的。单就教义学对法律续造的约束而言，温弗里德·哈斯默尔的论述可谓是鞭辟入里。他指出：

在法律与案件判决间中等抽象程度上，法律教义学阐释了判决规则，当法律教义学被贯彻时，它同时事实上约束着法官。法律教义学也不仅作

---

① 吴从周:《概念法学、利益法学与价值法学：探索一部民法方法论的演变史》，中国法制出版社 2011 年版，第 87 页。

为法律的具体化来理解，而且从它这方面根据法律的含义和法律的内容，建构自己（变化的）的标准。①

从更为实际的角度来看，法官在长期的法学教育中所接收的教义学熏陶也同样对法官续造法律形成了事实上的限制。浸染在教义学知识谱系中的法官事实上已经形成对于教义学的自觉依赖。教义学体系不是具有法律约束力的实证法律秩序的一部分，相反它是一种知识的谱系。虽然基尔希曼在其名篇《论法学作为科学的无价值性》中宣称——“法学以偶然性为研究课题，自己却成了偶然性；立法者的三个修正词，整个图书馆都变成了废纸堆”，② 但是在拉德布鲁赫看来——立法者书写三个修正词的笔是“被支配的一支笔，它受到历史的支配”。③ 法律学科对象的可变性并不影响其客观性，而这种客观性恰好构成对法官续造主观恣意性的限制。教义学体系作为客观的知识谱系一直处于传承和发展状态，而身处法律人共同体之中的法官本身也参与到了这一进程之中。教义学体系实际上通过知识共同体的方式对法官的法律续造行为进行了约束。知识谱系的传承使法律续造总是以一种较为缓和的面貌出现。卡尔·恩吉施将此形象地描述为“累进的法律续造”。④ 法官作为知识共同体中的一员，在知识谱系的发展过程中不可能进行革命式的决裂。根据波恩大学教授延斯·科赫（Jens

① ［德］温弗里德·哈斯默尔：《法律体系与法典：法律对法官的约束》，载［德］阿图尔·考夫曼、温弗里德·哈斯默尔主编：《当代法哲学和法律理论导论》，郑永流译，法律出版社 2013 年版，第 285 页。

② J. H. v. Kirchmann, Die Wertlosigkeit der Jurisprudenz als Wissenschaft, Hrsg. v. H. Klenner, Berlin 1990. 中译文参见［德］J. H. 冯·基尔希曼：《作为科学的法学的无价值性：在柏林法学会的演讲》，赵阳译，载《比较法研究》2004 年第 1 期。值得注意的是在刘幸义等所译考夫曼的《法律哲学》一书对此句话的翻译有误。参见［德］考夫曼：《法律哲学》，刘幸义译，法律出版社 2004 年版，第 87 页。

③ ［德］古斯塔夫·拉德布鲁赫：《法哲学》，王朴译，法律出版社 2013 年版，第 138 页。

④ ［德］卡尔·恩吉斯：《法律思维导论》，郑永流译，法律出版社 2013 年版，第 225 页。

Koch）的意见，统一的法律秩序是被生产出来的，[①]而法官和学者无疑都是这种法律秩序的生产者。教义学体系通过发挥法律秩序中稳定剂的作用来对法官的法律续造进行约束。职是之故，哈斯默尔将法教义学对法官的约束归结于“教义学本身的稳定性和区别化功能”。[②]

另外，法官在法律续造中存在必须说理的要求。在法律续造中，这种说理的要求远远高于法律解释。法律续造的正当性在形式上依赖于法官的说理。只有借助于教义学，法官的法律续造活动才能获得相对充分的正当性。正如雅科布斯所言，“法官法也只有通过自身具备的这种法学性来证明自己合法”。[③]这首先表现在法官的论证不可能摆脱“概念的谱系”。在拉德布鲁赫所作的“法律中的重要概念”和“真正的重要概念”的区分中，[④]作为法律科学产物的真正法律概念的谱系对法官形成了一种“知识上的控制”。[⑤]

二、民法教义体系对家庭法续造的“范式”（Paradigm）控制

当我们论及家庭法的续造受教义体系的约束时，这种约束主要是一种知识上的约束。无论社会科学提供了多么令人信服的事实，法官的法律续

---

① Jens Koch, Die Einheit der nationalen Rechtsordnung und die europäische Privatrechtsangleichung, JZ 2006, S. 277 - 284.

②［德］温弗里德·哈斯默尔:《法律体系与法典：法律对法官的约束》，载［德］阿图尔·考夫曼、温弗里德·哈斯默尔主编:《当代法哲学和法律理论导论》，郑永流译，法律出版社2013年版，第285页。

③［德］霍尔斯特·海因里希·雅科布斯:《十九世纪德国民法科学与立法》，王娜译，米健校，法律出版社2003年版，第157页。

④［德］古斯塔夫·拉德布鲁赫:《法哲学》，王朴译，法律出版社2013年版，第135页。

⑤ 当然，不可否认的是也有学者观察到了教义学在此方面功能的衰退。近些年，由于教义学过度偏向于注释，导致理论本身的贫瘠。联邦普通法院和联邦宪法法院对理论的依赖有所减缩。与此相对的是法官法在理论贡献方面的迅速增长。Vgl. Oliver Lepsius, Themen einer Rechtswissenschaftstheorie, in: Matthias Jestaedt/Oliver Lepsius（Hrsg.）, Rechtswissenschaftstheorie, 2008, SS. 6-7. 转引自张嘉尹:《台湾法学典范的反思：从德国当代法科学理论的兴起谈起》，载《世新法学》2012年第1期。

造必须要进行规范的分析。这样，从经验科学转向规范科学的转换在法律的续造中是不可避免的。将事实问题进行规范上的处理则必然涉及对教义学知识谱系的运用。“只有利用教义学的帮助工具，法官才能坚实地处理法律，才能察觉不同，并将案件分门别类。”① 如前文所述，民法教义学体系为家庭法提供了私法范畴内有益的分析工具。即使是在我们所称的对立世界形成之初，在家庭法反对自身技术化的大背景下，这些工具在家庭法中的使用也是存在的。虽然有学者宣称总则本身主要是建立在对财产法规则的最终抽象基础之上的，在家庭法的语境下存在相当多的例外，② 但是这并不表明总则的框架对于家庭法的无用性。③ 即使是在家庭法远离民法典的那些时间，也没有人会否认民法总则对于家庭法的效力。从知识谱系的角度来看，对家庭法的分析离不开总则项下的教义学知识。当家庭法之基础从“有机体”转向“个人主义”时，那些阻碍家庭法向教义学知识谱系屈从的障碍已经逐渐模糊。在家庭法与债法交汇的大趋势下，家庭法的续造相应地呈现出对教义学体系更为依赖的姿态，从而，民法教义体系对于家庭法续造的规制也得到了进一步强化。

从具体层面来看，教义体系作为一种知识谱系对家庭法续造的约束主要表现在家庭法的续造无法摆脱教义体系所提供的私法分析框架。家庭法的续造必须要考虑私法体系上的协调性，因而就不可能盲目引进其他概

① ［德］温弗里德·哈斯默尔：《法律体系与法典：法律对法官的约束》，载［德］阿图尔·考夫曼、温弗里德·哈斯默尔主编：《当代法哲学和法律理论导论》，郑永流译，法律出版社 2013 年版，第 285 页。

② 冉克平：《民法典总则的存废论——以民法典总则与亲属法的关系为视野》，载《私法》2008 年（总第 15 卷）。

③ 对比 1992 年《荷兰民法典》将“自然人与家庭”与“财产法总则”分置的模式。1992 年《荷兰民法典》的体例为：第一编自然人与家庭、第二编法人、第三编财产法总则、第四编继承法、第五编物权法、第六编债法总则、第七编特别契约类型、第七之一编特别契约类型续编、第八编交通工具及运输。

念。即使教义学体系所能提供的概念在一定程度上阻碍了家庭法续造的步伐，存在一定的不适性，在家庭法的续造过程中也不能轻言抛弃这些概念另寻他路。最为典型的例子是，父母责任（parental responsibility）这样的概念无论是在国际学术层面的讨论，还是在相应的示范规则中都产生了较为普遍的影响力。但是，法官并没有以法律续造的方式盲目引进这样的概念。除前文所说的“分权”上的约束之外，民法教义体系作为一种知识谱系同样对法官的此类造法行为产生了约束。至少在现有的私法秩序之下，盲目引入父母责任的概念可能会产生与民法总则之间的严重不适性。这样的概念在教义学的知识谱系中也难以找到适当的位置归入。

在这里，有必要引入美国科学哲学家托马斯·库恩“范式”（Paradigm）的概念。在他看来，“范式通常是指那些公认的科学成就，它们在一段时间里为实践共同体提供典型的问题和解答”。① 芬兰法学家奥利斯·阿尔里奥（Aulis Aarnio）将托马斯·库恩的范式概念引入对教义学的分析中。他指出，“法教义学是以范式为基础的研究领域”。② 他将托马斯·库恩所指的“学科矩阵”（disciplinary matrixes）概念归纳为四个部分：“符号的一般化、将研究对象主题化（thematizing）过程中的模型共享、信奉指导科学研究的特定共同价值（如对问题假设的选择）、科学的典范（如解决问题的典范）”。③ 教义学不仅是作为规范科学的法学之范式，同样也包含了托

① [美] 托马斯·库恩:《科学革命的结构》，金吾伦、胡新和译，北京大学出版社 2003 年版，第 4 页。

② Aulis Aarnip, “Paradigms in Legal Dogmatics toward a Theory of Change and Progress in Legal Science”, in Aleksander Peczenik, Lars Lindahl and Bert Van Roermund, eds., *Theory of Legal Science*, Holland, D. Reidel Publishing Company, 1983, p.26.

③ See Thomas Samuel Kuhn, *The Structure of Scientific Revolutions*, 2nd ed., Chicago, University of Chicago Press, 1970, pp.182 ff., quoted in Aulis Aarnip, “Paradigms in Legal Dogmatics toward a Theory of Change and Progress in Legal Science”, in Aleksander Peczenik, Lars Lindahl and Bert Van Roermund, eds., *Theory of Legal Science*, Holland, D. Reidel Publishing Company, 1983, pp.26-27.

马斯·库恩所说的学科矩阵的四个方面。这四个方面不仅指导学术研究，而且为法律续造确立了规范论证的框架。教义学体系提供了简明合理的体系化知识，从而避免了法官的重复性工作。就家庭法的续造而言，其受制于民法教义学这一民法科学的范式。亦即它受民法科学学科矩阵的约束。虽然存在原初的状态及持续发展进程中的对立状态，但是至少在大陆法系家庭法一直无法摆脱民法科学的学科矩阵。虽然家庭法在实证层面曾经取得过或者仍然保持着看似独立的状态，在学科分类上也取得了一定的独立地位，但不能忽视的是家庭法在长期环境中形成了对民法科学的路径依赖。另外一个现象似乎可以印证此一判断，即家庭法学者在德国通常也是民法学者，并且首先是民法学者。此一现象非德国所独有，日本学者星野英一先生对日本民法学之考察也得出了类似的结论——“所有的民法学者都涉及了家族法领域，而专攻家族法的学者非常之少”。[①]而要破除这种路径依赖的成本无疑是高昂的，并且根据分权原则，进行此项革命性变革的权力通常并不在法院一方。

由此，我们不难理解为什么联邦普通法院在进行法律续造时要向债法和物法寻求帮助，而不是另寻他路。债法和物法是实证法律秩序的一部分，与此相应，以它们为研究对象的教义学毫无疑问成为法官在进行法律续造时所必须要考虑的东西。即使是联邦宪法法院在家庭法领域所进行的法律续造，也没有完全置民法科学于不顾，妄自超脱民法科学的知识谱系，另行建立范式。[②]当然，这并不表明教义学体系会桎梏家庭法的续造，

---

① [日]星野英一:《现代民法基本问题》，李诚予、岳林译，上海三联书店2015年版，第423页。

② 事实上，联邦宪法法院法官通常本身即是学术共同体的重要组成部分。例如，宪法法院法官通常也是学术团体（特别是德国法学会）会员，其中过半的法官均有教授头衔。关于德国法学会的简介，参见周遵友:《致力于法律人的共识：德国法学家大会印象记》，载《中国法学教育研究》2015年第1辑。有关德国联邦宪法法院法官背景，参见联邦宪法法院网站，载http://www.bundesverfassungsgericht.de/EN/Richter/richter_n ode.html，2015年12月30日访问。

从而妨碍家庭法的整体发展，毋宁说“教义体系作为一种科学知识体系对法官‘以个人评价代替法律评价’的恣意行为进行了适当的控制”。[①] 值得注意的是，这种范式控制不是绝对的，因为范式本身不是封闭的而是开放的。绝不能让生活的变化去适应既有的教义体系，而应当使既有的教义体系作出合理的转变。正如阿尔尼奥所观察的那样：

社会力量产生了扩大或者缩小那些被我们视为真正法律问题范围之需要，邻近科学如社会科学，为重新评估法律问题所包含的事实部分带来了基本的信息……这些发展可能带来学术团体和法律解释共识原则的瓦解……但是伴随着教义学范式的重铸和转变，法律科学新的团结也会重新出现。[②]

故而，我们绝不可以忽略这种范式控制的两种前提——由基本权利和人权确立的价值秩序和由社会科学所提供的事实基础。换言之，我们这里所讨论的范式控制是以目的之确定性为前提的。如果教义学体系所能提供的论证结构本身不可能实现既定的目的，那么这种结构毫无疑问是排除在续造考虑之外的。在目的确定的前提下，教义体系提供了我们就手段进行讨论的模式但并不提供最终的确定性的结论。通过前文的分析，我们不难发现，有时候教义体系并不能提供一种令人满意的方案，有时候却又存在多种方案。例如，在确定父母违反对子女义务的责任时，就存在来源于债法的不同理解。[③] 这有赖于法官通过利益衡量的方法进行全面考量。

综上，由于教义学是在两种含义上被使用的——“对质料的科学加工”

---

① [德] 卡尔·拉伦茨：《论作为科学的法学的不可或缺性：1966年4月20日在柏林法学会的演讲》，赵阳译，载《比较法研究》2005年第3期。

② Aulis Aarnip, “Paradigms in Legal Dogmatics toward a Theory of Change and Progress in Legal Science”, in Aleksander Peczenik, Lars Lindahl and Bert Van Roermund, eds., *Theory of Legal Science*, Holland, D. Reidel Publishing Company, 1983, pp.32-33.

③ [德] 迪特尔·施瓦布：《德国家庭法》，王葆莳译，法律出版社2010年版，第353～354页。

的方法[①]和“由命题所组成的体系”,[②]与此相对，民法教义学既为家庭法续造过程中的司法推理提供方法，也为其提供素材。[③]二者共同保证了家庭法续造在规范上的科学性。不过家庭法和民法教义体系在这一层含义上的融合是以民法教义体系所提供的素材能够符合特定价值秩序，实现既定目的（如保护儿童的利益）为前提的。像物法中的占有和所有结构就明显不能用于续造家庭法中的人身关系部分。故而，通过法律续造的融合只能是有条件的融合。

① Robert Alexy, Theorie der juristischen Argumentation. Die Theorie des rationale Diskurses als Theorie der juristischen Begründung, 2. Aufl., Frankfurt am Main 1991, S. 307, quoted in Raul Narits, “Principles of Law and Legal Dogmatics as Methods Used by Constitutional Courts”, *Juridica International* XII, 2007, p.18.

② Friedrich Müller / Ralph Christensen, Juristische Methodik, 8. Aufl., Berlin 2002, S. 403, quoted in Raul Narits, “Principles of Law and Legal Dogmatics as Methods Used by Constitutional Courts”, *Juridica International* XII, 2007, p.18.

③ 德国学者 Ralf Poscher 指出了教义学理论对于疑难案件三方面的价值——为裁决提供理论上可行、规范上可欲和实证上充分的说明，而疑难案件恰好是法律续造的重地。参见［德］Ralf Poscher:《裁判理论的普遍谬误：为法教义学辩护》，隋愿译，载《清华法学》2012 年第 4 期。

第六章　认真对待家庭法：中国民法典编纂进程中家庭法体系的形成

第一节　双重继受和贫乏的本土民法教义学体系

囿于法教义学的德国法背景，[①] 前文的讨论较少地将中国法作为讨论的质料。之所以要在论文最后一部分对中国家庭法的发展问题进行勾勒并不是出于媚俗“八股”式论文创作结构之需，而是想借此起到抛砖引玉之作用，以求学界对此问题进行更为深入的思考。21 世纪初那场匆忙的民法典编纂运动似乎已经预示了其流产的必然性。十八届四中全会后，民法典编纂的热情被重新点燃。无可否认的是，在过去的十余年间，中国民法学的发展积累了更为雄厚的智识基础。当然，同样毋庸置疑的是中国民法学没有改变其法律继受状态。这场继受从清末开始，历经中断，后又步入正轨。不仅在立法上，而且在学说上师范德国成为整个东亚文化圈的一种普遍现象。日本学者北川善太郎在《日本民法学的历史与理论》一文中对

① [德] 乌尔弗里德·诺依曼：《法律教义学在德国法文化中的意义》，郑永流译，载郑永流主编：《法哲学与法社会学论丛》(五)，中国政法大学出版社 2002 年版，第 14 ~ 21 页。

“日本民法学对德国民法理论的继受和自立”进行了梳理。他对日本民法学界在20世纪50年代的一种研究现状所提出的疑问殊值我国学人深思。“为什么日本民法学者在涉及日本民法的论文中，对德国民法学说就像日本民法学说一样对待呢？”① 综观中国大陆当今的民法学研究，虽未出现北川善太郎所描述的那种“不用德国民法就不是法学家”② 的极端现象，但是学说讨论上对德国法理论的“自觉”继受着实为一种普遍现象。与此相伴的是，当法教义学演变为一种普遍化（超出教义学的传统阵地——民法和刑法）研究范式时，“社科法学”和“教义法学”之间的热战似乎不可避免。③ 此二者的争论又总是裹挟着对诸如“学说继受”和“本土资源”“法学的科学性”与“非科学性”以及中国法学未来图景等此类宏观性问题的探讨。④

---

① ［日］北川善太郎：《日本民法学的历史与理论：一个研究者的视角》，赵立新译，载梁慧星主编：《民商法论丛》（第52卷），法律出版社2013年版，第373页。

② ［日］北川善太郎：《日本民法学的历史与理论：一个研究者的视角》，赵立新译，载梁慧星主编：《民商法论丛》（第52卷），法律出版社2013年版，第376页。

③ 这方面的论文可谓是不胜枚举。探讨“法教义学”的论文几乎都会对来自社科法学派的批判进行“回应”。社科法学派的代表性论文如苏力：《中国法学研究格局的流变》，载《法商研究》2014年第5期；侯猛：《社科法学的传统与挑战》，载《法商研究》2014年第5期。法教义学派的代表性论文如雷磊：《法教义学的基本立场》，载《中外法学》2015年第1期；白斌：《论法教义学：源流、特征及其功能》，载《环球法律评论》2010年第3期。也有不少的学者主张二者的和解与合作，代表性的论文如陈瑞华：《法学研究方法的若干反思》，载《中外法学》2015年第1期；许德风：《法教义学的应用》，载《中外法学》2013年第5期。值得注意的是，类似的论争在西方社会早已出现。例如，在1983年由瑞典法学家亚历山大·佩策尼克主持的一次研讨会上，学者们曾就教义学和社会科学的关系进行过争论。其中所呈现的观点与当下中国所进行的论证并无实质上的区别。See Aleksander Peczenik, Lars Lindahl and Bert Van Roermund, eds., *Theory of Legal Science*, Holland, D. Reidel Publishing Company, 1983, pp.383-550.

④ 邓正来先生的《中国法学向何处去：建构“中国法律理想图景”的时代论纲》一书（商务印书馆2006年版）引起了学者们对于中国法学未来发展的宏观性思考。《政法论坛》杂志在连续刊载邓正来先生的文章后，又相继刊发了相关的评论文章。《河北法学》、《现代法学》和《社会科学论坛》等杂志亦相继刊发了专题评论文章。

值得一提的是，上述论战似乎并没有撼动当前民法典进程中的“教义学”讨论范式。然而，继受和超越始终是当下民法典编纂不可回避的核心问题。潘德克吞体系成为在当下民法典编纂论争中的优势是明显的。部分学者意图在人格权法成编方面实现突破的愿望仍然缺乏学界之普遍支持。[①]很明显，我们正在进行的民法典编纂仍然是以继受而来的“民法教义学”为基础的。相关的争论也基本属于教义学范畴之下的争论。[②]社科法学不仅在中国民法学语境下缺乏市场，而且在“法教义学”母国同样缺乏市场。以法经济学在德国所遭受的冷遇为例。根据德国学者克里斯蒂安·基什内尔（Christian Kirchner）的考证，“迄今为止，法经济学对于德国立法和司法的影响基本上是可以忽略的”。[③]德国法学家目前仍然处于一种这样的状态——“他们不用英文写作，不发表工作论文，不把文章发表到互联网，文章也不受审查，他们不注重影响因子……他们没有特殊的研究领域，不建立模型，不运用数学，不否证其假设，不使用统计，不接受访谈，不做实验”。[④]这样的描述虽有戏谑和夸大成分，但从另外一个方面印证了德国学界仍然大体处于“法教义学”的大环境之下。中国民法对于德

---

① 支持独立成编的代表性论文如王利明:《人文关怀与人格权独立成编》，载《重庆大学学报》（社会科学版）2016 年第 1 期；王利明:《人格权制度在中国民法典中的地位》，载《法学研究》2003 年第 2 期。反对独立成编的代表性论文如尹田:《论人权独立成编的理论漏洞》，载《法学杂志》2007 年第 5 期；尹田:《人格权独立成编的再批评》，载《比较法研究》2015 年第 6 期。

② 中国当下的论战已经跨越了萨维尼和蒂堡当初所进行的是否应当制定民法典的论战阶段，全面转向了如何科学制定民法典的论战阶段。

③ Christian Kirchner, “Difficult Reception of Law and Economics in Germany”, *International of Law and Economics* 11, 1991, p.277.

④ Christoph Engel/Wolfgang Schön (Hrsg.), Das Proprium der Rechtswissenschaft, Tübingen 2007, S. IX. 转引自张嘉尹:《台湾法学典范的反思：从德国当代法科学理论的兴起谈起》，载《世新法学》2012 年第 1 期。事实上根据德国学者罗尔夫·施蒂尔纳的考察，早在 20 世纪 60 年代，在德国科学委员会的批评下，德国曾经尝试过融合传统法学（法教义学）和与其交叉的边缘学科，但以失败而告终。参见［德］罗尔夫·施蒂尔纳:《德国民法学及方法论：对中国法学的一剂良药？》，黎立译，载方小敏主编:《中德法学论坛》（第 12 辑），法律出版社 2015 年版，第 42 页。

国民法的继受，毫无例外地包含在北川善太郎所言的“法律继受”和“法学继受”的双重结构之下。[①]故而，法学继受必然伴随着前述“法教义学”研究范式的引入。

由于继受的中断和范式的革命，中国大陆对于德国民法的继受经历了曲折的过程。学者对此论述颇丰，在此无需赘述。[②]梁慧星先生指出，中国目前的法学继受已经摆脱了对德国或者日本的单一继受状态，进而转向多元继受。[③]尤其是1999年颁行的《中华人民共和国合同法》即为多元继受（特别是对于《联合国国际货物销售合同公约》〔CISG〕的借鉴）与内籍化较为成功的典范。纵观中国民法的继受史，我们不难发现，市场经济越发达，法学的继受就越旺盛。民法以及民法学的继受从来就不是孤立的，它们是建立在更为宏观的社会经济背景基础之上的。中国民法效法德国既有特定的历史原因（如长期的成文法传统、受邻国日本的影响），也有非历史的原因。[④]这种非历史的原因可以归结为德国民法典所具有的“形式理性”的优势。在韦伯看来，“这种法律类型服务于资本主义经济的需求并由西方资本主义国家实际法律制度的许多特征所表明。”[⑤]准确来说，这

① ［日］北川善太郎：《日本民法学的历史与理论：一个研究者的视角》，赵立新译，载梁慧星主编：《民商法论丛》（第52卷），法律出版社2013年版，第377～378页。

② 代表性论文如柳经纬：《回归传统：百年中国民法学之考察之一》，载《中国政法大学学报》2010年第2期；孙宪忠：《中国近现代继受西方的效果评述》，载《中国法学》2006年第3期；孙宪忠：《中国民法继受潘德克顿法学：引进、衰落和复兴》，载《中国社会科学》2008年第2期；孙宪忠：《从比较法的角度看中国近现代对西方民法学的继受》，载《中德法学论坛》（第8辑），法律出版社2011年版。

③ 梁慧星：《中国民法学的历史回顾与展望》，载《民商法论丛》（第41卷），法律出版社2008年版。

④ 邵建东：《论旧中国民事立法继受德国民法的原因》，载《南京大学法律评论》1998年春季号。

⑤ ［美］哈罗德·J．伯尔曼：《法律与革命》（第1卷），贺卫方、高鸿钧、张志铭等译，法律出版社2008年版，第536页。

类基于形式理性的法律类型是与市场经济相适应的。[①] 德国民法在“形式理性”上的优势集中表现在其科学性之上。“正是民法这样纯粹、技术性的语言，才有可能抽离各种社会的生活条件和世界观，放之四海皆准。”[②]

虽说学术自立与超越事关重大，但是这种自立和超越不是“运动式”“口号式”的。与此相对，它们都是建立在强大的智识基础之上的。我们不得不承认当下中国民法学仍然处于“西学东渐”的继受阶段。盲目强调自主性，并刻意实现所谓的“超越和创新”不仅对民法学的发展无益，更易损害既有的成果，给科学的体系造成损害。[③] 这并不是表明中国民法不可以有自己的特色，不可以有自己的超越，[④] 但法律继受作为一种“后进追赶先进”的正常现象，不应该被污名化。[⑤] 同理，与法律继受相应的学说继受也不应当被污名化。在多元继受的时代，“民法教义学”所

---

① [日] 北川善太郎：《中国民法典过程的比较法考察》，丁相顺译，王晨校，载《人大法律评论》2003 年总第 5 辑。事实上，我们之所以逐渐放弃苏联范式，是因为它在本质上与市场经济是不相协调的。

② 苏永钦：《走入新世纪的私法自治》，中国政法大学出版社 2001 年版，第 13 页。

③ 例如，杨振山先生和王洪亮对 2003 年全国人大常委会法制工作委员会办公室发布的《中华人民共和国民法草案》中学者所谓的“创造”提出了批评。他们认为“取消债法总则和将人格权法、合同法、侵权责任法单独成编”这一创造的科学性是值得怀疑的。参见杨振山、王洪亮：《继受法律的理性科学化》，载《比较法研究》2004 年第 1 期。

④ 这种超越的前提是长期而连续的学术积累。日本学者大村敦志将 2007 年《柬埔寨民法典》视为日本民法学术“出口”的重要标志。而这背后是长达一百余年的学术积累过程。参见 [日] 大村敦志：《从三个维度看日本民法研究：30 年、60 年、120 年》，渠涛等译，渠涛审校，中国法制出版社 2015 年版，第 5 ~ 6 页。

⑤ K. 茨威格特和 H. 克茨恰当地指出了德国民法典在法律继受上落后于法国民法典的原因——并不是由于德国民法典本身的原因，而是由于历史的偶然原因。较发展的国家在那时已经通过继受来完成法制现代化。参见 [德] K. 茨威格特、H. 克茨：《比较法总论》，潘汉典、米健、高鸿钧等译，法律出版社 2003 年版，第 231 页。不过正如罗尔夫·施蒂尔纳所指出的那样，相比于《拿破仑民法典》，德国在这近百年间积累了足够的学术基础，为建立这种精细而精湛的体系创造了条件。参见 [德] 罗尔夫·施蒂尔纳：《德国民法学及方法论：对中国法学的一剂良药？》，黎立译，载方小敏主编：《中德法学论坛》(第 12 辑)，法律出版社 2015 年版，第 36 页。

根植的“形式理性”和“体系化思想”对于“多元继受”状态下的内籍化必然是大有裨益的。无论是德国继受罗马法，还是日本继受德国法，“法教义学”作为一种方法在其中都扮演了关键角色。在《德国民法典》编纂过程中，司法事务委员会提交的报告恰当地指出了德国民法典编纂的特征——“这项工作显然不会像优士丁尼所编纂的法典那样，仅仅是单纯的拼凑”。[①] 超越那种简单的法律汇编毫无疑问是依赖于科学的。在大陆法系（又特别是德国法族）的语境下，这种科学就是民法教义学。民法教义学本身并不是完全封闭的，而是开放和发展的。但即使是在民法教义学经过不断修正的今天，“释义”和“体系化”始终是其两项基本内容。[②] 既然我们目前所进行的民法典运动同样并不以“法律汇编”为目标，“法教义学”作为一种科学方法对于我们的科学法典编纂的作用是显而易见的。王泽鉴先生一语道破了方法论继受的重要性。他认为，“中国法制因继受德国法而科学化，制度可以修正、变更甚至废弃，但方法将永远存在，此为我国继受德国法之真正意义”。[③] 事实上，由于方法论的长期缺位，加之长期的功利实用主义传统，使得我国民法学研究长期缺失科学秉性，并进一步影响到立法的科学性。[④]

因此，民法典编纂运动并不会改变我国在相当长一段时期内的继受状态。这种继受包含了实证法上的继受和学说上的继受两个方面。学说上的

① [德] 霍尔斯特·海因里希·雅科布斯:《十九世纪德国民法科学与立法》，王娜译，米健校，法律出版社 2003 年版，第 124 ~ 125 页。

② Aulius Aarnio, “The Systematisation and Interpretation of Statutes: Some Thoughts on Theoretical and Practical Legal Science”, in Luc J. Wintgens, ed., *The Law in Philosophical Perspectives*, The Netherlands, Springer, 1999, p.2.

③ 王泽鉴:《民法五十年》，载王泽鉴:《民法学说与判例研究》(第 5 册)，台湾大学法学丛书编辑委员会编辑，1988 年版，第 9 页。

④ 米健:《法学方法论在中国的缺失》，载米健主编:《中德法学学术论文集》(第 2 辑)，中国政法大学出版社 2006 年版，第 141 ~ 147 页。

继受又包含了方法和知识体系两方面的继受。方法上的继受优于知识体系上的继受。很多人容易陷入这样一种误区，即将继受与“照搬”或者“削足适履”等量齐观。这种误区就好比对“法教义学”那种先入为主的偏见。实际上，根据维亚克尔的观点，继受“是一种高度纠结复杂、持续演变的文化内化过程”。[①]要改变作为知识体系的本土民法教义学的贫乏状态，将“法律继受”与“社会现实”进行合理的对接无疑是最为重要的任务。在这一过程中，分歧和论战不仅是不可避免的，而且是有益的。不过，只有置于科学（特别是共同方法论）背景下的论战才能真正有助于建立起自己精湛的教义学知识体系。

第二节　中国家庭法的继受、革命和游离

一、从清末修律到“中华民国民法”的缓慢继受：法律革命与社会革命的脱节

从前文的分析中，我们不难发现，在对立世界形成之初，家庭法就以其“本土化”为明显特征。很多学者将这种现象追溯至孟德斯鸠在《论法的精神》一书中所提出的“地理环境决定论”。[②]在萨维尼那里，家庭法为反映“民族精神”之典型。由于家庭法强烈的本土性，其被认为是难以继

① [德] 弗朗茨·维亚克尔:《近代私法史：以德意志的发展为观察重点》(上册)，陈爱娥、黄建辉译，上海三联书店2006年版，第107页。

② See Fernanda G. Nicola, “Family Law Exceptionalism in Comparative Law”, *The American Journal of Comparative Law* 58, 2010, p.787, and David Bradley, “Convergence in Family Law: Mirrors, Transplants and Political Economy”, *Maastricht Journal European & Comparative Law* 6, 1999, p.128. 有关孟德斯鸠地理环境决定论，参见 [法] 孟德斯鸠:《论法的精神》(上册)，张雁深译，商务印书馆1995年版，第227～240页。

受和移植的。这种难以继受性早在德国继受罗马法时就存在。根据我国台湾地区学者戴东雄的考察，“人格法和亲属法是（德国）继受罗马法影响最少的领域，因为一民族的社会和家庭结构或亲属关系，不易受外来文化的传入而发生变化”。[①] 德国法学家扬·施罗德也提出了类似的观点。他指出，“罗马法对于现代德国继承法的形成起到了重要作用，但是对于亲属法的影响则很小。”[②] 在东亚国家继受法国法和德国法时，争论最大的往往也是家庭法。这一点在日本明治修法和我国清末修法时都表现得最为明显。由于“家”在东亚文化圈中的特殊地位，要实现对亲属法的继受面临巨大的困难。实际上，不只是东亚，西方宗主国之外的大部分殖民地对家庭法的继受也都表现出了强烈的排斥态度。“在 19 世纪，欧洲宗主国一方面不断将其商法强加给殖民地，另外一方面又将有关于结婚、离婚和亲子关系的问题留给当地习惯法。”[③] 这就不难解释为什么日本在明治革新时未将家庭法的起草委托给法国法学家布瓦索纳德（Gustave Boissonade），而清末修法时亦未将民法后两编委托给松冈义正和志田钾太郎，而是交由法律馆和理学馆共同商议。这与我们前文所讨论的作为核心私法的“财产法”的继受形成了鲜明对比。

与此相对应的是，在传统观点（古典法律思维）中，家庭法是不适合进行比较法研究的。这不仅是由于家庭法规则在表面上呈现出较大的差别（如一夫多妻和一夫一妻制之间的反差），更是由于家庭在首要意义上被界定为民族的、本土的、宗教的、习俗的、伦理的和道德的规制领域。法律

---

① 戴东雄：《中世纪意大利法学与德国的继受罗马法》，中国政法大学出版社 2003 年版，第 309 页。

② [德] 扬·施罗德：《现代德国私法的渊源：罗马法、“德国法”、自然法》，许兰译，载米健主编：《中德法学学术论文集》（第 1 辑），法律出版社 2003 年版，第 40 页。

③ Janet Halley & Kerry Rittich, “Critical Directions in Comparative Family Law: Genealogies and Contemporary Studies of Family Law Exceptionalism”, *The American Journal of Comparative Law* 58, 2010, p.771.

只是扮演有限的作用。家庭法作为各个民族国家精神的直接反映缺乏进行比较研究的基础。这种基础一如财产法所对应的自由市场经济。但是这种情况在“二战”后特别是20世纪90年代后发生了重大的变化。正如美国学者尼古拉所指出的那样，“比较法学家停止强调家庭是例外的，本质不同的实体，也不再强调规制这一实体的法律领域的不可统一性，而是将其视为比较法研究不可分割的一部分”。[①] 英国比较法学者奥托·卡恩－弗罗因德（Otto Kahn-Freund）在一篇更早的论文中观察到了类似的现象。他认为，“环境差异作为家庭法移植的阻碍正在减小”。[②] 家庭法领域比较法研究的开展为家庭法的继受和融合创造了条件。这种继受和融合的大背景是“社会的变迁，尤其是性别平等和个人权利思潮的兴起”。[③] 在整个东亚，我们所经历的家庭法变革可以大致归纳为继受的增长和本土化特征的消失。

就中国家庭法的发展而言，[④] 新中国成立前，中国家庭法经历的是一种继受与保守此消彼长的过程。从清末修律开始，虽然家庭法仍然保留相当部分的“封建”残留，但是绝不能否认其继受外国法的一面。这种继受的目标主要是德国法族。不过，这一过程是极为缓慢的。由章宗元和朱献文起草的《大清民律草案·亲属》一方面继受了西方现代法制之框架，另一方面又试图保留宗法制传统。[⑤] 在亲等、登记结婚、离婚赡养、抚养、监护等诸多方面均与当时西方法制接轨。然保留“宗法”传统之处亦非罕见。例如，草案仍然保留了“家长制”“亲属会议”“嫡长子”等传统。中

① Fernanda G. Nicola, “Family Law Exceptionalism in Comparative Law”, *The American Journal of Comparative Law* 58, 2010, p.778.

② O. Kahn-Freund, “On Uses and Misuses of Comparative Law”, *Modern Law Review* 37, 1974, p.13.

③ Fernanda G. Nicola, “Family Law Exceptionalism in Comparative Law”, *The American Journal of Comparative Law* 58, 2010, p.779.

④ 有关中国婚姻家庭立法的发展，参见张希坡：《中国婚姻立法史》，人民出版社2004年版。

⑤ 邓学仁：《亲属法之历史与课题》，载《台湾“中央”警察大学法学论集》1997年第2期。

华民国成立后，先后出现了1915年民律亲属编草案、1925年民律草案亲属编、1928年亲属法草案以及1930年最终成型的民法亲属编。前两者与《大清民律草案》内容大同小异。[①]1928年草案与1930年《中华民国民法》亲属编较为接近，均采当时"男女平等"之先进理念。1930年颁布的《中华民国民法》亲属编废除了《大清民律草案》中的诸多"宗法制"传统（如嫡长子制），在继受西方法制方面较《大清民律草案》更为进步。以夫妻财产制为例，其基本上是继受了瑞士法。根据当时流行的观点，以瑞士为范本的联合财产制与我国情况较为契合。[②]但是，这种继受并不是完全和彻底的，仍然体现了对传统的妥协。例如，该法保留了家制，并认可了妾的亲属地位。[③]

大致归纳起来，从清末修律开始到1930年《中华民国民法》颁布，家庭法在传统宗法与继受法制的冲突中逐步发展。这种发展集中表现在继受法制的缓慢扩张与传统宗法的逐渐消亡。不过，这种变化准确地说只是发生在规范层面。整个社会的调整则比规范上的调整要缓慢很多。在这段时期，最为明显的矛盾体现在所继受的家庭法的工业社会背景与当时中国的乡土社会现实之间的冲突。1930年《中华民国民法》亲属编所产生的影响也主要集中在城市，而没有扩张到整个社会。亦即在这段时期，社会革命与法律革命是脱节的。

二、新中国成立以后的家庭法革命：法律革命与社会革命的并轨

早在土地革命时期，中国共产党就将婚姻家庭作为社会革命的重要领域。中央于1931年和1934年相继颁布《中华苏维埃共和国婚姻条例》和

① 林秀雄：《论民法亲属编之修正》，载《月旦民商法杂志》2003年3月（特刊号）。
② 史尚宽：《亲属法论》，中国政法大学出版社2000年版，第335页。
③ 许莉：《〈中华民国民法·亲属〉研究》，华东政法大学2007年博士学位论文，第49～51页。

《中华苏维埃共和国婚姻法》。这两部规定的内容主要集中在婚姻部分，而较少涉及家庭关系。与《中华民国民法》亲属编相比，这两部规定在性质上无疑是革命的，而非与传统妥协的产物。[①]其更倾向于婚姻社会革命的蓝图。这两部法律所确立的婚姻自由和男女平等等原则在抗日战争时期和解放战争时期的相关规定中得到了延续。

《中华人民共和国婚姻法》成为新中国成立后颁布的第一部法律。这部法律一方面延续了土地革命、抗日战争和解放战争日期中国共产党的婚姻家庭政策，另外一方面又以苏联家庭法为继受范本。实际上，对苏联家庭法的继受与党的婚姻家庭政策的总结是交织在一起的。1931 年《中华苏维埃共和国婚姻条例》就曾受到了苏联立法的影响。[②]1950 年《中华人民共和国婚姻法》与在大陆被废除的《中华民国民法》亲属编相比，呈现出革命和进步的一面。当然与形而上的价值层面革命式的进步相比，该部婚姻法在立法技术上存在不少问题。例如，为了实现对女性的特殊保护，该法第 24 条规定了“夫妻共同债务在夫妻双方无共同生活时所得财产或者财产不足以清偿的情况下统一由男方清偿”的制度。该条规定在立法技术上显得较为粗陋，因为没有考虑女方婚前财产多于男方的情况。由于立法的匆忙和急于变革的社会氛围使得该法未能充分考虑实现特定目的之手段的科学性。

1950 年《中华人民共和国婚姻法》不仅在规范上与旧法统相决裂，而且配套了相应的社会运动。在该法颁布后的 1952 年，中共中央和政务院分别发布了相关的通知和指示，在全国开展贯彻婚姻法的运动。从现有的

① 需要注意的是，囿于当时的革命形势，于 1931 年的《中华苏维埃共和国婚姻条例》相比，《中华苏维埃共和国婚姻法》做了一些非根本性的妥协，如放弃了绝对化的离婚自由。参见汤水清：《苏区新式婚姻制度的建立和发展》，载《党的文献》2010 年第 4 期。

② 黄宗智：《离婚法实践：当代中国民事法律制度的起源、虚构和现实》，载黄宗智主编：《中国乡村研究》（第 4 辑），社会科学文献出版社 2006 年版，第 27 ~ 28 页。

研究成果来看，此次运动总体上取得了较为满意的结果，一定程度上解决了《中华民国民法》所带来的法律革命与社会革命脱节的问题。[①]

三、家庭法的独立和游离

新中国成立后，家庭法不仅在立法上长期游离于民法，而且相应的学术研究亦长期脱离于民法。家庭法在立法上的游离与对苏联法的继受存在很大的联系。以苏联为代表的社会主义国家和以瑞典为代表的北欧国家被认为是家庭法自成体系的典范。在实证层面，与1950年《中华人民共和国婚姻法》的顺利颁布相比，从1954年全国人大常委会组织起草民法开始到21世纪初的那场民法典运动，整体性的民法典一直处于流产状态。[②]婚姻家庭法在立法上已经自成一体，呈现出自己独有的立法特色。与此相对应的是，婚姻家庭法的研究受到了实证法的影响，与民法的研究渐行渐远。婚姻家庭法的研究在新中国成立后深受苏联婚姻家庭法学的影响。这种影响首先表现在将婚姻家庭法学作为民法学之外的独立学科。[③]即使在苏联解体后，俄罗斯的主流意见仍然认为，民法的调整对象并不包含家庭

---

① 马冀：《新中国成立初期贯彻婚姻法运动论述》，载《江西社会科学》2010年第4期；李洪河：《新中国成立初期贯彻〈婚姻法〉运动中的社会问题及其解决》，载《中共党史研究》2009年第7期；刘景范：《中央贯彻婚姻法运动委员会关于贯彻婚姻法运动的总结报告》，载《新华月报》1953年第12号；欧阳小松：《新中国〈婚姻法〉在附件的宣传与贯彻（1950~1953）》，载《党史教学与研究》1995年第2期；杨丽萍：《新中国成立初期上海贯彻婚姻法运动》，载《中共党史研究》2006年第1期；张成洁：《新中国第一部〈婚姻法〉宣传与贯彻运动论述》，载《河南师范大学学报》（哲学社会科学版）2008年第1期；邓智旺：《新中国成立初期中国共产党在婚姻法运动中的社会动员》，载《中共浙江省委党校学报》2012年第4期；范连生：《构建与嬗变：新中国成立初期〈婚姻法〉在黔东南民族地区的推行》，载《当代中国史研究》2012年第6期；王思梅：《新中国第一部〈婚姻法〉的颁布与实施》，载《党的文献》2010年第3期。

② 有关新中国成立后的民法立法活动回顾与评析，参见张新宝、张红：《中国民法百年变迁》，载《中国社会科学》2011年第6期。

③ 马忆南：《二十世纪之中国婚姻家庭法学》，载《中外法学》1992年第2期；李秀清：《新中国婚姻法的成长与苏联模式的影响》，载《法律科学》2002年第4期。

关系，家庭法是独立的法律部门。

虽然1986年颁布的《中华人民共和国民法通则》涉及了婚姻家庭法（特别是补充了1980年婚姻法所未能涉及的监护制度），但总体而言，改革开放之后婚姻家庭法的发展仍然存在对苏联法学的路径依赖。独立论与回归论仍然是新世纪学术争论的一个焦点。[①] 从民法学的发展来看，虽然我国民法学在改革开放后逐步摆脱了苏联法学和本土闭门造车的影响，研究的方法也逐渐从“意识形态”式争论回归到了教义学的常态，但是民法学者涉猎家庭法研究的仍然是少数。很多学者在对民法进行宏观分析时仍然将家庭法排除在外。[②] 而家庭法学在改革开放后未能回到继受德国法的正常状态（对比我国台湾地区亲属法对于德国法的持续继受），在研究方法上以注释法条和解决实际问题为导向，乐于“立法对策研究”而疏于对家庭法的学科基础理论进行研究，缺少教义学方法论上的自觉。[③] 除在民法典运动中的偶尔交集以外，中国家庭法与民法无论是在实证法角度还是在学术研究角度都长期处于分离状态。这种分离状态在改革开放后民法回归继受，而家庭法则排斥继受时显得更为突出。

不过家庭法在民法之外游离并非一无是处，家庭法更少地受制于民法

---

① 关于此问题的争论，参见巫若枝：《三十年来中国婚姻法“回归民法”的反思：兼论保持与发展婚姻法独立部门法传统》，载《法制与社会发展》2009年第4期；雷春红：《婚姻家庭法的地位研究》，法律出版社2012年版；雷春红：《婚姻家庭法的定位：“独立”抑或“回归”：与巫若枝博士商榷》，载《学术论坛》2010年第5期；邓丽：《论民法总则与婚姻法的协调立法：宏观涵摄与微观留白》，载《北方法学》2015年第4期；曹诗权：《中国婚姻法的基础重构》，载《法学研究》1996年第3期；夏吟兰：《论婚姻家庭法在民法典体系中的相对独立性》，载《法学论坛》2014年第4期；郑晓剑：《从形式回归走向实质回归：对婚姻法与民法关系的再思考》，载《河南财经政法大学学报》2012年第3期；巫若枝：《论中国婚姻在法律体系中地位研究之误区：兼与婚姻法私法论商榷》，载《中华女子学院学报》2006年第5期。

② 例如，柳经纬在回顾百年中国民法学的发展时，即将婚姻家庭法排除在外。参见柳经纬：《回归传统：百年中国民法学之考察之一》，载《中国政法大学学报》2010年第2期。

③ 杨大文、马忆南：《新中国婚姻家庭法学的发展及我们的思考》，载《中国法学》1998年第6期。

的“范式”控制，从而为自身独立的发展创造了条件。首先，家庭法可以更为灵活地根据社会经济状况的变化进行调整。其次，中国家庭法学对于社会科学进路的依赖程度远远高于德国。新中国成立以来，家庭法学的发展一直强调对本土经验的归纳总结，因而对于“田野调查”极为重视。[①]另外，家庭法适时地引入了大量法社会学的研究方法。[②]这些社会科学方法论的引入极大地丰富了中国家庭法学的研究。事实上，这与我们前文所描述的家庭法在形而下层面的变化趋势也是契合的。

与德国家庭法的发展相比，我国家庭法的发展与宪法之间的关联较弱。这在很大程度上是因为我国缺乏宪法诉讼制度，进而导致学术研究欠缺相应的质料。我国家庭法改革的动力并不直接来源于宪法。特别需要注意的是，新中国成立后第一部婚姻法在时间上也早于第一部宪法，主张“宪法秩序塑造了家庭法”是不确切的。二者都是社会主义价值秩序的具体反映。但是，我国家庭法的发展明显地受到国际公约的影响。我国加入的诸如联合国《消除对妇女一切形式歧视公约》和《儿童权利公约》之类国际公约对于我国家庭法和家庭法学的发展都产生了重要影响。[③]

---

① 例如，由巫昌祯和夏吟兰主持的 2001 年婚姻法执行状况调查，参见巫昌祯、夏吟兰:《婚姻法执行状况调查》，中央文献出版社 2004 年版；由蒋月主持的福建省夫妻财产状况调查，参见蒋月:《夫妻财产制若干重大问题思考》，载《现代法学》2000 年第 6 期。

② 例如，过去十余年间，社会性别分析方法在家庭法研究中产生了较大的影响力。代表性的论文如彭艳崇:《论夫妻财产权的平等保护：对婚姻法司法解释的社会性别分析》，载《妇女研究论丛》2013 年第 3 期；梁琳:《社会性别视角下的夫妻非常财产制：兼评我国婚姻法司法解释（三）第四条的规定》，载《中华女子学院学报》2012 年第 5 期；彭黎、李明舜:《我国婚姻家庭立法的社会性别分析》，载《中华女子学院学报》2010 年第 2 期；郭慧敏:《社会性别与妇女人权问题：兼论社会性别的法律分析方法》，载《环球法律评论》2005 年第 1 期；周安平:《社会性别的法律建构及其批判》，载《中国法学》2004 年第 6 期。

③ 蒋月:《人权视野下婚姻家庭法最近六十年的变迁及其对我国的启示》，载《厦门大学法律评论》（第 17 辑），厦门大学出版社 2009 年版；尹龄颖:《〈儿童权利公约〉在中国的实施》，载《研究生法学》2015 年第 1 期。

综上，新中国成立后家庭法领域所发生的法律革命以及接踵而至的社会革命催生了家庭法长期的独立和游离。这种独立和游离一方面使得家庭法的回归面临诸多困境，另一方面为社会科学方法在家庭法中的应用创造了更大的空间。

第三节 民法典编纂与中国家庭法的未来

一、家庭法的“教义学”改造、对接与融贯

家庭法回归民法几乎已经成为当下民法典编纂运动的一项共识。[①] 在经历长期的独立与游离之后，这种回归比德国当年婚姻法回归民法典面临更大的困难。改革开放之后，民法回归双重继受状态，回归到教义学，而家庭法受制于路径依赖，继续保持独立与游离状态，在方法论上亦与民法渐行渐远。既然现在的目标是回归民法，那么我们所面临的问题主要是家庭法如何科学回归民法的问题。“科学”回归民法的首要含义在于家庭法需要进行“民法教义学”的范式改造，从而实现与民法体系上的对接。换言之，我们需要打破卢曼意义上的“自创生”系统的边界，实现系统间的融合与对接。当然这种融合与对接存在两种模式。一种是大民法模式，即承认“财产法”和“家庭法”的差异，放弃统一的总则模式，采用类似于《荷兰民法典》的并轨模式。这种模式的好处在于，家庭法不断改革的要求与民法整体的稳定性之间不会产生巨大的冲突。正如苏永钦教授所言，

① 早在21世纪初的那场民法典运动中，婚姻家庭法学者就形成了回归民法的普遍认识，但伴随着那场民法典运动的流产，学者们对此问题又有了争论。不过，从当前的观点来看，回归论仍然是主流的观点。参见巫昌祯:《民法法典化与离婚制度的完善》，载《山东大学法律评论》2003年第3期；夏吟兰:《论婚姻家庭法在民法典体系中的相对独立性》，载《法学论坛》2014年第4期。

“社会改革所产生的压力将模糊市民法的图像，并且将民法典变成民事法典”。[①] 大民法的本质就是民事法典，而非传统意义上的市民法典。

不过，我国此次民法典编纂并没有采纳这种并轨模式，而是采纳了传统的潘德克吞体系。这样，家庭法所面临的“教义学”改造和体系对接的问题更为严峻。要实现这种教义学改造和对接，主要应从两个方面着手。一是正确处理家庭法与民法总则之间的关系。诸如监护应当归入家庭法还是民法总则自然人部分之间的争论一直是存在的。更为重要的是，家庭法需要以特别规定来排除总则中某些规定的适用。只要采用单一总则模式，就不可避免地涉及家庭法对总则一般性规定的排除。只要家庭法在未被债法完整吸收之前，这种排除就是必要的。事实上，在很多学者看来，《德国民法典》总则编的多数内容都是不能适用于家庭法的。[②] 只要家庭法没有完全纯化为技术规则，总则作为提取公因式这一教义学方法的结果就面临效力难以全面化的困境。二是要实现家庭法内部的“教义学”改造。这种改造应当包含三个方面：一是删除纯宣示性的规定，让家庭法整体回归技术性规则本质；二是实现概念体系的纯化和精确，充分考虑与总则、债法和物法中概念的对接；三是改变“宜粗不宜细”的立法思想，充分融入现有司法解释中的合理规定。这种教义学改造的任务是极其繁重的，小到具体概念的选择和精确化，大到整个体系的对接都需要长期细致的工作。

就第一项任务而言，家庭法若要回归民法典，就应当首先涤除其“社会运动”纲领的任务，明确其私法属性。家庭法应当逐渐摆脱“移风易俗”的目标，回归私法权利义务规范的本质。同时，家庭法应当将与婚姻

---

① 苏永钦:《私法自治中的国家强制》，中国法制出版社 2005 年版，第 89 页。

② 持此观点的学者如余延满、于飞、海因・科茨等。参见余延满:《亲属法原论》，法律出版社 2007 年版，第 45 ~ 48 页；于飞:《公序良俗原则研究：以基本原则的具体化为中心》，北京大学出版社 2006 年版，第 198 ~ 201 页;［德］罗伯特・霍恩、海因・科茨、汉斯・G. 莱塞:《德国民商法导论》，楚建译，谢怀栻校，中国大百科全书出版社 1996 年版，第 102 页。

家庭相关而已经或者应当由其他法律规制的内容移除家庭法。最为典型的便是现行《中华人民共和国婚姻法》第16条关于计划生育义务的规定。计划生育义务已经在《中华人民共和国人口与计划生育法》中得到了详细的规定，在作为私法的家庭法中毋庸赘述。作为民法构成的婚姻法不应当成为普法手册。又如现行《中华人民共和国婚姻法》第43条所规制的家庭暴力行为已经在《中华人民共和国反家庭暴力法》中得到了规制，作为私法的家庭法不应负载过多的任务。因而，只有将现行《中华人民共和国婚姻法》中大量的以社会宣教和移风易俗等为目的的规定以及已经或者本应由其他法律（如刑法、行政法、民事诉讼法）来进行规定的内容移除，家庭法才能回归其私法属性，才能与民法其他部分实现融洽和对接。

就概念的精确化和科学化而言，我国现行婚姻家庭法在概念上不严谨时常导致司法实践的混乱。以"抚养"和"直接抚养"为例，2001年《中华人民共和国婚姻法》第36条以"直接抚养"这一概念替换了1980年《中华人民共和国婚姻法》第29条所使用的"抚养"概念，进而实现了概念上的区分。但是2001年《中华人民共和国婚姻法》第37条仍然使用"抚养"的概念来指涉"直接抚养"，并没有坚持上述概念的区分。加之司法解释中"随某某生活"概念的加入，使得我国法院在使用相关概念时出现了混乱的状态。[①] 再者，学界对于我国在民法中是否应当引入父母照顾、父母责任或者对子女的权利和义务之类的概念仍然缺乏精细论证，[②] 而家庭法回归民法必然面临概念的精确化问题。此外，我们还注意到，部分学者受法律继受滞后性的影响，未能考虑家庭法在过去半个世纪中的巨大变

① 关于此问题的详细分析，参见夏吟兰、陈汉、刘征峰：《涉台婚姻离婚后子女抚养权、探视权保障研究》，载《海峡法学》2015年第2期。

② 有学者主张在"民法典婚姻家庭编"，引入父母责任作为上位法律术语。参见夏吟兰：《比较法视野下的"父母责任"》，载《北方法学》2016年第1期。但是，从现在的情况来看，大陆法系国家较少采用这一概念的一个重要原因来源于这一概念与民法"教义学体系"之间存在严重的衔接困境。

化，在相关的阐述或者起草的草案中仍然使用了在“德国”和我国台湾地区早已被废止的“亲权”概念。[①] 这些都是我们在家庭法回归民法中所需要注意的问题。

与概念的精确化密切相关的是第三项“教义学”改造任务，即实现家庭法体系上的完备。我国现行家庭法的“粗线条”特征可以追溯至土地革命时期。我国现行家庭法的主要特征在于重视原则而轻视规则。这与上文所述的“家庭法任务过载”现象存在密切的关系。家庭法在首要的意义上被视作社会革命的蓝皮书。改革开放之后，我国家庭法虽然在内容上有所扩充（2001 年《中华人民共和国婚姻法》的条文数量从 37 条扩充到了 51 条），但是仍然表现出了“宜粗不宜细”的立法思想。[②] 但从条文数量上来看，即使合并上收养法的相关条文，对比其他国家家庭法的条文数量（如德国 625 条、瑞士 365 条），我国家庭法的条文数量仍然是非常少的。如果说改革开放之初，坚持“宜粗不宜细”的立法思想有其特定的历史原因，[③] 那么现在无论是法制建设条件，还是学术研究水平都有了大幅度的提升，仍然坚持粗框架的立法思想与民法典的精细完备理想无疑是背道而驰的。与粗线条的家庭法立法相对应的是体系庞大的司法解释。司法解释在条文数量上已经远超婚姻法本身。事实上，司法解释已经早已超越“解释”的范畴，而是填补了婚姻法粗线条立法不可避免出现的诸多漏洞。立法的粗陋为司法解释的发挥创造了空间，但同时也带来了体系上的混乱与

① 杨立新：《中华人民共和国民法总则（草案）建议稿》，载《河南财经政法大学学报》2015 年第 2 期；夏吟兰、高蕾：《建立我国的亲权制度》，在《中华女子学院学报》2005 年第 4 期；蒋月、韩珺：《论父母保护教养未成年子女的权利义务：兼论亲权与监护之争》，载《东南学术》2001 年第 2 期；裴桦：《亲权与监护立法之比较》，载《甘肃政法学院学报》2004 年第 5 期；杨立新：《家事法》，法律出版社 2013 年版，第 242 页。

② 李洪祥：《我国民法典立法之亲属法体系研究》，中国法制出版社 2014 年版，第 66 页。

③ 万其刚：《对“宜粗不宜细”的新思考》，载《法学杂志》1997 年第 6 期。

臃肿，更产生了对司法解释越权的质疑。[①] 在此次民法典编纂中，家庭法毫无疑问应当以体系上的完备为重要目标，将其他单行法和司法解释中的合理规定融贯到家庭法之中。

在教义学改造之中，家庭法面临的一个重要问题是如何减少教义学改造与社会科学方法论之间的冲突。我国家庭法学者在进行研究时已经具备采纳社会科学研究成果的自觉性，而传统民法学者通常缺乏这种自觉性。家庭法回归民法的“教义学”改造并不是要完全排斥社会科学方法的使用。与此相反，现代家庭法的科学性特征指向社会科学。诸如是否应当将共同照顾视为离婚后父母子女关系的一般模式这样的问题并不能从教义学的推导中得到合理化的依据。不过社会科学所提供的结论并不能产生“合法”与“非法”的品质。这些碎片化的知识需要借助于民法教义学进行加工。郑永流教授指出，“经验性命题需要解释和论证转化为规范命题”。[②] 这正是家庭法学者存在的意义所在。且不论与家庭法密切相关的社会学、心理学和教育学等学科所提供的经验性事实结论的可靠性，如果没有民法教义学的转换，它们并不能当然地成为法律。正如比利时学者弗朗索瓦·奥斯特（François Ost）和米歇尔·范·戴科乔夫（Michel van de Kerchove）所言：

法律的跨学科理论（interdisciplinary theory of law）要求在发展外在解释视角的同时考虑法律体系的内在视角。但是跨学科路径可能带来两个相互对立的危险。第一种危险是忽略内部视角及其学术合理化将导致将法律降格为事实。第二种危险是法律科学在将外部视角纳入考虑时的思维放纵

① 对婚姻法司法解释的批判，参见季长龙：《法律解释的中国特色及其对我国法律体系完善的影响》，载《苏州大学学报》（哲学社会科学版）2012 年第 6 期；姜宇：《我国司法解释制度的困境与修正：以〈婚姻法解释三〉为视角》，载《上海政法学院学报》（法治论丛）2013 年第 1 期；陶婷：《司法解释的合法性危机：以〈婚姻法解释（三）〉为视角》，载《中南大学学报》（社会科学版）2013 年第 1 期。

② 郑永流：《重识法学：学科矩阵的建构》，载《清华法学》2014 年第 6 期。

和伪科学性。①

通过民法教义学对家庭法进行改造在本质上是一种规范性改造。这些事实必须要通过“法教义学这样一种意义科学（science of meaning）”②上升为具有法律效力的规范。“法教义学通过使用主体间可靠的概念工具来实现人类自我评估、约束以及规制社会行为的目的，而它们的正当化基础不仅是一项科学问题，更是关于人类自由和道德责任的深思熟虑。”③现代的教义学已经摆脱了传统概念法学的窠臼，迈向了评价法学（Wertungsjurisprudenz）的新阶段。在这一阶段，形式逻辑只是一种手段，而非目的本身。与此类似，社会科学为家庭法所提供的事实性结论也并非目的，而只是导向目的的一种素材。立法者必须首先要考虑的是与家庭法相关的人权公约和宪法所确立的价值秩序。只有在人权公约和宪法所确定的价值秩序内，民法教义学和社会科学才是有意义的。社会科学所揭示的那些事实只有通过规范性改造才能转变为法律。这种规范性改造实际上已经包含了价值融入。以“社会意义上的亲子关系”或者“事实婚姻”为例，社会科学所提供的经验性数据以及理论上的功能主义视角只是“法律的事实研究”，并不能产生任何有效的法律规范。教义学的工作不仅是将这些事实进行范式处理，而且需要对它们进行价值评价。毕竟“科学

① François Ost and Michel van de Kerchove, “Towards an Interdisciplinary Theory of Law”, in Aleksander Peczenik, Lars Lindahl and Bert Van Roermund, eds., *Theory of Legal Science*, Holland, D. Reidel Publishing Company, 1983, p.505.

② Aulis Aarnip, “Paradigms in Legal Dogmatics toward a Theory of Change and Progress in Legal Science”, in Aleksander Peczenik, Lars Lindahl and Bert Van Roermund, eds., *Theory of Legal Science*, Holland, D. Reidel Publishing Company, 1983, p.31.

③ Aulis Aarnip, “Paradigms in Legal Dogmatics toward a Theory of Change and Progress in Legal Science”, in Aleksander Peczenik, Lars Lindahl and Bert Van Roermund, eds., *Theory of Legal Science*, Holland, D. Reidel Publishing Company, 1983, p.31.

不能为价值判断的正确性提供说明”，① 无论是形式逻辑还是社会科学都无法替代不可或缺的价值判断。在家庭法领域，伴随着价值多元社会的来临和自然伦理秩序的崩溃，价值评价的标准从基督教伦理或者儒家伦理之类伦理规范转向了相对“客观”的由人权公约和宪法所确定的价值体系。② 在我国家庭法回归民法的过程中，应当注意社会科学在事实上的供给、宪法和人权公约在价值上的供给以及民法教义学在概念上的供给三方面的结合。回归民法的同时也是回归宪法，回归两种意义上的科学。

综上，在我国基本确定的单轨制模式下，家庭法的回归面临更多的教义学改造任务。最为重要的任务是让家庭法在回归民法前剥离非私法之目标。回归民法并不是将家庭法强行塞入继受而来的民法教义框架之内，而是需要在方法论上承认其在形而上和形而下两方面的特殊性。

二、后民法典时代的家庭法发展

在家庭法回归民法之任务尚未完成时，探讨后民法典时代家庭法的发展似乎为时尚早。不过，“关心脚下”与“仰望星空”之间断不是完全割裂的。回归民法典从某种意义上来说只是我国家庭法发展的一个阶段。单轨制模式的回归也并不代表将来不能对这一体系进行突破。只要家庭法未能完全融入债法，双轨制模式实际上优于单轨制模式。从更为宏观的角度来看，统合作为私法的家庭法以及与家庭相关但不属于私法的其他法律（如与儿童保护、家庭保护、家庭社会福利、反家庭暴力和家事程序等相关的法律）于一部单独的家庭法典中也是未尝不可的。例如美国《加州家

---

① 马克斯·韦伯语，转引自［德］卡尔·拉伦茨：《法学方法论》，陈爱娥译，商务印书馆2003年版，第3页。

② 英国学者赫林指出，家庭法越来越不愿作出被我们视为道德判断的结论。See Jonathan Herring, *Family Law*, 4th ed., London, Longman, 2009, p.24. 但这并不表明家庭法中不存在价值判断，这种价值秩序来源于整体社会的共识框架——人权公约和宪法。

庭法典》（California Family Code）几乎囊括了除刑法和刑事程序法之外的所有与家庭相关的法律。该法典共 17 个部分，20043 条。[①] 这种突破公法与私法传统二分界限的立法模式的优点仍有待论证。值得注意的是，作为传统大陆法系国家的巴西亦在最近启动了对这种既包含实体法内容也包含程序法内容的一体化新型家庭法典模式的立法讨论。[②] 毫无疑问家庭法立法模式的改变是未来我国家庭法改革的重要议题。

更为重要的是，家庭法的区域融合与统一已经成为当下学术研究的热点问题。中国家庭法能否与东亚其他国家家庭法实现融合呢？如果说斯堪的纳维亚国家在一百余年前的融合只是一种例外，那么现在家庭法的融合与统一已经不再是令人称奇的话题。玛丽·安·格兰登（Mary Ann Glendon）教授在 30 余年前讨论西方堕胎问题时表现出的比较家庭法和家庭法融合的悲观情绪似乎已经弥散。[③] 在欧洲，成立于 2001 年的欧洲家庭法学会 CEFL 的工作大幅度地推进了这一进程。[④] 虽然说与商业领域法律规则的全球化融合相比，家庭法的融合仍然显得困难重重。在东亚，由于继受德国法族的共同背景，在民法领域的长期化的交流与合作机制已经形成。例如，从 2011 年开始，在我国大陆地区、台湾地区、韩国和日本学者的共同倡议下，形成了东亚民法学术大会的定期交流平台。另有亚洲合同法论坛和东亚侵权法学会等长效化的交流合作平台。后两者在起草区域

---

① 这 17 个部分分别为：序言及定义，一般规定，家庭伴侣注册，婚姻，婚内的权利和义务，调解程序，婚姻的无效、解除和分居，财产分割，对儿童的监护，供养，家庭暴力的制止，未成年人，父母子女关系，收养，家庭法协调员法，支持服务，实验项目。See "California Family Code", http://www.leginfo.ca.gov/.html/fam_table_of_contents.html, December 21, 2015.

② Bernardo B. Queiroz de Moraes, "Family Law from Pufendorf to the Twenty-First Century: Systems and Microsystems", *Forum Historiae Iuris*, 2016, para.41.

③ See Mary Ann Glendon, *Abortion and Divorce in Western Law*, Massachusetts, Harvard University Press, 1989.

④ See Katharina Boele-Woelki, "The Principle of European Family Law: Its Aims and Prospects", *Utrecht Law Review* 1, 2005, p.160.

化的示范原则方面已经初现成果。[①]但是在家庭法领域，东亚尚未形成任何实质性和长期性的交流平台，更没有形成任何示范性规则。东亚民法的上述融合努力在某种程度上是仿效欧洲民法融合的结果。[②]而在欧洲，家庭法的融合进程比民法的融合和一体化进程要缓慢得多。这种滞后从某种程度上印证了前述“家庭法例外主义”在当下仍然是有生命力的。虽然东亚家庭法所寄居的民法存在继受德国法族的大背景，但是在家庭法方面是否存在对德国法的继受是值得怀疑的。以夫妻财产制为例，我国台湾地区从以前联合财产制开始到如今的增益共同制大致上属于继受德国法族的结果。日本和韩国现在已经将分别财产制作为法定财产制，与德国法族的差距明显。我国大陆地区仍然坚持继受自苏联的婚后所得共同制。虽然东亚国家在男女平等、非婚生子女保护等方面存在大致共识，但是各国对此问题的认识仍然是存在差距的。例如在夫妻是否应同姓这一问题上，韩国、我国台湾地区、大陆地区均无这一强制要求，而日本最高院在 2015 年年底的诉讼中仍然在裁定禁婚期违宪的同时裁定民法第 750 条关于夫妻同姓的规定符合宪法。[③]联合国消除妇女歧视委员会对此提出了

---

① 亚洲合同法论坛的目标在于起草一套适宜于亚洲经济交往需要的规则和原则——亚洲合同法原则（PACL），参见韩世远:《亚洲合同法原则：合同法的“亚洲声音”》，载《清华法学》2013 年第 3 期。东亚侵权法学会已经完成《东亚侵权法示范法》（草案）的起草工作，并相继进行修订和完善。参见杨立新:《东亚地区侵权法实现一体化的基础及研究任务》，载《朝阳法律评论》2010 年第 2 期；张铁薇、王竹:《制定〈东亚侵权法示范法〉的设想和展开：东亚统一侵权法国际研讨会暨东亚侵权法学会第一次年会综述》，载《北方法学》2010 年第 6 期。

② 在 Ralf Michaelsh 和 Nils Jansenkan 看来，私法的欧洲化实际上包含三个层次的内容：欧盟层面、跨国法律科学层面和规则竞争层面。See Ralf Michaelsh and Nils Jansen, “Private Law beyond the State? Europeanization, Globalization, Privatization”, *The American Journal of Comparative Law* 54, 2006, pp.861-864. 由于东亚国家缺乏欧盟这样的实体，故而法律的融合只能是后两种含义上的。

③ 平成 26 年（オ）第 1023 号 損害賠償請求事件，平成 27 年 12 月 16 日 大法廷判決；平成 25 年（オ）第 1079 号 損害賠償請求事件，平成 27 年 12 月 16 日 大法廷判決。

强烈批评。从以上两例中，我们不难发现，虽然东亚国家存在较为相似的文化背景，也存在民法继受德国法族的历史背景，但是在家庭法融合上仍然面临难题。

结　论

自文艺复兴以来，科学主义的这面大旗产生了难以与之匹敌的号召力和吸引力。一切研究均以标榜科学为荣。这导致了包含法学在内的诸多学问的哥白尼大转向。哈耶克将这种现象称为“惟科学主义”——“对科学语言和方法的奴性十足的模范”。[①] 德语世界中，法学从作为学问的Rechtsgelahrtheit、Jurisprudenz转向了作为科学的Rechtswissenschaft。[②] 萨维尼在使用法律科学（Rechtswissenschaft）这一用语的同时，对家庭法和财产法这一根本性的区分做了深刻的剖析。财产法在肇始于莱布尼茨“社会数学”的伟大设想中汲取到了营养，通过理性这一工具，迈向了“概念法学”的巅峰。通过体系建构，财产法形成了作为知识谱系的民法教义体系。萨维尼不仅被“理解成19世纪法学的历史——教义学方向，而且还是历史—社会学方向的鼻祖”。[③] 一方面，家庭法中处处浸染了萨维尼民族精神的观念。另一方面，财产法则成为“萨维尼自主的、封闭的法律体

---

① [英] 弗里德里希·A. 哈耶克:《科学的反革命：理性滥用之研究》，冯克利译，译林出版社2003年版，第6页。

② 郑永流:《法学方法抑或法律方法》，载郑永流主编:《法哲学与法社会学论丛》，中国政法大学出版社2003年版，第20～21页;[德] 扬·施罗德:《19世纪的德国法律科学：理论及其与法律实务的联系》，载米健主编:《中德法学学术论文集》(第2辑)，中国政法大学出版社2006年版，第103页。

③ [德] 弗里德希·卡尔·冯·萨维尼:《历史法学派的基本思想》(1814—1840年)，[德] 埃里克·沃尔夫编，郑永流译，法律出版社2009年版，第42页。

系模式的起始点”。[①] 财产法实际上已经成为“体系化”的法律科学的标杆。在这一封闭的体系中，民法成为卢曼意义上自我生成、自我区分的系统——“法律是自己生产它所应用的所有的区分和表述，法律的统一性不是别的，而是就在于自我生产及自我生成这一事实”。[②]19 世纪法律科学这一伟大同时也带有“知识的狂妄”[③] 特性的创举在 20 世纪遭受到了来自各个方面无情的批判。这种批判集中于这种法学家塑造的科学与现实生活的脱离（特别是关于物权行为理论的批判）。庞德在《通过法律的社会控制》开篇即援引了威廉·詹姆斯的一段警告。这段警告同样适用于对“概念法学”的批判——“任何一个问题的最大敌人就是这一问题的教授们……教授从其他人的关系中去认识那些生活和自然界的事实，并且假定这些东西都是别人给予他的……他从这些事实中进行概括并整理出各种概念和理论来，然后再从中推论出更多的概念和理论，根据这些事实，他建立起一套顽强的、违反生活和自然界事实的和非常固执的教义，并企图使生活和自然界符合他的理论模型”。[④] 虽然我们强调民法在 20 世纪的诸多调整以及在“异质命题”和“同一命题”争论中民法自身系统自主性的丧失，[⑤] 但不可否认的是民法科学的根基仍然是法教义学。被唾弃的“概念法学”中所包含的方法对于发展至今的教义学来说，仍然是不可或缺的。民法作为实证法律科学这一本质没有发生根本性变化。

① ［德］乌尔弗里德·诺依曼:《法律教义学在德国法文化中的意义》，郑永流译，载郑永流主编:《法哲学与法社会学论丛》（五），中国政法大学出版社 2002 年版，第 20 页。

② ［德］卢曼:《社会的法律》，郑伊倩译，人民出版社 2009 年版，第 10 页。

③ ［德］格尔哈德·恩格尔:《知识的狂妄：哈耶克与卡尔·波普尔的批判理性主义》，载［德］格尔哈德·帕普克主编:《知识、自由与秩序——哈耶克思想论集》，黄冰源等译，中国社会科学出版社 2001 年版，第 76 ~ 109 页。

④ ［美］罗斯科·庞德:《通过法律的社会控制》，沈宗灵译，楼榜彦校，商务印书馆 2008 年版，第 2 页。

⑤ 关于“异质命题”和“同质命题”的争论，参见［德］约格·诺伊纳:《基本权利对德国私法的影响》，张青波译，载郑永流主编:《法哲学与法社会学论丛》（第 19 卷），法律出版社 2015 年版，第 98 ~ 100 页。

与此相对的是，作为独立范畴的家庭法从诞生那一刻开始就不是自足的体系。与此相反，它必须求助于外在的体系。最初，自然伦理秩序扮演了这样一种角色。这种自然伦理秩序决定了家庭法与“法律科学”的隔离。这种自然伦理秩序的先验性与民法的实证性形成鲜明的对比。在此后的发展中，伴随着“世俗化所带来的理性祛魅”，家庭法所依赖的外在体系发生了根本性变化。在形而上的层面，伴随着自然伦理秩序的崩溃，宪法中的基本权利和人权公约中的人权适时地填补了这一空缺，形成了形而上的客观价值体系。作出“宪法和人权公约”塑造了现代家庭法的论断是恰当的。另一方面，“经验化的社会科学渗透入了整个家庭法”，家庭法迈入了另外一种科学的范畴。在这层含义上，家庭法的科学性不是来源于体系内，而是来源于体系外。从上述两方面的转变来看，民法教义学体系与家庭法之间的对立状态仍然是持续存在的。

与此同时，我们注意到了家庭法与民法教义体系之间的融合，准确地来说是家庭法中的私法部分与民法教义体系之间的融合。这是由于家庭法在性质上已经脱离了纯私法的范畴。社会学的奠基人涂尔干早在一百余年前就指出了类似的趋势。他认为，“家庭义务在不断增加的同时，也慢慢具有了一种公共性质……社会对这些义务的干预和控制的手段在不断改变的同时也不断强化，其主要原因在于处于中间环节的社会所产生的作用在逐渐减小”。[①]当家庭不再是一个处于伦理专制下的“自治体”（autonomous society）时，其不可避免地产生了两种相互对立的趋势。一种趋势恰如涂尔干所言，我们目睹了国家对家庭干预的增加。特别是在亲子关系法领域，国家的干预在过去一个世纪中得到了强化。家庭成员之间的关系不再单纯归属于私法范畴。德国联邦普通法院认为，“作为缔约方的家庭成员

① See Émile Durkheim, *The Division of Labor in Society*, New York, Free Press, 1964, pp.206-210.

在调整他们依据婚姻所产生的供养义务时不能有悖于整体社会福利”。① 家庭法与社会福利法、劳动法、税法等其他部门法之间的联系在过去一个世纪中得到空前的强化。另一方面，家庭法又朝着私人化的方向发展。以美国为例，家庭法在过去二十年间的主要转变表现为“道德论证的式微以及将责任从法律转向过去由法律规制的人们”。② 价值的多元化使得法律在塑造模范家庭方面的功能日益衰弱。家庭法的这种主观化趋势不仅表现在程序法上（调解和和解），也表现在实体法上。家庭法的视角从有机化的家庭整体拉入个人。家庭法中的法律关系也逐渐演变为完整的个人之间的关系。“超自然秩序的解体”使得“作为义务和安全基础的人身依附关系”和“信赖关系”被“货币价值的财产和契约所替代”。③ 但替代并不是彻底的，因而迄今为止即使是作为私法的家庭法也未能被债法完全吸收。④ 这导致了家庭法与民法教义体系的融合出现了某些难题。

从另外一个角度来看，民法教义体系在家庭法续造中发挥了特别的作用。这种特别作用表现在两个方面：一是民法教义体系为家庭法的续造提供了智识上的供给。尤其是，民法教义体系为家庭法续造提供了类推的目标。但与此同时，民法教义学对于家庭法的续造进行了“范式”上的控制。这种控制主要指向这样一种事实——民法教义学为家庭法中的法律问题提供了论证的模型。

---

① BGHZ 86，82［88］.

② Carl E. Schneider，“Moral Discourse and the Transformation of American Family Law”，*Michigan Law Review* 83，1985，p.1803.

③［德］罗尔夫·克尼佩尔：《法律与历史：论〈德国民法典〉的形成与变迁》，朱岩译，法律出版社2003年版，第182页。

④ 即使承认家庭成员之间的人格独立以及他们之间产生债权债务的可能性，《德国民法典》也为这些债权债务设置了特殊的规则。一个典型的例子是，《德国民法典》第207条规定了家庭成员之间请求权时效的停止。这样的规定被认为是为了维持家庭的和平。See Basil Markesinis，Hannes Unberath and Angus Johnston，*The German Law of Contract：A Comparative Treatise*，2nd ed.，Oxford，Hart Publishing，2006，p.490.

就中国家庭法的走向而言，其与民法教义学的关系则更为复杂。在当下的民法典编纂运动中，民法已经基本回归对德国法族的继受。[①] 这种继受是法律和法学的双重继受。家庭法在继受苏联传统和归结本土“革命”经验之后，长期处于游离和独立状态。在家庭法回归民法的大前提之下，家庭法必须进行“教义学”上的改造，以实现与民法之间的对接和融贯。

综上，现代家庭法只有在与财产法所形成的实证教义体系的对比中才能对自己形成准确的定位。即使家庭法与债法融合，也仅仅是因为债法恰好与形而上层面的价值秩序和形而下层面的事实相契合。家庭法的动荡在很大程度上与其谱系上的非教义性存在密切的关系。值得探讨的是，家庭法越来越价值中立化的发展趋势是否预示了家庭法去实体化而迈向程序共和国的未来？这究竟是家庭法的进步还是堕落？

① 准确地说，中国民法现在处于一种被学者所称的“新的混合流派”（new genre of mixite）状态，但继受德国法族仍然是其基本形态。See Esin Örücü, “Mixed and Mixing Systems: A Conceptual Search”, in Esin Örücü, Elspeth Attwooll and Sean Coyle, eds., *Studies in Legal Systems: Mixed and Mixing*, London, Kluwer Law International, 1996, p.351.

参 考 文 献

一、中文著作（含译著）

[1][古罗马]查士丁尼:《法学总论：法学阶梯》，张企泰译，商务印书馆1989年版。

[2][古罗马]盖尤斯:《法学阶梯》，黄风译，中国政法大学出版社1996年版。

[3][法]笛卡尔:《谈谈方法》，王太庆译，商务印书馆2000年版。

[4][法]勒内·达维德:《当代主要法律体系》，漆竹生译，上海译文出版社1984年版。

[5][法]孟德斯鸠:《论法的精神》（上册），张雁深译，商务印书馆1995年版。

[6][法]雅克·盖斯旦、吉勒·古博、缪黑埃·法布赫·马南:《法国民法总论》，陈鹏、张丽娟等译，法律出版社2004年版。

[7][法]雅克·马里旦:《自然法：理论与实践的反思》，[加拿大]威廉·斯威特编，鞠成伟译，中国法制出版社2009年版。

[8][英]托马斯·霍布斯:《哲学家与英格兰法律家的对话》，姚中秋译，上海三联书店2006年版。

[9][英]丹尼斯·罗伊德:《法律的理念》，张茂柏译，新星出版社

2005 年版。

[10][英]丹宁勋爵:《法律的正当程序》，李克强、杨百揆、刘庸安译，法律出版社 1999 年版。

[11][英]弗里德里希·A. 哈耶克:《科学的反革命：理性滥用之研究》，冯克利译，译林出版社 2003 年版。

[12][英]霍布斯:《利维坦》，黎思复、黎亭弼译，杨昌裕校，商务印书馆 1996 年版。

[13][英]凯特·斯丹德利:《家庭法》，屈广清译，中国政法大学出版社 2004 年版。

[14][英]洛克:《政府论》(下篇)，叶启芳、瞿菊农译，商务印书馆 1964 年版。

[15][英]梅特兰等:《欧陆法律史概览》，屈文生等译，上海人民出版社 2008 年版。

[16][英]梅因:《古代法》，沈景一译，商务印书馆 1996 年版。

[17][英]威廉·布莱克生斯通:《英国法释义》，游云庭、缪苗译，上海人民出版社 2006 年版。

[18][英]以赛亚·伯林:《自由论》，胡传胜译，译林出版社 2003 年版。

[19][英]约翰·密尔:《论自由》，许宝骙译，商务印书馆 1959 年版。

[20][美]E. 博登海默:《法理学：法律哲学与法律方法》，邓正来译，中国政法大学出版社 2004 年版。

[21][美]艾伦·沃森:《民法法系的演变及形成》，李静冰、姚新华译，中国法制出版社 2005 年版。

[22][美]本杰明·卡多佐:《司法过程的性质》，苏力译，商务印书馆 1998 年版。

[23][美]波斯纳:《超越法律》，苏力译，中国政法大学出版社 2001

年版。

[24][美]戴维·鲁本:《法律现代性》，苏亦工译，中国政法大学出版社 2004 年版。

[25][美]丹尼斯·劳埃德著，M.D.A 弗里曼修:《法理学》，许章润译，法律出版社 2007 年版。

[26][美]格兰特·吉尔默:《契约的死亡》，曹士兵、姚建宗、吴巍译，中国法制出版社 2005 年版。

[27][美]哈利·D. 格劳斯、大卫·D. 梅耶:《美国家庭法精要》，陈苇等译，中国政法大学出版社 2010 年版。

[28][美]哈罗德·J. 伯尔曼:《法律与革命》(第 1 卷)，贺卫方、高鸿钧、张志铭等译，法律出版社 2008 年版。

[29][美]霍菲尔德:《基本法律概念》，张书友译，中国法制出版社 2009 年版。

[30][美]加里·斯坦利·贝克尔:《家庭论》，王献生、王宇译，商务印书馆 2010 年版。

[31][美]杰弗里·法兰克尔、彼得·奥萨格:《美国 90 年代的经济政策》，徐卫宇等译，中信出版社 2004 年版。

[32][美]理查德·波斯纳:《法律的经济分析》(第 7 版)，蒋兆康译，法律出版社 2012 年版。

[33][美]列奥·斯特莱斯、约瑟夫·克罗波西主编:《政治哲学史》(第 3 版)，李洪润等译，法律出版社 2009 年版。

[34][美]罗杰·伯科威茨:《科学的馈赠：现代法律是如何演变为实在法的？》，田夫、徐丽丽译，法律出版社 2011 年版。

[35][美]罗斯科·庞德:《法理学》(第 3 卷)，廖德宇译，法律出版社 2008 年版。

[36][美]罗斯科·庞德:《法理学》(第 1 卷)，余履雪译，法律出版

社 2007 年版。

[37][美]罗斯科·庞德:《法律与道德》，陈林林译，中国政法大学出版社 2003 年版。

[38][美]罗斯科·庞德:《通过法律的社会控制》，沈宗灵译，楼榜彦校，商务印书馆 2008 年版。

[39][美]马修·戴弗雷姆:《法社会学讲义》，郭星华、邢朝国、梁坤等译，北京大学出版社 2010 年版。

[40][美]尼古拉斯·L. 吉奥加卡波罗斯:《法律经济学的原理与方法：规范推理的基础工具》，许峰、翟新辉译，复旦大学出版社 2014 年版。

[41][美]庞德:《法律史解释》，邓正来译，中国法制出版社 2002 年版。

[42][美]托马斯·库恩:《科学革命的结构》，金吾伦、胡新和译，北京大学出版社 2003 年版。

[43][美]约翰·杜威:《哲学的改造》，许崇清译，商务印书馆 1989 年版。

[44][美]约翰·菲尼斯:《自然法和自然权利》，董娇娇等译，中国政法大学出版社 2005 年版。

[45][美]约翰·罗尔斯:《正义论》，何怀宏、何包钢、廖申白译，中国社会科学出版社 1988 年版。

[46][德]汉斯·布洛克斯（Hans Brox）、沃尔夫·迪特里希·瓦尔克（Wolf-Dietrich Walker）:《德国民法总论》（第 33 版），张艳译，中国人民大学出版社 2012 年版。

[47][德]K. 茨威格特、H. 克茨:《比较法总论》，潘汉典、米健、高鸿钧等译，法律出版社 2003 年版。

[48][德]M. 沃尔夫:《物权法》，吴越、李大雪译，法律出版社 2004 年第 2 版。

[49][德]阿图尔·考夫曼、温弗里德·哈斯默尔主编:《当代法哲学和法律理论导论》，郑永流译，法律出版社2013年版。

[50][德]鲍尔·施蒂尔纳:《德国物权法》，张双根译，法律出版社2004年版。

[51][德]迪尔克·克斯勒:《马克斯·韦伯的生平、著述及影响》，郭锋译，法律出版社2000年版。

[52][德]迪特尔·梅迪库斯:《德国民法总论》，邵建东译，法律出版社2001年第2版。

[53][德]迪特尔·梅迪库斯:《德国债法分论》，杜景林、卢谌译，法律出版社2007年版。

[54][德]迪特尔·梅迪库斯:《德国债法总论》，杜景林、卢谌译，法律出版社2004年版。

[55][德]迪特尔·梅迪库斯:《请求权基础》，陈卫佐、田世永、王洪亮等译，法律出版社2012年版。

[56][德]迪特尔·施瓦布:《德国家庭法》，王葆莳译，法律出版社2010年版。

[57][德]迪特尔·施瓦布:《民法导论》，郑冲译，法律出版社2008年版。

[58][德]费希特:《自然法权基础》，谢地坤、程志民译，梁志学校，商务印书馆2003年版。

[59][德]弗朗茨·维亚克尔:《近代私法史：以德意志的发展为观察重点》(上册)，陈爱娥、黄建辉译，上海三联书店2006年版。

[60][德]弗朗茨·维亚克尔:《近代私法史：以德意志的发展为观察重点》(下册)，陈爱娥、黄建辉译，上海三联书店2006年版。

[61][德]弗里德希·卡尔·冯·萨维尼:《历史法学派的基本思想》(1814—1840年)，[德]埃里克·沃尔夫编，郑永流译，法律出版社2009

年版。

[62][德]格尔德·克莱因海尔，扬·施罗德：《九百年来德意志及欧洲法学家》，许兰译，法律出版社2005年版。

[63][德]古斯塔夫·拉德布鲁赫：《法哲学》，王朴译，法律出版社2013年版。

[64][德]哈贝马斯：《后民族结构》，曹卫东译，上海人民出版社2002年版。

[65][德]海因·克茨：《欧洲合同法》（上卷），周忠海、李居迁、宫立云等译，法律出版社2001年版。

[66][德]海因里希·罗门：《自然法的观念史和哲学》，姚中秋译，上海三联书店2007年版。

[67][德]汉斯－贝恩德·费舍尔、克劳斯·奥特：《民法的经济分析》，江清云、杜涛译，法律出版社2009年版。

[68][德]黑格尔：《法哲学原理》，范扬、张企泰译，商务印书馆1961年版。

[69][德]霍尔斯特·海因里希·雅科布斯：《十九世纪德国民法科学与立法》，王娜译，米健校，法律出版社2003年版。

[70][德]卡尔·恩吉斯：《法律思维导论》，郑永流译，法律出版社2013年版。

[71][德]卡尔·拉伦茨：《德国民法通论》（上册），王晓晔、邵建东、程建英等译，法律出版社2003年版。

[72][德]卡尔·拉伦茨：《法学方法论》，陈爱娥译，商务印书馆2003年版。

[73][德]康德：《道德形而上学原理》，苗力田译，上海人民出版社2002年版。

[74][德]康德：《法的形而上学原理：权利的科学》，沈叔平译，林

荣远校，商务印书馆 1991 年版。

[75][德]考夫曼:《法律哲学》，刘幸义译，法律出版社 2004 年版。

[76][德]拉德布鲁赫:《法学导论》，米健译，法律出版社 2012 年版。

[77][德]莱因荷德·齐柏里乌斯:《法学导论》，金振豹译，中国政法大学出版社 2007 年版。

[78][德]莱茵哈德·齐默曼:《德国新债法：历史与比较的视角》，韩光明译，法律出版社 2012 年版。

[79][德]莱茵荷德·齐佩利乌斯:《法哲学》(第 6 版)，金振豹译，北京大学出版社 2013 年版。

[80][德]卢曼:《社会的法律》，郑伊倩译，人民出版社 2009 年版。

[81][德]鲁道夫·冯·耶林:《法学的概念天国》，柯伟才、于庆生译，中国法制出版社 2009 年版。

[82][德]鲁道夫·冯·耶林:《法学是一门科学吗?》，奥科·贝伦茨编，李君韬译，法律出版社 2010 年版。

[83][德]罗伯特·霍恩、海因·科茨、汉斯·G. 莱塞:《德国民商法导论》，楚建译，谢怀栻校，中国大百科全书出版社 1996 年版。

[84][德]罗尔夫·克尼佩尔:《法律与历史：论〈德国民法典〉的形成与变迁》，朱岩译，法律出版社 2003 年版。

[85][德]本德·吕斯特、阿斯特丽德·施塔德勒:《德国民法总论》(第 18 版)，于馨淼、张姝译，法律出版社 2017 年版。

[86][德]马克思、恩格斯:《共产党宣言》，中共中央编译局译，人民出版社 1997 年版。

[87][德]马克思、恩格斯:《马克思恩格斯全集》(第 1 卷)，人民出版社 1972 年版。

[88][德]马克斯·韦伯:《法律社会学：非正当性支配》，康乐、简

惠美译，广西师范大学出版社 2010 年版。

[89][德]马克斯·韦伯:《经济与社会》(第 2 卷，下册)，阎克文译，上海人民出版社 2010 年版。

[90][德]马克斯·韦伯:《经济与社会》(第 1 卷)，阎克文译，上海人民出版社 2010 年版。

[91][德]马克斯·韦伯:《社会科学方法论》，李秋零、田薇译，中国人民大学出版社 1999 年版。

[92][德]尼采:《偶像的黄昏：或怎样用锤子从事哲学》，李超杰译，商务印书馆 2012 年版。

[93][德]萨维尼:《当代罗马法体系》(第 1 卷)，朱虎译，中国法制出版社 2010 年版。

[94][德]萨维尼:《论立法与法学的当代使命》，许章润译，中国法制出版社 2001 年版。

[95][德]塞缪尔·普芬道夫:《人和公民的自然法义务》，鞠成伟译，商务印书馆 2010 年版。

[96][德]托马斯·莱塞尔:《法社会学基本问题》，王亚飞译，法律出版社 2014 年版。

[97][德]维尔纳·弗卢梅:《法律行为论》，迟颖译，法律出版社 2013 年版。

[98][德]魏德士:《法理学》，丁晓春、吴越译，法律出版社 2013 年版。

[99][德]乌尔弗里德·诺伊曼:《法律论证学》，张青波译，法律出版社 2014 年版。

[100][意]桑德罗·斯奇巴尼选编:《学说汇纂第二十三卷：婚姻与嫁资》，罗冠男译，[意]腊兰校，法律出版社 2013 年版。

[101][意]朱塞佩·格罗索:《罗马法史》，黄风译，中国政法大学出

版社 2009 年版。

［102］［意］桑德罗·斯奇巴尼选编：《婚姻·家庭和遗产继承》，费安玲译，中国政法大学出版社 2001 年版。

［103］［意］彼得罗·彭梵得：《罗马法教科书》，黄风译，中国政法大学出版社 2005 年版。

［104］［意］登特列夫：《自然法：法律哲学导论》，李日章等译，新星出版社 2008 年版。

［105］［日］我妻荣：《债权在近代法中的优越地位》，王书江、张雷译，谢怀栻校，中国大百科全书出版社 1999 年版。

［106］［日］星野英一：《现代民法基本问题》，李诚予、岳林译，上海三联书店 2015 年版。

［107］［日］我妻荣、有泉亨：《日本民法·亲属法》，夏玉芝译，工商出版社 1996 年版。

［108］［日］大村敦志：《从三个维度看日本民法研究：30 年、60 年、120 年》，渠涛等译，渠涛审校，中国法制出版社 2015 年版。

［109］［比］马克·范·胡克主编：《比较法的认识论与方法论》，魏磊杰、朱志昊译，法律出版社 2012 年版。

［110］［奥］欧根·埃利希：《法社会学原理》，舒国滢译，中国大百科全书出版社 2009 年版。

［111］［奥］凯尔森：《纯粹法理论》，张书友译，中国法制出版社 2008 年版。

［112］欧洲民法典研究组、欧洲现行私法研究组编著，克里斯蒂安·冯·巴尔看、埃里克·克莱夫主编：《欧洲私法的原则、定义和示范规则：欧洲示范民法典草案》，高圣平等译，法律出版社 2014 年版。

［113］陈棋炎、黄宗乐、郭振恭：《民法亲属新论》，三民书局 2004 年版。

[114] 戴东雄:《中世纪意大利法学与德国的继受罗马法》，中国政法大学出版社 2003 年版。

[115] 邓正来:《中国法学向何处去：建构“中国法律理想图景”的时代论纲》，商务印书馆 2006 年版。

[116] 黄茂荣:《法学方法与现代民法》，中国政法大学出版社 2001 年版。

[117] 雷春红:《婚姻家庭法的地位研究》，法律出版社 2012 年版。

[118] 李洪祥:《我国民法典立法之亲属法体系研究》，中国法制出版社 2014 年版。

[119] 李宜琛:《日耳曼法概说》，中国政法大学出版社 2003 年版。

[120] 李永军:《民法总论》，法律出版社 2009 年第 2 版。

[121] 林秀雄:《夫妻财产制之研究》，中国政法大学出版社 2001 年版。

[122] 史尚宽:《亲属法论》，中国政法大学出版社 2000 年版。

[123] 史尚宽:《民法总论》，中国政法大学出版社 2000 年版。

[124] 舒国滢、王夏昊、梁迎修等:《法学方法论问题研究》，中国政法大学出版社 2007 年版。

[125] 苏力主编，汪庆华执行主编:《法律和社会科学》(第 11 卷)，法律出版社 2013 年版。

[126] 苏力主编:《法律和社会科学》(第 9 卷)，法律出版社 2012 年版。

[127] 苏永钦:《私法自治中的国家强制》，中国法制出版社 2005 年版。

[128] 苏永钦:《走入新世纪的私法自治》，中国政法大学出版社 2001 年版。

[129] 苏永钦:《寻找新民法》，北京大学出版社 2012 年版。

[130] 孙宪忠:《德国当代物权法》，法律出版社 1997 年版。

[131] 王泽鉴:《法律思维与民法实例》，中国政法大学出版社 2001 年版。

[132] 王泽鉴:《民法物权》，北京大学出版社 2010 年版。

[133] 王泽鉴:《民法总则》，北京大学出版社 2009 年版。

[134] 王泽鉴:《债法原理》，北京大学出版社 2009 年版。

[135] 巫昌祯、夏吟兰:《婚姻法执行状况调查》，中央文献出版社 2004 年版。

[136] 巫昌祯、夏吟兰主编:《婚姻家庭法学》，中国政法大学出版社 2007 年版。

[137] 吴从周:《概念法学、利益法学与价值法学：探索一部民法方法论的演变史》，中国法制出版社 2011 年版。

[138] 吴香香:《民法的演进：以德国近代私法理念与方法为线索》，世界知识出版社 2002 年版。

[139] 谢怀栻:《外国民商法精要》(增补版)，法律出版社 2006 年版。

[140] 徐国栋:《罗马法与现代民法》(第 2 卷)，中国法制出版社 2001 年版。

[141] 杨立新:《家事法》，法律出版社 2013 年版。

[142] 于飞:《公序良俗原则研究：以基本原则的具体化为中心》，北京大学出版社 2006 年版。

[143] 余延满:《亲属法原论》，法律出版社 2007 年版。

[144] 张希坡:《中国婚姻立法史》，人民出版社 2004 年版。

[145] 朱虎:《法律关系与私法体系》，中国法制出版社 2010 年版。

[146] 朱庆育:《民法总论》，北京大学出版社 2013 年版。

[147] 朱晓喆:《近代欧陆民法思想史：十六至十九世纪》，清华大学出版社 2010 年版。

二、中文学术论文（含译文）

[1][美]保罗·K. 格莱勒:《美国1996年福利法案对子女抚养规定的重大变革》，夏吟兰译，载《外国法评译》1998年第3期。

[2][德]妮娜·德特洛夫:《21世纪的亲子关系法：法律比较与未来展望》，樊丽君译，载《比较法研究》2011年第6期。

[3][德]卡尔·拉伦茨:《论作为科学的法学的不可或缺性：1966年4月20日在柏林法学会的演讲》，赵阳译，载《比较法研究》2005年第3期。

[4][德]Ralf Poscher:《裁判理论的普遍谬误：为法教义学辩护》，隋愿译，载《清华法学》2012年第4期。

[5][德]J.H. 冯·基尔希曼:《作为科学的法学的无价值性：在柏林法学会的演讲》，赵阳译，载《比较法研究》2004年第1期。

[6][德]克劳斯－威尔海姆·卡纳里斯:《基本权利与私法》，曾韬、曹昱晨译，载《比较法研究》2015年第1期。

[7][德]贝尔恩德·巴龙·冯·麦戴尔:《德国社会（保障）法：定义、内容和界定》，陈蔚如译，载《社会保障研究》2005年第2期。

[8][德]来汉瑞:《联邦宪法法院60年：一个来自德国的成功故事？》，谢立斌译，载《中国宪法学刊》2013年。

[9][德]汉斯·多勒:《法学上之发现》，载王泽鉴:《民法学说与判例研究》（第4卷），中国政法大学出版社2003年版。

[10][德]乌尔弗里德·诺依曼:《法律教义学在德国法文化中的意义》，郑永流译，载郑永流主编:《法哲学与法社会学论丛》（五），中国政法大学出版社2002年版。

[11][德]温弗里德·哈斯默尔:《法律体系与法典：法律对法官的约束》，载[德]阿图尔·考夫曼、温弗里德·哈斯默尔主编:《当代法哲学和法律理论导论》，郑永流译，法律出版社2013年版。

[12][德]格尔哈德·恩格尔:《知识的狂妄:哈耶克与卡尔·波普尔的批判理性主义》,载[德]格尔哈德·帕普克主编:《知识、自由与秩序——哈耶克思想论集》,黄冰源等译,中国社会科学出版社2001年版。

[13][德]约格·诺伊纳:《基本权利对德国私法的影响》,张青波译,载郑永流主编:《法哲学与法社会学论丛》(第19卷),法律出版社2015年版。

[14][德]卡尔·拉伦茨:《私法的重构》,魏曦岚、韦冠鹏译,载张双根、田世永、朱庆育等主编:《中德私法研究》,北京大学出版社2014年版。

[15][德]罗尔夫·施蒂尔纳:《德国民法学及方法论:对中国法学的一剂良药?》,黎立译,载方小敏主编:《中德法学论坛》(第12辑),法律出版社2015年版。

[16][德]扬·施罗德:《现代德国私法的渊源:罗马法、"德国法"、自然法》,许兰译,载米健主编:《中德法学学术论文集》(第1辑),法律出版社2003年版。

[17][德]扬·施罗德:《19世纪的德国法律科学:理论及其与法律实务的联系》,载米健主编:《中德法学学术论文集》(第2辑),中国政法大学出版社2006年版。

[18][德]迪特尔·施瓦布:《20世纪德国婚姻家庭法改革综述》,王葆莳译,载《家事法研究》2012年卷,社会科学文献出版社2012年版。

[19][德]拉德布鲁赫:《法律上的人》,载古斯塔夫·拉德布鲁赫:《法律智慧警句集》,舒国滢译,中国法制出版社2009年版。

[20][德]斯蒂阿妮·文德浩:《德意志联邦共和国的新债法》,载《德国债法现代化法》,邵建东、孟翰、牛文怡译,中国政法大学出版社2002年版。

[21][德]赫尔曼·魏特瑙尔:《物权化的债之关系》,张双根译,王

洪亮校，载王洪亮、张双根、田士永主编：《中德私法研究》2006年第1卷，北京大学出版社2006年版。

[22][德]米夏埃尔·马丁内克：《德国民法典与中国对它的继受》，载《德国民法典》(上册)，陈卫佐译注，法律出版社2010年版。

[23][荷]玛莎·安托克斯卡娅：《比较家庭法：与时俱进？》，王淇译，载[英]埃辛·奥赫绪、[意]戴维·奈尔肯编：《比较法新论》，马银剑、鲁楠等译，清华大学出版社2012年版。

[24][荷]亚瑟·S. 哈特坎普：《荷兰民法典的修改：1947—1992》，汤欣译，谢立新校，载《外国法译评》1998年第1期。

[25][法]特隆歇、波塔利斯、普雷亚梅纽和马勒维：《法国民法典开篇：法典起草委员会在国会就民法典草案的演讲》，殷喆、袁菁译，载《外国法制史研究》2003年卷。

[26][日]星野英一：《私法中的人：以民法财产法为中心》，载[日]星野英一：《现代民法基本问题》，李诚予、岳林译，上海三联书店2015年版。

[27][日]北川善太郎：《中国民法典过程的比较法考察》，丁相顺译，王晨校，载《人大法律评论》2003年总第5辑。

[28][日]北川善太郎：《日本民法学的历史与理论：一个研究者的视角》，赵立新译，载梁慧星主编：《民商法论丛》(第52卷)，法律出版社2013年版。

[29]白斌：《论法教义学：源流、特征及其功能》，载《环球法律评论》2010年第3期。

[30]黄宗智：《离婚法实践：当代中国民事法律制度的起源、虚构和现实》，载黄宗智主编：《中国乡村研究》(第4辑)，社会科学文献出版社2006年版。

[31]曹诗权：《中国婚姻法的基础重构》，载《法学研究》1996年第3期。

[32] 陈华彬:《潘德克吞体系的形成与发展》，载《私法》2004年第3期。

[33] 陈林林:《从自然法到自然权利：历史视野中的西方人权》，载《浙江大学学报》(人文社会科学版)2003年第2期。

[34] 陈瑞华:《法学研究方法的若干反思》，载《中外法学》2015年第1期。

[35] 崔建远:《绝对权请求权抑或侵权责任方式》，载《法学》2001年第11期。

[36] 邓丽:《论民法总则与婚姻法的协调立法：宏观涵摄与微观留白》，载《北方法学》2015年第4期。

[37] 邓学仁:《亲属法之历史与课题》，载《台湾“中央”警察大学法学论集》1997年第2期。

[38] 邓智旺:《新中国成立初期中国共产党在婚姻法运动中的社会动员》，载《中共浙江省委党校学报》2012年第4期。

[39] 范剑虹:《论法官适用法律的空间及其司法独立：以德国法为例》，载《“一国两制”研究》2010年第3期。

[40] 范剑虹:《欧盟与德国的比例原则：内涵、渊源、适用与在中国的借鉴》，载《浙江大学学报》(人文社会科学版)2000年第5期。

[41] 范连生:《构建与嬗变：新中国成立初期〈婚姻法〉在黔东南民族地区的推行》，载《当代中国史研究》2012年第6期。

[42] 高鸿钧:《通过民主和法治获得解放》，载《政法论坛》2007年第5期。

[43] 郭慧敏:《社会性别与妇女人权问题：兼论社会性别的法律分析方法》，载《环球法律评论》2005年第1期。

[44] 韩世远:《亚洲合同法原则：合同法的“亚洲声音”》，载《清华法学》2013年第3期。

[45] 何笑梅:《台湾妇女运动初探》，载《台湾研究》1999年第1期。

[46] 贺剑:《论婚姻法回归民法的基本思路：以法定夫妻财产制为重点》，载《中外法学》2014年第6期。

[47] 侯猛:《社科法学的传统与挑战》，载《法商研究》2014年第5期。

[48] 季长龙:《法律解释的中国特色及其对我国法律体系完善的影响》，载《苏州大学学报》（哲学社会科学版）2012年第6期。

[49] 姜宇:《我国司法解释制度的困境与修正：以〈婚姻法解释三〉为视角》，载《上海政法学院学报》（法治论丛）2013年第1期。

[50] 蒋月、韩珺:《论父母保护教养未成年子女的权利义务：兼论亲权与监护之争》，载《东南学术》2001年第2期。

[51] 蒋月:《夫妻财产制若干重大问题思考》，载《现代法学》2000年第6期。

[52] 蒋月:《人权视野下婚姻家庭法最近六十年的变迁及其对我国的启示》，载《厦门大学法律评论》（第17辑），厦门大学出版社2009年版。

[53] 金可可:《论支配权的概念：以德国民法学为背景》，载《中国法学》2006年第2期。

[54] 金可可:《私法体系中的债权物权区分说：萨维尼的理论贡献》，载《中国社会科学》2006年第2期。

[55] 金可可:《温德沙伊德论债权与物权的区分》，载王洪亮、张双根、田士永主编:《中德私法研究》2006年第1卷，北京大学出版社2006年版。

[56] 柯庆华:《实效主义法学纲要》，载苏力主编:《法律与社会科学》（第7卷），法律出版社2010年版。

[57] 雷春红:《婚姻家庭法的定位："独立"抑或"回归"：与巫若枝博士商榷》，载《学术论坛》2010年第5期。

[58] 雷磊:《法教义学的基本立场》，载《中外法学》2015年第1期。

[59] 李洪河:《新中国成立初期贯彻〈婚姻法〉运动中的社会问题及其解决》，载《中共党史研究》2009 年第 7 期。

[60] 李秀清:《新中国婚姻法的成长与苏联模式的影响》，载《法律科学》2002 年第 4 期。

[61] 梁慧星:《从近代民法到现代民法：二十世纪民法回顾》，载《中外法学》1997 年第 2 期。

[62] 梁慧星:《中国民法学的历史回顾与展望》，载《民商法论丛》（第 41 卷），法律出版社 2008 年版。

[63] 梁琳:《社会性别视角下的夫妻非常财产制：兼评我国婚姻法司法解释（三）第四条的规定》，载《中华女子学院学报》2012 年第 5 期。

[64] 林秀雄:《论民法亲属编之修正》，载《月旦民商法杂志》2003 年 3 月（特刊号）。

[65] 刘飞:《大陆法系判例制度及其借鉴意义》，载《华东政法大学学报》2009 年第 1 期。

[66] 刘景范:《中央贯彻婚姻法运动委员会关于贯彻婚姻法运动的总结报告》，载《新华月报》1953 年第 12 号。

[67] 刘权:《目的正当性与比例原则的重构》，载《中国法学》2014 年第 4 期。

[68] 刘征峰、杨狄:《论现代家庭法中的事实亲子关系》，载解志勇主编:《法大研究生》，中国政法大学出版社 2014 年版。

[69] 刘征峰:《论性别平等的民法进路：以民法中人的形象为视角》，载《澳门法学》2014 年第 3 期。

[70] 刘征峰:《善和权利之间的博弈：亲子关系法现代化中的法理基础转换》，载《法界天平》2015 年第 5 期。

[71] 刘征峰:《在儿童最大利益原则和父母人权保护间寻找平衡：以〈欧洲人权公约〉第 8 条为考察中心》，载《广州大学学报》（社会科学版）

2015 年第 7 期。

[72] 柳经纬:《回归传统：百年中国民法学之考察之一》，载《中国政法大学学报》2010 年第 2 期。

[73] 马冀:《新中国成立初期贯彻婚姻法运动论述》，载《江西社会科学》2010 年第 4 期。

[74] 马强:《试论配偶权》，载《法学论坛》2000 年第 2 期。

[75] 韩延斌:《浅议配偶权》，载《人民司法》2001 年第 4 期。

[76] 马忆南:《二十世纪之中国婚姻家庭法学》，载《中外法学》1992 年第 2 期。

[77] 米健:《法学方法论在中国的缺失》，载米健主编:《中德法学学术论文集》(第 2 辑)，中国政法大学出版社 2006 年版。

[78] 欧阳小松:《新中国〈婚姻法〉在附件的宣传与贯彻（1950—1953)》，载《党史教学与研究》1995 年第 2 期。

[79] 裴桦:《亲权与监护立法之比较》，载《甘肃政法学院学报》2004 年第 5 期。

[80] 彭黎、李明舜:《我国婚姻家庭立法的社会性别分析》，载《中华女子学院学报》2010 年第 2 期。

[81] 彭艳崇:《论夫妻财产权的平等保护：对婚姻法司法解释的社会性别分析》，载《妇女研究论丛》2013 年第 3 期。

[82] 强世功:《司法能动下的中国家庭：从最高法院关于〈婚姻法〉的司法解释谈起》，载《文化纵横》2011 年第 1 期。

[83] 冉克平:《民法典总则的存废论：以民法典总则与亲属法的关系为视野》，载《私法》2008 年（总第 15 卷）。

[84] 邵建东:《论旧中国民事立法继受德国民法的原因》，载《南京大学法律评论》1998 年春季号。

[85] 舒国滢:《从方法论看抽象法学理论的发展》，载《浙江社会科

学》2004 年第 5 期。

［86］舒国滢:《论近代自然科学对法学的影响：以 17、18 世纪理性主义法学作为考察重点》，载《法学评论》2014 年第 5 期。

［87］苏力:《中国法学研究格局的流变》，载《法商研究》2014 年第 5 期。

［88］孙宪忠:《从比较法的角度看中国近现代对西方民法学的继受》，载《中德法学论坛》（第 8 辑），法律出版社 2011 年版。

［89］孙宪忠:《中国近现代继受西方的效果评述》，载《中国法学》2006 年第 3 期。

［90］孙宪忠:《中国民法继受潘德克顿法学：引进、衰落和复兴》，载《中国社会科学》2008 年第 2 期。

［91］汤水清:《苏区新式婚姻制度的建立和发展》，载《党的文献》2010 年第 4 期。

［92］汤文平:《民法教义学与法学方法的系统观》，载《法学》2015 年第 7 期。

［93］陶婷:《司法解释的合法性危机：以〈婚姻法解释（三）〉为视角》，载《中南大学学报》（社会科学版）2013 年第 1 期。

［94］童世骏:《关于“重叠共识”的“重叠共识”》，载《中国社会科学》2008 年第 6 期。

［95］万其刚:《对“宜粗不宜细”的新思考》，载《法学杂志》1997 年第 6 期。

［96］王洪亮:《原物返还请求权：物上请求权抑或侵权责任方式》，载《法学家》2014 年第 1 期。

［97］王利明:《人格权制度在中国民法典中的地位》，载《法学研究》2003 年第 2 期。

［98］王利明:《人文关怀与人格权独立成编》，载《重庆大学学报》

（社会科学版）2016 年第 1 期。

[99] 王思梅:《新中国第一部〈婚姻法〉的颁布与实施》，载《党的文献》2010 年第 3 期。

[100] 王泽鉴:《民法五十年》，载王泽鉴:《民法学说与判例研究》（第 5 册），台湾大学法学丛书编辑委员会编辑，1988 年版。

[101] 魏大喨:《论子女之交还与交付》，载林秀雄主编:《民法亲属继承实例问题分析》，五南图书出版股份有限公司 2009 年版。

[102] 温世扬、廖焕国:《论物权的民法保护之范式：以物上请求权与侵权请求权为中心考察》，载《中南大学学报》（社会科学版）2004 年第 1 期。

[103] 巫昌祯:《民法法典化与离婚制度的完善》，载《山东大学法律评论》2003 年第 3 期。

[104] 巫若枝:《论中国婚姻在法律体系中地位研究之误区：兼与婚姻法私法论商榷》，载《中华女子学院学报》2006 年第 5 期。

[105] 巫若枝:《三十年来中国婚姻法“回归民法”的反思：兼论保持与发展婚姻法独立部门法传统》，载《法制与社会发展》2009 年第 4 期。

[106] 吴从周:《2013 年民事法发展回顾》，载《台大法学论丛》2014 年第 11 期。

[107] 夏吟兰、陈汉、刘征峰:《涉台婚姻离婚后子女抚养权、探视权保障研究》，载《海峡法学》2015 年第 2 期。

[108] 夏吟兰、高蕾:《建立我国的亲权制度》，在《中华女子学院学报》2005 年第 4 期。

[109] 夏吟兰:《比较法视野下的“父母责任”》，载《北方法学》2016 年第 1 期。

[110] 夏吟兰:《论婚姻家庭法在民法典体系中的相对独立性》，载《法学论坛》2014 年第 4 期。

［111］谢鸿飞:《现代民法中的“人”》，载《北大法律评论》2000年第3卷第2辑。

［112］徐国栋:《“平等主体”民法调整对象限制语研究综述》，载《北方法学》2009年第3期。

［113］徐国栋:《论民事屈从关系：以菲尔麦命题为中心》，载《中国法学》2011年第5期。

［114］徐国栋:《平等原则是宪法原则还是民法原则?》，载《法学》2009年第3期。

［115］徐国栋:《评析三个民法总则草案中的平等规定：从平等撤退的端倪以及可能的发展》，载《暨南学报》2015年第7期。

［116］许德风:《法教义学的应用》，载《中外法学》2013年第5期。

［117］杨大文、马忆南:《新中国婚姻家庭法学的发展及我们的思考》，载《中国法学》1998年第6期。

［118］杨立新:《东亚地区侵权法实现一体化的基础及研究任务》，载《朝阳法律评论》2010年第2期。

［119］杨立新:《论侵害配偶权的精神损害赔偿责任》，载《法学》2002年第7期。

［120］杨立新:《中华人民共和国民法总则（草案）建议稿》，载《河南财经政法大学学报》2015年第2期。

［121］杨丽萍:《新中国成立初期上海贯彻婚姻法运动》，载《中共党史研究》2006年第1期。

［122］杨振山、王洪亮:《继受法律的理性科学化》，载《比较法研究》2004年第1期。

［123］叶名怡:《法国法上通奸第三者的侵权责任》，载《华东政法大学学报》2013年第3期。

［124］尹龄颖:《〈儿童权利公约〉在中国的实施》，载《研究生法学》

2015 年第 1 期。

［125］尹田:《论人权独立成编的理论漏洞》，载《法学杂志》2007 年第 5 期。

［126］尹田:《人格权独立成编的再批评》，载《比较法研究》2015 年第 6 期。

［127］张成洁:《新中国第一部〈婚姻法〉宣传与贯彻运动论述》，载《河南师范大学学报》（哲学社会科学版）2008 年第 1 期。

［128］张嘉尹:《台湾法学典范的反思：从德国当代法科学理论的兴起谈起》，载《世新法学》2012 年第 1 期。

［129］张铁薇、王竹:《制定〈东亚侵权法示范法〉的设想和展开：东亚统一侵权法国际研讨会暨东亚侵权法学会第一次年会综述》，载《北方法学》2010 年第 6 期。

［130］张晓茹:《日本家事法院及其对我国的启示》，载《比较法研究》2008 年第 3 期。

［131］张新宝、张红:《中国民法百年变迁》，载《中国社会科学》2011 年第 6 期。

［132］张作华:《认真对待民法中的身份：我国身份法研究之反思》，载《法律科学》2012 年第 4 期。

［133］赵红梅:《第三法域社会法理论之再勃兴》，载《中外法学》2009 年第 3 期。

［134］郑尚元:《社会法的定位和未来》，载《中国法学》2003 年第 5 期。

［135］郑晓剑:《从形式回归走向实质回归：对婚姻法与民法关系的再思考》，载《河南财经政法大学学报》2012 年第 3 期。

［136］郑永流:《法学方法抑或法律方法》，载郑永流主编:《法哲学与法社会学论丛》，中国政法大学出版社 2003 年版。

[137] 郑永流:《重识法学：学科矩阵的建构》，载《清华法学》2014年第6期。

[138] 周安平:《社会性别的法律建构及其批判》，载《中国法学》2004年第6期。

[139] 周安平:《性爱与婚姻的困惑:“第三者”民事责任的理论与现实之探讨》，载《现代法学》2000年第1期。

[140] 周遵友:《致力于法律人的共识：德国法学家大会印象记》，载《中国法学教育研究》2015年第1辑。

三、学位论文

[1] 曾建豪:《子女交付请求之研究：以日本法为中心》，“国立”政治大学法1998年硕士学位论文。

[2] 邓丽:《婚姻关系的契约分析》，中国政法大学2003年硕士学位论文。

[3] 周升乾:《法教义学研究：一个历史与方法的视角》，中国政法大学2011年博士学位论文。

[4] 许莉:《〈中华民国民法·亲属〉研究》，华东政法大学2007年博士学位论文。

四、外文著作

[1] Aleksander Peczenik, Lars Lindahl and Bert Van Roermund, eds., *Theory of Legal Science*, Holland, D. Reidel Publishing Company, 1983.

[2] Aleksander Peczenik, Scientia Juris, *Legal Doctrine as Knowledge of Law and as a Source of Law*, Dordrecht, Springer, 2005.

[3] Andrea Padovani and Peter G. Stein, eds., *The Jurists Philosophy of Law from Rome to the Seventeenth Century*, Dordrecht, Springer, 2007.

[4] Anna Lytvynyuk, *Fundamental Rights Operation in Private Law: A Comparative Study of Legal Solutions*, Hamburg, Verlag Dr. Kovac, 2010.

[5] Anthony T. Kronman，*Max Weber*, Stanford, Stanford University Press, 1983.

[6] Antony W. Dnes and Robert Rowthorn ed., *The Law and Economics of Marriage and Divorce*, Cambridge, Cambridge University Press, 2002.

[7] Arthur Ripstein, Force and Freedom, *Kant's Legal and Political Philosophy*, Massachusetts, Harvard University Press, 2009.

[8] Basil S. Markesinis and Hannes Unberath, *The German Law of Torts: A Comparative Treatise*, 4th ed, Oxford, Hart Publishing, 2002.

[9] Basil S. Markesinis, Hannes Unberath and Angus Johnston, *The German Law of Contract: A Comparative Treatise*, 2nd ed, Oxford, Hart Publishing, 2006.

[10] Bette L. Bottoms, Margaret Bull Kovera and Bradley D. McAuliff, *Children, Social Science, and the Law*, Cambridge, Cambridge University Press, 2002.

[11] Clare McGlynn, *Families and the European Union: Law, Politics and Pluralism*, Cambridge, Cambridge University Press, 2006.

[12] D. Kelly Weisberg and Suan Frelich Appleton, *Modern Family Law: Cases and Materials,* 4th ed, New York, Wolters Kluwer, 2009.

[13] Diana Gittins, *The Family in Question: Changing Households and Familiar Ideologies*, 2nd ed, Basingstoke, Macmillan. 1993.

[14] Dieter Schwab, Peter Gottwald and Saskia Lettmaier, *Family and Succession Law: Germany*, Alphen aan den Rijn, Wolters Kluwer, 2012.

[15] Émile Durkheim, *The Division of Labor in Society*, New York, Free Press, 1964.

[16] Enrico Pattaro, *The Law and the Right: A Reappraisal of the Reality that Ought to Be*, Dordrecht, Springer, 2005.

[17] Ernest J. Weinrib, *The Idea of Private Law*, Oxford, Oxford University Press, 2012.

[18] Esin Örücü and Jane Mair, eds., *Juxtaposing Legal Systems and the Principles of European Family Law on Parental Responsibility*, Oxford, Intersentia, 2010.

[19] Franz Wieacker, *A History of Private Law in Europe*, translated by Tony Weir, with a foreword by Reinhard Zimmermann, Oxford, Clarendon Press, 1996.

[20] Fred D. Miller and Jr. Carrie-Ann Biondi, eds., *A History of the Philosophy of Law from the Ancient Greeks to the Scholastics*, Dordrecht, Springer, 2007.

[21] Frederick K. Beutel, *Some Potentialities of Experimental Jurisprudence as a New Branch of Social Science*, Lincoln, University of Nebraska Press, 1957.

[22] Frederik Swennen, ed., *Contractualisation of Family Law: Global Perspectives*, Switzerland, Springer, 2015.

[23] Friedman M. Lawrence, *Contract Law in America: A Social and Economic Case Study*, Madison, University of Wisconsin Press, 1965.

[24] Gabriel García Cantero, Joaquín Rams Albesa and Cristina de Amunátegui Rodríguez et al., *Family and Succession Law: Spanish*, Alphen aan den Rijn, Wolters Kluwer, 2012.

[25] Gale Boreman Bird and Jo Carrillo, *Cases and Materials on California Community Property*, 10th ed, Minnesota, Thomson Reuters, 2008.

[26] George Mousourakis, *Roman Law and the Origins of the Civil Law*

Tradition, Switzerland, Springer, 2015.

[27] Gerald J. Postema, *Legal Philosophy in the Twentieth Century: The Common Law World*, Dordrecht, Springer, 2011.

[28] Giovanni Sartor, *Legal Reasoning: A Cognitive Approach to the Law*, Dordrecht, Springer, 2005.

[29] Guilherme de Oliveira, *Family and Succession Law: Portugal*, Alphen aan den Rijn, Wolters Kluwer, 2012.

[30] Hubert Rottleuthner, *Foundations of Law*, Dordrecht, Springer, 2005.

[31] Immanuel Kant, *Metaphysic of Morals*, Cambridge, Cambridge University Press, 1991.

[32] Inga Persson and Christina Jonung, ed., *Economics of the Family and Family Policies*, New York, Routledge, 1997.

[33] Ismene Androulidakis-Dimitriadis and Elisabeth Poulou, *Family and Succession Law: Greece*, Alphen aan den Rijn, Wolters Kluwer, 2015.

[34] James Dwyer, *Family Law: Theoretical, Comparative, and Social Science Perspectives*, Maryland, Wolters Kluwer Law & Business, 2012.

[35] Jean Domat, *Civil Law in Its Natural Order,* Translated by William Strehen, Boston, Charles C. and James Brown, 1850.

[36] John Dewey, *Reconstruction in Philosophy*, New York, Mentor Books, 1950.

[37] John Dewey, *The Public and Its Problems*, Chicago, Gateway Books, 1946.

[38] John Monahan and Laurens Walker, *Social Science in Law: Cases and Materials*, 5th ed, New York, Foundation Press, 2002.

[39] Jonathan Herring, *Family Law*,4th ed, London, Longman, 2009.

[40] Jonathan Herring, *Relational Autonomy and Family Law*, London,

Springer, 2014.

[41] José Antonio Márquez González, *Family and Succession Law: Mexico*, Alphen aan den Rijn, Wolters Kluwer, 2014.

[42] Joseph Raz, *The Morality of Freedom*, Oxford, Oxford University Press, 1986.

[43] Julius Stone, *Law and the Social Science in the Second Half Century*, Minneapolis, University of Minnesota Press, 1966.

[44] K. Boele-Woelki, F. Ferrand, C. González Beilfuss et al., *Principles of European Family Law Regarding Parental Responsibilities*, Oxford, Intersentia, 2007.

[45] K. Boele-Woelki, F. Ferrand, C. González-Beilfuss et al., *Principles of European Family Law Regarding Property Relations Between Spouses*, Oxford, Intersentia, 2013.

[46] Kate Standley, *Family Law*, 4th ed, New York, Palgrave Macmillan, 2004.

[47] Katharina Boele-Woelki, Bente Braat and Ian Curry-Sumner, eds., *European Family Law in Action. Volume IV: Property Relations between Spouses*, Cambridge, Intersentia Publishing Ltd., 2009.

[48] Katharina Boele-Woelki，Bente Braat，Ian Curry-Sumne, eds., *European Family Law in Action: Parental Responsibilities*, Oxford, Intersentia, 2005.

[49] Kathatina Boele-Woelki, Nina Dethloff and Werner Gephart eds, *Family Law and Culture in Europe*, Cambridge, Intersentia Publishing Ltd., 2014.

[50] Katherine O’Donovan, *Sexual Division in Law,* London, Weidenfeld & Nicolson, 1985.

[51] Lawrence M. Friedman and Stewart Macaulay, *Law and Behavioral Science*, New York, Bobbs-Merrill, 1969.

[52] Lee C. McIntyre, *Laws and Explanation in the Social Science: Defending a Science of Human Behavior*, Kolorado, Westview Press, 1996.

[53] Leopold Pospisil, *Anthropology of Law: A Comparative Theory*, New York, Harper & Row, 1971.

[54] Marisa Herrera and Natalia de la Torre, *Family and Succession Law: Argentina*, Alphen aan den Rijn, Wolters Kluwer, 2015.

[55] Mary Ann Glendon, *Abortion and Divorce in Western Law*, Massachusetts, Harvard University Press, 1989.

[56] Max Weber, *Max Weber's Complete Writings on Academic and Political Vocations*, edited and with an introduction by John Dreijmanis, translated by Gordon C. Wells., U.S., Algora Publishing, 2007.

[57] Michael Lobban, *A History of the Philosophy of Law in the Common Law World:1600–1900*, Dordrecht, Springer, 2009.

[58] Michael Lobban, *A History of the Philosophy of Law in the Common Law World:1600–1900*, Dordrecht, Springer, 2007.

[59] Nicola Lacey, *Unspeakable Subjects: Feminist Essays in Legal and Social Theory*, Oxford, Hart Publishing, 1998.

[60] Nigel Foster and Satish Sule, *German Legal Systems and Laws*, Oxford, Oxford University Press, 2010.

[61] Patrick Riley, *The Philosophers' Philosophy of Law from the Seventeenth Century to Our Days*, Dordrecht, Springer, 2009.

[62] Peter de Cruz, Family Law, *Sex and Society: A Comparative Study of Family Law*, New York, Routledge, 2010.

[63] René Provost and Colleen Sheppard, ed., *Dialogues on Human Rights*

and Legal Pluralism, New York, Springer, 2012.

[64] Roger A. Shiner, *Legal Institutions and the Sources of Law*, Dordrecht, Springer, 2005.

[65] Satoshi Minamikata, *Family and Succession Law: Japan*, Alphen aan den Rijn, Wolters Kluwer, 2015.

[66] Shazia Choudhry and Jonathan Herring, *European Human Rights and Family Law*, Oxford, Hart Publishing, 2010.

[67] Sir Basil Markesinis, Hannes Unberath and Angus Johnston, *The German Law of Contract: A Comparative Treatise*, 2nd ed., Oxford, Hart Publishing, 2006.

[68] Sonia Harris-Short and Joana Miles, *Family Law: Text, Cases, and Materials*, Oxford, Oxford University Press, 2011.

[69] Stephen Cretney, *Family Law in the Twentieth Century*, Oxford, Oxford University Press, 2005.

[70] Stephen Gilmore and Lisa Glennon, *Hayes & Williams' Family Law*, Oxford, Oxford University Press, 2014.

[71] Thomas Samuel Kuhn, *The Structure of Scientific Revolutions*, 2nd ed., Chicago, University of Chicago Press, 1970.

[72] W.V. Horton Rogers, ed., *Unification of Tort Law: Multiple Tortfeasors*, London, Kluwer Law International, 2004.

[73] William Blackstone, *Commentaries on the Laws of England, Vol. I*, Oxford, Clarendon Press, 1765.

[74] Wojciech Sadurski, *Moral Pluralism and Legal Neutrality*, Dordrecht, Springer, 1990.

[75] François Bourjon, Le droit commun de la France et la Coutume de Paris, réduits en principes, T. 1, Paris, Grangé, 1747.

[76] Bernhard Windscheid, Lehrbuch des Pandektenrechts, Erster Band, Literarische Anstalt, 8. Aufl., Frankfurt a. M. 1900.

[77] Boehmer, Einführung in das Bürgerliche Recht, 2. Aufl., Tübingen 1965.

[78] Dulckeit, Die Verdinglichung obligatorischer Rechte, Recht und Staat 158/159, Tübingen 1951.

[79] Ernst Rabel, Grundzüge des römischen Privatrechts, 2. Aufl., Tübingen 1955.

[80] Georg Arnold Heise, Grundriß Eines Systeme des Allgemeinen Civilrechts zum Behuf von Pandekten – Vorlesungen, Heidelberg 1807.

[81] Georg Friedrich Puchta, Lehrbuch der Pandekten, Leipzig 1838.

[82] Gustav Hugo, Lehrbuch des Nafurrechts alseiner Philosophie des postiven Rechts, Berlin 1819.

[83] Konrad Hesse, Verfassungsrecht und Privatrecht, Heidelberg 1988.

[84] Larenz, Methodenlehre der Rechtswissenschaft, 6. Aufl., Berlin u.a. 1991.

[85] Lorenz Brutt, Die Kunst der Rechtsanwendung: Zugleich Ein Beitrag Zur Methodenlehre der Geisteswissenschaften, Berlin 1907.

[86] Ludwig Bergschneider, Vertragsgestaltung, in Gerhardt, Peter, Bernd von Heintschel-Heinegg und Michael Klein, Handbuch des Fachanwalts Familienrecht, Köln 2009.

[87] Niklas Luhmann, Soziale Systeme: Grundriß einer allgemeinen Theorie, Frankfurt a. M. 1984.

[88] Philipp Heck, Begriffsbildung und Interessenjurisprudenz, Tübingen 1932.

五、外文学术论文

[1] Anders Agell, "Is There One System of Family Law in the Nordic Countries?", European *Journal Law Reform* 3, 2001, pp.313-330.

[2] Andreas T. Hanke, "Custody and Visitation Rights in Germany After the Decisions of the European Court on Human Rights", *Family Law Quarterly* 45, 2011, p.360.

[3] Anne McGillivray, "Children's Rights, Paternal Power and Fiduciary Duty: From Roman Law to the Supreme Court of Canada", *International Journal of Children's Rights* 19, 2011, pp.21-54.

[4] Aulius Aarnio, "The Systematisation and Interpretation of Statutes: Some Thoughts on Theoretical and Practical Legal Science", in Luc J. Wintgens, ed., *The Law in Philosophical Perspectives*, The Netherlands, Springer, 1999.

[5] Aulis Aarnip, "Paradigms in Legal Dogmatics toward a Theory of Change and Progress in Legal Science", in Aleksander Peczenik, Lars Lindahl and Bert Van Roermund, eds., *Theory of Legal Science*, Holland, D. Reidel Publishing Company, 1983.

[6] Barbara A. Atood, "Marital Contracts and the Meaning of Marriage", *Arizona Law Review* 54, 2012, p.11.

[7] Barbara A. Babb, "An Interdisciplinary Approach to Family Law Jurisprudence: Application of an Ecological and Therapeutic Perspective", *Indiana Law Journal* 72, 1997, pp.775-808.

[8] Bernd Buchhofer and Klaus A. Ziegert, "Family Dynamics and Legal Change: Empirical Sociology in Search of a General Theory on the Effects of Law on Family Life", *Journal of Comparative Family Studies* 12, 1981, p.399.

[9] Bernardo B. Queiroz de Moraes, “Family Law from Pufendorf to the Twenty-First Century: Systems and Microsystems” , *Forum Historiae Iuris,* 2016.

[10] Carl Baudenbacher, “Some Remarks on the Method of Civil Law” , *Texas International Law Journal* 34, 1999, p.341.

[11] Carl E. Schneider, “Moral Discourse and the Transformation of American Family Law” , *Michigan Law Review* 83, 1985, pp.1807-1808.

[12] Carole Pateman, “Feminist Critiques of the Public/Private Dichotomy” , in S.I. Benn and G.F. Gaus, eds., *Public and Private in Social Life*, New York, St. Martin’s Press, 1983.

[13] Catharine A. MacKinnon, “Feminism, Marxism, Method, and the State: An Agenda for Theory” , *Feminist Theory* 7, 1982, p.537.

[14] Christian Kirchner, “Difficult Reception of Law and Economics in Germany” , *International of Law and Economics* 11, 1991, p.277.

[15] David Bradley, “Convergence in Family Law: Mirrors, Transplants and Political Economy” , *Maastricht Journal European & Comparative Lawm* 6, 1999, p.128.

[16] David D. Meyer, “The Constitutionalization of Family Law” , *Family Law Quarterly* 42, 2008, pp.529-572.

[17] David L. Chambers, “The ‘Legalization’ of the Family: Toward a Policy of Supportive Neutrality” , *University Michigan Journal of Law Reform* 18, 1985, pp.805-828.

[18] Dieter Giesen, “The Reform of Family Law in Germany” , in A. G. Chloros, ed., *The Reform of Family Law in Europe: The Equality of the Spouses-Divorce-Illegitimate Children*, The Netherlands, Springer, 1978.

[19] Dieter Martiny, “The Participation in Acquisitions Regime” , in

Kathatina Boele-Woelki, Nina Dethloff and Werner Gephart eds., *Family Law and Culture in Europe*, Cambridge, Intersentia Publishing Ltd., 2014.

[20] Dina Hummelsheim, "Germany: Will the Male Bread Winner Model Survive?", in Hans-Jürgen Andreß and Dina Hummelsheim, eds., *When Marriage Ends: Economic and Social Consequences of Parternership Dissolution*, Cheltenham, Edward Elgar, 2009.

[21] Duncan Kennedy, "Savigny's Family/ Patrimony Distinction and its Place in the Global Genealogy of Classical Legal Thought", *The American Journal of Comparative Law* 58, 2010, pp.811-841.

[22] Duncan Kennedy, "Three Globalizations of Law and Legal Thought: 1850-2000", in David M. Trubek and Alvaro Santos, eds., *The New Law and Economic Development: A Critical Appraisal*, Cambridge, Cambridge University Press, 2006.

[23] Duncan Kennedy, "Two Globalizations of Law & Legal Thought:1850-1968", Suffolk *University Law Review* 36, 2003, p.646.

[24] Eduard Picker, "Anti-discrimination as a Program of Private Law?", *German Law Journal* 4, 2003, p.783.

[25] Esin Örücü, Mixed and Mixing Systems, "A Conceptual Search", in Esin Örücü, Elspeth Attwooll and Sean Coyle, eds., *Studies in Legal Systems: Mixed and Mixing*, London, Kluwer Law International, 1996.

[26] Eva Ryestedt, "Family Law and Inheritance Law", in Michael Bogdan, ed., *Swedish Legal System*, Stockholm, Norstedts Juridik, 2010.

[27] Eva Ryrstedt, "Understanding Family Law", in *Fifteen Years with the Norma Research Programme Anniversary Volume*, Ann Numhauser-Henning and Mia Rönnmar, eds., *Faculty of Law*, Lund University, 2010.

[28] Fernanda G. Nicola, "Family Law Exceptionalism in Comparative

Law”, *The American Journal of Comparative Law* 58, 2010, pp.777-810.

[29] Frances E. Olsen, “The Myth of State Intervention in the Family”, *University Michigan Journal of Law Reform* 18, 1985, p.835.

[30] François Ost and Michel van de Kerchove, “Towards an Interdisciplinary Theory of Law”, in Aleksander Peczenik, Lars Lindahl and Bert Van Roermund, eds., *Theory of Legal Science*, Holland, D. Reidel Publishing Company, 1983.

[31] Frederik Swennen, “Contractualisation of Family Law in Continental Europe”, *Juli-September Familie & Recht,* 2013, p.9.

[32] Frederik Swennen, “Private Ordering in Family Law: A Global Perspective”, in Frederik Swennen, ed., *Contractualisation of Family Law: Global Perspectives*, Switzerland, Springer, 2015.

[33] Fujiko Isono, “The Evolution of Modern Family Law in Japan”, *International Journal of Law and the Family* 2, 1988, p.186.

[34] G. S. Goodman, R. E. Emery and J. Haugaard, “Developmental Psychologyand Law: Divorce, Child Maltreatment, Foster Care, and Adoption”, in I. Siegel and A. Renninger eds., *Child Psychology in Practice*, in W. Damon ed., *Handbook of Child Psychology (Vol. 4)*, New York, Wiley, 1998.

[35] Gerhard Wagner, “Children as Victims in German Law”, in Miquel Martín-Casals, ed., *Children in Tort Law Part II: Children as Victims*, New York, Springer-Verlag/Wien, 2007.

[36] Gert Brüggemeier, “Constitutionlisation of Private Law: The German Perspective”, in Tom Barkhuysen and Siewert Lindenbergh eds., *Constitutionlisation of Private Law*, Leiden, Martinus Nijhoff Publishing, 2006.

[37] Glendon Schubert, “Behavioral Jurisprudence”, *Law & Society Review* 2, 1968, p.407.

[38] Gr. van der Burght, "The Netherlands, Overview of Matrimonial Developments", in: B. Adkin, ed., *The International Survey of Family Law 2007*, Bristol, Jordan Publishing Limited, 2007.

[39] Harry Willekens and Kirsten Scheiwe, "Introduction: The Deep Roots, Stirring Present, and Uncertain Future of Family Law", *Journal of Family History* 28, 2003, p.5.

[40] Heather Ruth Wishik, "To Question Everything: The Inquiries of Feminist Jurisprudence", *BerkeleyWomen's Law Journal* 1, 1985, p.67.

[41] Heike Stintzing, "Constitutional Values and Social Change: The Case of German Marital and Family Law", *International Journal of Law, Policy and the Family* 13, 1999, p.138.

[42] Henry H. Foster, "The Future of Family Law", *Annals of the American Academy of Political and Social Science: Progress in Family Law* 383, 1969, p.129.

[43] Isabel C. Jarmillo, "The Social Approach to Family Law: Conclusions from the Canonical Family Law Treatises of Latin America", *The American Journal of Comparative Law* 58, 2010, p.852.

[44] Jacob Weinrib, "What Can Kant Teach Us about Legal Classification?", *Canada Journal Law & Jurisdiction* 23, 2010, p.216.

[45] Jana B. Singer, "The Privatization of Family Law", *Wisconsin Law Review*, 1992, pp.1443-1567.

[46] Janet Halley & Kerry Rittich, "Critical Directions in Comparative Family Law: Genealogies and Contemporary Studies of Family Law Exceptionalism", *The American Journal of Comparative Law* 58, 2010, p.753.

[47] Janet Halley, "What is Family Law?: A Genealogy Part Ⅱ", *Yale Journal of Law & the Humanities* 23, 2011, p.192.

［48］Jean Porter, "From Natural Law to Human Rights: Or, Why Rights Talk Matters", *Journal of Law and Religion* 14, 2000, p.77.

［49］Jessica Pearson, "Ten Myths About Family Law", *Family Law Quarterly* 27, 1993, p.299.

［50］Joachim Wiemann, "Obligation to Contract and the German General Act on Equal Treatment", *German Law Journal* 11, 2010, p.1133.

［51］John H. Arnold, "Clergy Sexual Malpractice", *University of Florida Journal Law & Public Policy* 8, 1997, p.41.

［52］John Tasioulas, "The Moral Reality of Human Rights", in Thomas Pogge, ed., *Freedom from Poverty as a Human Right: Who Owes, What to the Very Poor?*, New York, Oxford University Press, 2007.

［53］Joseph Raz, "Human Rights Without Foundations", in Samantha Besson and John Tasioulas, eds., *The Philosophy of International Law*, Oxford, Oxford University Press, 2010.

［54］Kahn-Freund, "On Uses and Misuses of Comparative Law", *Modern Law Review* 37, 1974, p.13.

［55］Karen R. Blaisure and Margie J. Geasler, "Results of a Survey of Court-Connected Parent Education Programs in U.S. Counties", *Family and Conciliation Courts Review* 34, 1996, p.34.

［56］Katharina Boele-Woelki, "The Principle of European Family Law: Its Aims and Prospects", *Utrecht Law Review* 1, 2005, p.160.

［57］Kathleen S. Uno, "Review of The Japanese Family System in Transition: A Sociological Analysis of Family Change in Postwar Japan", *The Journal of Japanese Studies* 26, 2000, p.153.

［58］Klaus F. Röhl, "Rechtssoziologie", Köln.Heymann.1987, s.73, quoted in Stefan Machura, "German Sociology of Law: A Case of Path

Dependence" , International *Journal of Law in Context* 8, 2012, p.507.

[59] Lee E. Teitelbaum, "Family History and Family Law" , *Wisconsin Law Review* 1985, 1985, p.1139.

[60] Lisa Glennon, "Obligations between Adult Partners: Moving from Form to Function?" , *Journal of Law, Policy and the Family* 22, 2008, pp.22-60.

[61] M. Antokolskaia, "The Process of Modernisation of Family Law in Eastern and Western Europe: Difference in Timing, Resemblance in Substance" , *Electronic Journal of Comparative Law* 4.2, 2000.

[62] M.H. Hoeflich, "Law & Geometry: Legal Science from Leibniz to Langdell" , *The American Journal of Legal History* 30, 1986, pp.95-121.

[63] Manfred Rehbinder, "Status, Contract, and the Welfare State" , *Stanford Law Review* 21, 1971, p.950.

[64] Margaret M. Mahoney, "The Enforcement of Child Custody Orders by Contempt Remedies" , *University of Pittsburgh Law Review* 68, 2007, p.875.

[65] Marget F. Brinig, "Empirical Work in Family Law" , *University of Illinois Law Review* 4, 2002, p.1103.

[66] Maria Rosaria Marella, "Critical Family Law" , *Journal of Gender, Social Policy & The Law* 19, 2011, p.726.

[67] Maria Rosaria Marrella, "The Contractualism of Family Law in Italy" , in Frederik Swennen, ed., *Contractualisation of Family Law: Global Perspectives*, Switzerland, Springer, 2015.

[68] Maria V. Antokolskaia, "Development of Family Law in Western and Eastern Europe: Common Origins, Common Driving Forces, Common Tendencies" , *Journal of Family History* 28, 2003, pp.64-65.

[69] Martha L. Fineman and Anne Opie, "The Uses of Social Science Data in Legal Policymaking: Custody Determinations at Divorce" , *Wisconsin*

Law Review, 1987, p.107.

[70] Martha L. Fineman, "Custody Determination at Divorce: The Limits of Social Science Research and the Fallacy of the Liberal Ideology of Equality" , *Canadian Journal Women & Law* 3, 1990, p.91.

[71] Martha Minow, "Forming Underneath Everything That Grows: Toward A History of Family Law" , *Wisconsin Law Review,* 1985, p.819.

[72] Mary Ann Mason, Sydney Harrison-Jay and Gloria Messick Svare et al., "Stepparents: De Facto Parents or Legal Strangers?" , *Journal of Family Issues* 23, 2002, p.507.

[73] Mary Jane Mossman, "Child Support or Support for Children?: Re-Thinking the 'Public' and 'Private' in Family Law" , *University of New Brunswick Law Journal* 46, 1997, p.64.

[74] Max Rheinstein, "The Transformation of Marriage and the Law" , *Northwestern. University Law Review* 68, 1973, p.473.

[75] Michael Freeman, "Why It Remains Important to Take Children's Right Seriously" , *International Journal of Children's Right* 15, 2007, p.5.

[76] Morton J. Horwitz, "The Historical Foundations of Modern Contract Law" , *Harvard Law Review* 87, 1974, p.919.

[77] Nicola Wenzel, "The German Legislation on the Prevention of Discrimination in the Private Sector" , in Russel A. Miller and Peer C. Zumbansen, eds., *Comparative Law as Transnational Law: A Decade of the German Law Journal*, Oxford, Oxford University Press, 2011, p.253.

[78] Nina Dethloff, "Reform of German Family Law: A Battle against Discrimination" , *European Journal Law Reform* 3, 2001, pp.221-241.

[79] Ninon Colneric, "Making Equality Law More Effective: Lessons from the German Experience" , *Cardozo Women's Law Journal* 3, 1996, p.231.

[80] Oliver Wendell Holmes, "The Path of the Law" , *Harvard Law Review* 10, 1897, p.457.

[81] Peer Zumbansen, "Public Values, Private Contracts and the Colliding Worlds of Family and Market" , *Feminist Legal Studies* 11, 2003, p.83.

[82] Ralf Michaelsh and Nils Jansen, "Private Law beyond the State? Europeanization, Globalization, Privatization" , *The American Journal of Comparative Law* 54, 2006, pp.861-864.

[83] Raul Narits, "Principles of Law and Legal Dogmatics as Methods Used by Constitutional Courts" , *Juridica International* Ⅻ , 2007, p.18.

[84] Richard B. Cappalli, "At the Point of Decision: The Common Law's Advantage over the Civil Law" , *Temple International & Comparative Law Journal* 12, 1998, pp.102-103.

[85] Rober I. Lerman, "Economic Perspective on Marriage: Causes, Consequences, and Public Policy" , in Lloyd R. Cohen and Joshua D. Wright, eds., *Research Handbook on the Economics of Family Law*, Cheltenham, Edward Elgar Publishing Limited, 2011.

[86] Robert Bauserman, "Child Adjustment in Joint-custody versus Sole-custody Arrangements: A Meta-Analytic Review" , *Journal of Family Psychology* 16, 2002, p.91.

[87] Robert E. Kelly and Shawn L. Ward, "Allocating Custodial Responsibilities at Divorce: Social Science Research and the American Law Institutes' Approximation Rule" , *Family Court Review* 40, 2002, p.350.

[88] Robin S. Maril, "Regulating the Family: The Impact of Pro-Family Policy Making Assessments on Women and Non-Traditional Families" , *University of New Brunswick Law Journal* 46, 1997, pp.63-88.

[89] Roger Cotterrel, "Why Must Legal Ideas Be Interpreted

Sociologically?” , *Journal of Law and Society* 25, 1998, p.187.

[90] Roscoe Pound, “Classification of Law” , *Harvard Law Review* 37, 1924, p.956.

[91] Sandra Berns, “Folktales of Legality: Family Law in the Procedural Republic” , *Law and Critique* 11, 2000, pp.1-24.

[92] Sarah H. Ramsey and Robert F. Kelly, “Social Science Knowledge in Family Law Cases: Judicial Gate-Keeping in the Daubert Era” , *University of Miami Law Review* 59, 2004, p.1.

[93] Sarah H. Ramsey and Robert F. Kelly, “Using Social Science Research in Family Analysis and Formation: Problems and Prospects” , *Southern California Interdiscipiplinary Law Journal* 3, 1994, p.631.

[94] Sarah H. Ramsey, “Constructing Parenthood for Stepparents: Parents by Estoppel and De Facto Parents under the American Law Institute' s Principles of the Law of Family Dissolution” , *Duke Journal of Gender Law & Policy* 8, 2001, p.285.

[95] Stefan Machura, “German Sociology of Law” , *The American Sociologist* 32, 2000, pp.41-43.

[96] Stefan Machura, “German Sociology of Law: A Case of Path Dependence” , *International Journal of Law in Context* 8, 2012, p.507.

[97] Stephen J. Bahr, “Social Science Research on Family Dissolution: What It Shows and How It Might Be of Interest to Family Law Reformers” , *Journal of Law & Family Studies* 4, 2002, p.11.

[98] Stephen Parker, “Rights and Utility in Anglo-Australian Family Law” , *Modern Law Review* 55, 1992, p.312.

[99] Susan L. Pollet and Melissa Lombreglia, “A National Wide Survey of Mandatory Parent Education” , *Family Court Review* 46, 2010, pp.375-394.

[100] Susanne Baer, Equality: "The Jurisprudence of the German Constitutional Court", *Columbia Journal European Law* 5, 1999, pp.263-267.

[101] Teruo Minemura, "Dogmatic Legal Science and Sociology of Law", *Archives for Philosophy of Law and Social Philosophy* 56, 1970, p.363.

[102] Thomas Thiede, "German Perspective on OGH 4 Ob 8/11x", *European Review of Private Law* 2, 2012, pp.591-595.

[103] William J. Goode, "Family Changes over The Long Term: A Sociological Commentary", *Journal of Family History* 28, 2003, p.15.

[104] Wolfgang Zeidler, "The Federal Constituional Court of the Federal Republic of Germany: Decisions on the Constitutionality of Legal Norms", *Notre Dame Law Review* 62, 1987, p.522.

[105] Wolfram Müller-Freienfels, "Equality of Husband and Wife in Family Law", *The International and Comparative Law Quarterly* 8, 1959, pp.251-252.

[106] Wolfram Müller-Freienfels, "The Emergence of Droit de Famille and Familienrecht in Continental Europe and the Introduction of Family Law in England", *Journal of Family History* 28, 2003, p.34.

[107] Wolfram Müller-Freienfels, "The Unification of Family Law", *The American Journal of Comparative Law* 16, 1968, p.196.

[108] Doris Kloster-Harz, Alternative Streitschlichtungsverfahren, in: Peter Gerhardt/Bernd von Heintschel-Heinegg/Michael Klein (Hrsg.), Handbuch des Fachanwalts Familienrecht, Köln 2009.

[109] F. W. Bosch, Entwicklungslinien des Familienrechts in den Jahren 1947 bis 1987, NJW 1987, s. 2617 ff.

[110] Ingrid Langer, Die Mohrinnen hatten ihre Schuldigkeit getan... Staatlich-moralische Aufrüstung der Familien, in: Dieter Bänsch (Hrsg.), Die

fünjziger Jahre. Beiträge zu Politik und Kultur, Tübingen 1985, s.115.

［111］Jens Koch, Die Einheit der nationalen Rechtsordnung und die europäische Privatrechtsangleichung, JZ 2006, ss. 277-284.

［112］Jochen Kurr, Vertragliches "Einvernehme" der Ehegatten gemäß § 1356 I S. 1 BGB?, FamRZ 1978, s.2 ff.

［113］Philipp Heck, Was ist diejenige Begriffsjurisprudenz, die wir bekämpfen?, DJZ 1909, s. 1457 ff.

［114］Beillevaire, La famille japonaise: hier et aujourd'hui, Sciences sociales du Japon contemporain, n° special, mars, 49-71, 1985.

六、网络资料

［1］Family Research Council, "25 Pro-Family Policy Goals for the Nation", http://downloads.frc.org/EF/EF08H78. pdf, October 11, 2015.

［2］Frédérique Ferrand and Bente Braat, "National Report on Property Relations Between Spouses: France", http://ceflonline.net/wp-content/uploads/France-Property.pdf, December 21, 2015.

［3］Frédérique Ferrand and Laurence Francoz-Terminal, "National Report on Informal Relationships: France", http://ceflonline.net/wp-content/uploads/France-IR.pdf, December 21, 2015.

［4］Tomiyuki Ogawa, "An Overview of the Japanese Family Law System: Focusing on A Historical Survey", 広島県大学共同リポジトリ, http://harp.lib.hiroshima-u.ac.jp/hue/file/3821/20090217075339/kenkyu1992150206.pdf, October 29, 2015.

［5］Heinz Hausheer, "Stephan Wolf and Corneilia Achermann-Weber, National Report on Parental Responsibilities: Switzerland", http://ceflonline.net/wp-content/uploads/Switzerland-Parental-Responsibilities.pdf, November

22, 2015.

［6］INSEE, TEF, édition 2014, http://www.insee.fr/fr/ffc/docs_ffc/tef2014.pdf, November 21, 2015.

［7］International Labour Organization, "ILO Labour Force Estimates and Projections（LFEP）2017: Key Trends", http://www.ilo.org/ilostat-files/Documents/LFEPbrief.pdf, May 29, 2018.

［8］Nina Dethloff and Dieter Martiny, "National Report of Parental Responsibilities: Germany", http://ceflonline.net/wp-content/uploads/Germany-Parental-Responsibilities.pdf, December 26, 2015.

［9］"Status of Convention on the Rights of the Child", https://treaties.un.org/pages/viewdetails.aspx?src=treaty&mtdsg_no=iv11&chapter=4&lang=en#EndDec, January 2, 2014.

［10］T.M.C Asser Instituut, "Synthesis Report of the Comparative Study on Enforcement Procedures of Family Rights", http://ec.europa.eu/civiljustice/publications/docs/family_rights/study_family_rights_synthesis_report_en.pdf, June 14, 2015.

［11］The Children and Family Court Advisory and Support Service, "Separated Parents Information Programme", https://www.cafcass.gov.uk/media/199247/spip_april_2014.pdf, November 21, 2015.

七、报纸

［1］"Judge Dismisses Seduction Charge against Va. Pastor", Washington Post, 1993-06-05（B3）.

八、法典中译本

［1］《拿破仑民法典》（法国民法典），李浩培、吴传颐、孙鸣岗译，

商务印书馆 1981 年版。

[2]《德国民法典》(上下册)，陈卫佐译注，法律出版社 2010 年版。

[3]《德国民法典：全条文注释本》(上下册)，杜景林、卢谌译注，中国政法大学出版社 2015 年版。

[4]《德国民法典》，台湾大学法律学院、台大法学基金会编译，北京大学出版社 2017 年版。

[5]《意大利民法典》，费安玲、丁玫译，中国政法大学出版社 1997 年版。

[6]《法国民法典》，罗结珍译，北京大学出版社 2010 年版。

[7]《瑞士民法典》，戴永盛译，法律出版社 2016 年版。

[8]《日本民法典》，王爱群译，法律出版社 2014 年版。

[9]《西班牙民法典》，潘灯、马琴译，中国政法大学出版社 2013 年版。

[10]《韩国最新民法典》，崔吉子译，北京大学出版社 2010 年版。

九、德国民法注释（所有注释书均来自 beck-online 数据库）

[1] BeckOK BGB。

[2] Budzikiewicz BGB。

[3] Hahn BGB。

[4] HK-BGB。

[5] Huber BGB。

[6] Jauernig BGB。

[7] MüKoBGB。

[8] Rainer Kemper BGB。

[9] Wagner BGB。

十、其他域外法律和国际公约

[1]《德国民事诉讼法典》(ZPO)。

[2]《关于家庭事件和非诉事件程序的法律》(FamFG)。

[3]《德国基本法》(GG)。

[4]《社会法典》(SGB)。

[5]《宾夕法尼亚法典》(Pa. C.S.A.)。

[6]《荷兰民法典》(Burgerlijk Wetboek)。

[7]《加州家庭法典》(California Family Code)。

[8]《1949年瑞典父母子女法》(Svensk Föräldrabalken 1949)。

[9]《联合国儿童权利公约》(United Nations Convention on the Rights of the Child)。

[10]《欧洲人权公约》(European Convention on Human Rights)。

[11]《消除对妇女一切形式歧视公约》(Convention on the Elimination of All Forms of Discrimination against Women)。

[12]《世界人权宣言》(Universal Declaration of Human Rights)。

十一、示范法

[1]《欧洲家庭法学会关于配偶间财产关系的欧洲家庭法原则》(CEFL Principles of European Family Law Regarding Property Relations between Spouses)。

[2]《欧洲家庭法学会关于父母责任的欧洲家庭法原则》(CEFL Principles of European Family Law Regarding Parental Responsibilities)。

[3]《欧洲家庭法学会关于离婚和离婚后扶养的欧洲家庭法原则》(CEFL Principles on Divorce and Maintenance Between Former Spouses)。

[4]《美国法律协会关于家庭关系解除的原则》(ALI Principles of the

Law of Family Dissolution)。

[5]《统一夫妻财产法》(Uniform Marital Property Act)。

[6]《模范家庭法典》(Model Family Code)。

十二、案例

德国法院案例来源

[1]《联邦普通法院民事裁判集》(BGHZ)。

[2]《联邦宪法法院裁判集》(BVerfGE)。

[3]《家庭法大全杂志》(FamRZ)。

[4]《新法学周刊》(NJW)。

[5]《帝国法院民事裁判集》(RGZ)。

英国法院案例

[1] Guy v. Livesey, 79 Eng. Rep. 614 (1619).

[2] Millar v. Millar, 1940 SC 56.

[3] McFarlane v. McFarlane, [2006] 2 AC 618.

美国法院案例

[1] Habie v. Habie, 654 So. 2d 1293, 1294-95 (Fla. Dist. Ct. App. 1995).

[2] Veeder v. Kennedy, 589 N.W.2d 610, 614 (S.D. 1999).

[3] Obergefell v. Hodgesm, 576 U.S. ___ (2015).

日本法院案例

[1] 平成26年（オ）第1023号 損害賠償請求事件，平成27年12月16日 大法廷判決。

[2] 平成25年（オ）第1079号 損害賠償請求事件，平成27年12月16日 大法廷判決。

欧洲人权法院案例

[1] Scozzari and Giunta v. Italy [GC], nos. 39221/98 and 41963/98, §

169, ECHR 2000- Ⅷ.

[2] P., C. and S. v. the United Kingdom, no. 56547/00, § 117, ECHR 2002- Ⅵ.

[3] Rasmussen v. Denmark, 28 November 1984, § 33, Series A no. 87.

[4] Görgülü v. Germany, no. 74969/01, 26 February 2004.

[5] Zaunegger v. Germany, no.22028/04, 3 December 2009.

[6] Anayo v. Germany, no. 20578/07, 21 December 2010.

[7] Kautzor v. Germany, no. 23338/09, § 63, 22 March 2012.

[8] Krisztián Barnabás Tóth v. Hungary, no. 48494/06, § 28, 12 February 2013.

[9] Glaser v. the United Kingdom, no. 32346/96, § 63, 19 September 2000.

图书在版编目(CIP)数据

论民法教义体系与家庭法的对立与融合：现代家庭法的谱系生成/刘征峰著. -- 北京：法律出版社，2018

ISBN 978-7-5197-2573-0

Ⅰ. ①论… Ⅱ. ①刘… Ⅲ. ①民法-研究②婚姻法-研究 Ⅳ. ①D913.04②D913.904

中国版本图书馆 CIP 数据核字(2018)第 179777 号

论民法教义体系与家庭法的对立与融合：
现代家庭法的谱系生成
LUN MINFA JIAOYI TIXI YU JIATINGFA DE DUILI YU RONGHE：
XIANDAI JIATINGFA DE PUXI SHENGCHENG

刘征峰 著

责任编辑 韩满春
装帧设计 李 瞻

出版 法律出版社
总发行 中国法律图书有限公司
经销 新华书店
印刷 天津嘉恒印务有限公司
责任校对 杨锦华
责任印制 陶 松

编辑统筹 学术·对外出版分社
开本 720 毫米×960 毫米 1/16
印张 21
字数 270 千
版本 2018 年 10 月第 1 版
印次 2018 年 10 月第 1 次印刷

法律出版社/北京市丰台区莲花池西里 7 号(100073)
网址/www.lawpress.com.cn
投稿邮箱/info@lawpress.com.cn
举报维权邮箱/jbwq@lawpress.com.cn
销售热线/010-83938336

中国法律图书有限公司/北京市丰台区莲花池西里 7 号(100073)
全国各地中法图分、子公司销售电话：
统一销售客服/400-660-6393
第一法律书店/010-83938334/8335　西安分公司/029-85330678　重庆分公司/023-67453036
上海分公司/021-62071639/1636　深圳分公司/0755-83072995

书号：ISBN 978-7-5197-2573-0　**定价**：76.00 元
(如有缺页或倒装，中国法律图书有限公司负责退换)

中国法学会后期资助项目文丛

BOOK SERIES FUNDED BY CHINA LAW SOCIETY

1. 《行政程序法典化研究》姜明安 等著
2. 《解读青年马克思的黑格尔法哲学批判》姚远 著
3. 《清代“杀一家三人”律、例辨析》吴杰 著
4. 《中央地方关系中的民主集中制研究》苗泳 著
5. 《证券内幕交易构成要件比较研究》曹理 著
6. 《欧洲婚姻财产法的未来》樊丽君 译
7. 《德国刑法教义学上的客观处罚条件》王钰 著
8. 《结果加重犯的基本原理与认定规则研究》邓毅丞 著
9. 《刑事诉讼中法院职权调查问题研究》林铁军 著
10. 《人民陪审员角色研究》刘方勇 著
11. 《非典型劳动者权益保护研究》班小辉 著
12. 《创新与反垄断——互联网企业滥用行为之法律规制研究》仲春 著
13. 《不得援引国家豁免的商业交易诉讼研究》纪林繁 著
14. 《国家侵权的国际私法问题研究》李华成 著

15.《法律的空间意象性》朱垭梁 著

16.《罗马体育法要论》赵毅 著

17.《〈大清律例〉律目研究》张田田 著

18.《陕派律学家事迹纪年考证》闫晓君 著

19.《论行政法上的意思表示——兼论行政行为构成中的意识要件》田勇军 著

20.《新农村建设中保障农民政治参与权利的制度创新研究》蔡振亚 王为东 著

21.《国家赔偿法研究述评》上官丕亮 主编

22.《个人信息与权利配置——个人信息自决权的反思和出路》刘金瑞 著

23.《从“大陆”走向“混合”的路易斯安那民法典》李宁 著

24.《防控网络恐怖活动立法研究》皮勇 著

25.《背信犯罪：当代社会的白领犯罪》刘荣 译

26.《刑事诉讼中的鉴定意见质证制度研究》王跃 著

27.《互联网规制的国际贸易法律问题研究》孙南翔 著

28.《相关市场界定研究——以技术许可协议为视角》周围 著

29.《外资并购国家安全审查制度的平衡机制研究》杨静 著

30.《司法改革背景下裁判文书说理繁简分流研究》罗灿 著

31.《当代中国法制的政治逻辑》瞿郑龙 著

32.《美国行政法规的司法审查研究》杨蕾 著

33. 《非上市公司股份交易法律问题研究》黄爱学 著

34. 《中国商事立法研究》张保红 著

35. 《日本民事再审事由研究——以判例分析为中心》翟志文 著

36. 《论民法教义体系与家庭法的对立与融合：现代家庭法的谱系生成》刘征峰 著

37. 《香港与内地刑事法制冲突问题研究》马正楠 著

38. 《刑事程序性法律后果研究》马永平 著

39. 《抢劫罪量刑经验研究》赵学军 著

40. 《生态安全义务履行与人的致灾性法律控制》王建平 著

41. 《税法的分配功能研究》侯卓 著